Olaf Irlenkäuser
Stephan Samtleben

HAMBURG

69 Dichter und ihre Stadt

| Hoffmann und Campe |

1. Auflage 2006

www.hoca.de
Einbandgestaltung: Katja Maasböl
Abbildung: Oskar Kokoschka, Hafen IV,

Satz: Pinkuin Satz und Datentechnik, Berlin
Druck und Bindung: GGP Media GmbH, Pößneck
Printed in Germany
ISBN (10) 3-455-50009-9
ISBN (13) 978-3-455-50009-7

HOFFMANN UND CAMPE

Ein Unternehmen der
GANSKE VERLAGSGRUPPE

INHALT

20 Uhr 15 und später: milde Luft, schon wieder fünf Grad plus, ein längerer Spaziergang mit den Freunden an der Elbe lang, an Teufelsbrück vorbei, Othmarschen, den rheumatischen Kastanien im Zugwind (28 schiefe Schultern, kameradschaftlich in Reih und Glied), der Ringelnatztreppe, die Övelgönne runter, Himmelsleiter, Schulberg, Lüdemanns Weg, Neumühlen, Kühlhaus, dann schräg rechts über die Geleise rüber zu den Kaianlagen mit dem offenen Blick auf das illuminierte Lüfterbauwerk Süd, könnte man da nicht fast zum Heimatautor werden?

Peter Rühmkorf

VORWORT

Hamburg als literarischer Raum

Hamburg ist ein aufgeschlagenes Buch

Hamburg ist mehr als der Sitz eines Senats und einer Bürgerschaft, mehr als ein Touristenziel, mehr als die wichtigste Medienmetropole Deutschlands und mehr als ein großer Industriestandort. Hamburg ist eine Fluss-Stadt, eine Hafen-Stadt, die sich über das Land ausgebreitet hat. Die Stadt präsentiert sich vor allem, wenn ihre Bewohner mit ihren Besuchern eine Hafenrundfahrt machen, wenn sich 200 000 Menschen beim »Hafengeburtstag« oder beim sogenannten »Alstervergnügen« amüsieren oder wenn sich die Menschen am Feuerwerk des Kirschblütenfests über der Außenalster ergötzen. Das Leben der Stadt beginnt, wenn sich die Menschen ihrer Stadt bemächtigen, wenn die *civitas* erwacht.
Hamburg hat viel Wasser – die erste Siedlung entstand zwischen Alster, Bille und Elbe. Das Wasser drückt der Stadt seinen Stempel auf, denn die Menschen mussten ihre Stadt dem Wasser abringen, indem sie Wälle aufschütteten. Eine Stadt braucht Räume – Regierende brauchen Gebäude, Kaufleute brauchen Lager und Läden, eine diskutierende Stadt braucht Säle, eine schreibende Stadt braucht Verlage, und eine wachsende Stadt braucht Häuser. Der hamburgische städtische Raum ist dabei ständig im Wandel, Hamburg verändert beständig sein Gesicht. Doch wer lenkt diese Veränderungen? Niemand anders als der *genius loci* selbst – die Aura der Stadt: die in diesem Ort wahrnehmbare Dimension des Geistes.

Jede Linie auf der Handfläche, die sich Hamburg nennt, wurde verursacht von Machtverhältnissen, von Kriegen, ökonomischen Veränderungen, Entdeckungen, Profitstreben, Verteidigung und von Konsolidierung. Und woraus besteht dann eine Stadt? Aus allem, was in ihr gesagt, geträumt, zerstört, getan wird. Die Aura der Stadt wird ausgelöst durch die Kraft eines Landschafts- oder Objektensembles oder auch durch einen Erzähler, dessen Vision beim Rezipienten spontane Bilder hervorruft. Die Alten kannten den *genius loci*, den Nimbus, die Aura, und auch wir sprechen von der Atmosphäre eines Hauses, eines Ortes, einer Gegend. Diese Atmosphäre ist eine wirkende Wirklichkeit, die bereichernd oder schwächend wirkt, erregend oder hemmend, beflügelnd oder lähmend.

Die Gebäude bestimmen das Aussehen der Stadt, ihre Dichter fassen sie in Worte. Jedes Bauwerk, jede Prachtstraße, jedes Villenviertel spricht eine Sprache, und sie erzählen nicht nur von sich selbst, sondern auch von Dingen, die über sie hinausgehen: Politik, Geld, Ideen, Gefühle, Geschichte. Und von Geschichten – die von Dichtern erzählt werden. Wie Hamburg eine Stadt ohne große Prachtbauten ist, so sind auch die Dichter – keine Hofdichter, sondern Selbstdarsteller im guten Sinn. Hamburg ist seit dem Mittelalter eine freie Stadt, nur dem Reich untertan, und tat vor allem, was seinem Handel nutzte. In Hamburg gab es keine Großgrundbesitzer, daher mussten die Menschen ihr Kapital – Geld und Geist – immer wieder in neue Unternehmungen investieren. In Hamburg steht alles für sich selbst. Hamburgs Kopf ist konservativ, und das Herz ist liberal. Hamburgs Bedeutung spielt sich in den Köpfen seiner Bewohner ab. Das Understatement der Hamburger Bürger – daran glauben auch die Hamburger.

In einem lebenden Organismus, wie eine Stadt es in ihrer Ganzheit ist, sterben Teile ab, andere wachsen nach. Und die Menschen suchen sich ihren Platz in der sich wandelnden Stadt. Im 13. Jahrhundert wurde die Alster gestaut, damit eine Mühle ihren Betrieb aufnehmen konnte. 1806 wurde der Mariendom abgebrochen, an seiner Stelle entstand später eine Schule. 1885 bis 1888 wurden im Hafen zahlreiche Wohnhäuser abgerissen und die Speicherstadt errichtet. An der Stelle des einstigen Stadtwalls wurde 1906 der Hauptbahnhof gebaut. Nach der Cholera-Epidemie wurde 1912 die Mönckebergstraße erbaut, für dessen Errichtung der alte Friedhof vor dem Steintor eingeebnet wurde. Nach 1945 wurden viele Fleete im alten Hafen zugeschüttet, damit der zunehmende Autoverkehr besser durch die Stadt fließen konnte. Das Alte musste dem Neuen weichen.
Und heute weichen die Menschen in Neuenfelde und Francop dem neuen großen Airbus. So bleibt alles »im Fluss«, und der Übergang wird im Großen und Ganzen zum Normalzustand. Die heutzutage gern geäußerte These vom Verschwinden des Raumes entspricht zwar äußerlich betrachtet der Wahrheit, wenn man durch das Internet scheinbar spielerisch Entfernungen überwindet, wenn Metropolen nur noch wenige Flugstunden voneinander entfernt sind und wenn zwischen New York, Berlin und Moskau eine Innenstadt der anderen gleicht. Aber abseits der Haupteinkaufsstraßen, in denen die gleichen Ladenketten die gleichen Schaufensterdekorationen vorschreiben, unterscheiden sich die Städte weiterhin. Hamburg ist durch eine Stimmung von Hafen, Landpartie und Ruderclub geprägt. Hamburg hat natürlich mehrere Identitäten gleichzeitig – eine davon ist ohne Frage die literarische –, in Vergangenheit und Gegen-

wart. Die Stadt ist wie ein aufgeschlagenes Buch, der Spaziergänger ist ihr Leser. Das Buch mag einen Anfang haben, aber es hat noch lange kein Ende.

Die Literatur eignet sich den Raum an

Seit über vierhundert Jahren suchen die Hamburger Dichter ihren Raum: Der Barockdichter Philipp von Zesen gründete 1643 in Hamburg die »Teutschgesinnte Genossenschaft« zur Sprachpflege, Johann Rist setzte 1656 den »Elbschwanenorden« zur Pflege der deutschen Sprache dagegen. Seit der Aufklärung haben rund vierhundert sogenannte »Lesegesellschaften« zum Teil großen kulturellen und auch politischen Einfluss in Hamburg gehabt. Friedrich Gottlieb Klopstock gründete 1770 eine eigene Lesegesellschaft, Gotthold Ephraim Lessing versuchte 1767, in Hamburg ein »Nationaltheater« zu schaffen. Das war im 18. Jahrhundert, das Dirk Schümer »Hamburgs allerbestes Jahrhundert« nennt.

Im 19. Jahrhundert hat vor allem der Verleger Julius Campe den Hamburger Autoren einen Raum verschafft. Er veröffentlichte nicht nur das Werk von Heinrich Heine, sondern ließ zum Beispiel Autoren wie Karl Gutzkow für sich in Hamburg arbeiten und verlegte hier Bücher von Ludwig Börne, Hoffmann von Fallersleben oder Friedrich Hebbel.

Und natürlich mangelte es den Dichtern auch im 20. Jahrhundert nicht an Initiative: Auf beständiges Drängen von Hans Henny Jahnn wurde 1950 die Freie Akademie der Künste gegründet. Peter Rühmkorf fuhr im Sommer 1966 zusammen mit den Jazzern Michael Naura und Wolfgang Schlüter in einem Lastwagen auf den Rathausmarkt und gab ein Jazz- und Lyrik-Konzert vor dreitausend Leuten und trat auch bei einem Literatur-Happening in den 1970er Jahren auf dem

Gerhart-Hauptmann-Platz auf. Und heute treffen sich junge Hamburger Dichter im Sommer zum »Poets on the Beach« in Oevelgönne oder zum MACHT-Club im Schauspielhaus.
Hamburg war seit jeher auch immer eine Bühne für seine Menschen, von seinen Dichtern besungen. Heinrich Heine beschreibt die Menschen auf dem Jungfernstieg, Hans Fallada die frierenden Mädchen im alten Gängeviertel, Wolfgang Borchert die Hamburger der Nachkriegszeit und Hubert Fichte die »Nachteulen« auf dem Gänsemarkt.
Wir finden in Hamburgs Literatur längst Verschwundenes wie auch das Neue, das sich seinen Raum noch sucht. In diesem Buch wollen wir nicht die Literatur aus dem Elfenbeinturm vorführen, sondern zeigen, wie die Literatur sich unter die Menschen begibt – wie sie die Menschen beobachtet, sie beschreibt, sich in sie verliebt. Auf der Bühne des Lebens. Wir gehen als Flaneure durch Hamburg, sehen hier eine Szene, dort einen Kuss, an jener Stelle eine Prügelei … Wir besuchen die Orte, an denen die Hamburger Schriftsteller das Leben beschrieben haben und an denen sie selbst Teil dieses Lebens waren.
Zahlreiche Autoren mussten sich in Hamburg ihren »Ort« erst erschreiben. Zum Beispiel Hans Erich Nossack hat seinen Platz in Hamburg lange suchen müssen. Er, der in Hamburg geboren wurde, kämpfte lange gegen seine Heimatstadt an. In einem Brief vom 21. August 1947 schrieb er: »Hamburg ist für alles Künstlerische immer sehr lähmend gewesen.« Er sagt aber auch: »Trotzdem, ist eine Entwurzelung nicht noch schlimmer?«
Hans Henny Jahnn hat noch ein Jahr vor der Gründung der »Freien Akademie der Künste« dem Kultursenator Hans Harder Biermann-Ratjen mit Abwanderung gedroht. Im Geleit-

wort zum ersten Band der Akademie-Reihe schrieb er: »Akademien, die durch die Allgemeinheit gefördert werden, sind ein letzter Ausdruck dafür, daß die Autoren aller Kunstgebiete der menschlichen Gesellschaft noch etwas bedeuten.« Ihm ging es um die Anerkennung der Ebenbürtigkeit der Kunst zu Politik und Wirtschaft.

Hubert Fichte setzte Literatur mit dem Leben auf eine Stufe, wenn es in der »Palette« heißt: »Oder Selbstmord begehen, nun nicht mehr direkt wegen des Buches, sondern weil das Leben aufhört, wenn ich mit dem Buch Schluß mache.« Für Fichte ist Erzählen Leben, wie in den Erzählungen aus 1001 Nacht. In beiden Fällen kann der Delinquent seiner Hinrichtung nur entkommen, wenn er pausenlos Geschichten erzählt. Der letzte, der 19. Band seiner »Geschichte der Empfindlichkeit«, wäre dann auch eine Heimkehr nach endlosen Reisen gewesen – der Titel lautet »Hamburg Hauptbahnhof«.

Das Hamburg von früher kennen wir nicht mehr. Dreimal ist Hamburg in den letzten zweihundert Jahren in großem Maßstab zerstört worden: Die Franzosen ließen 1814 die Außenbezirke niederreißen, um freie Schussbahn gegen die anrückenden Feinde zu haben; der Große Brand von 1842 vernichtete zwei Drittel des Hausbestands in der Innenstadt und machte 20000 Menschen obdachlos; im Zweiten Weltkrieg wurde Hamburg zu über fünfzig Prozent zerstört, darunter auch zahlreiche Gebäude in der Innenstadt sowie Hafenanlagen.

Der notwendige Wiederaufbau hat dann noch einmal Schneisen in die Bausubstanz geschlagen, zum Beispiel die vom damaligen Bausenator Gerd Bucerius geplante Ost-West-Straße zwischen Deich- und Millerntor. Diese Einschnitte haben dafür gesorgt, dass ganze historische Schichten aus dem Antlitz Hamburgs verschwunden sind. Aber ihr Abbild

ist immer noch sichtbar in Hamburgs Literatur, im Schaffen seiner Dichter.
Hamburg ist ein traditionsreicher Tummelplatz von und für Literaten. Sei es, dass es in der Innenstadt die alten Buchhandlungen und Verlage von Friedrich Christoph Perthes oder Julius Campe gab, sei es, dass hier die literarischen Veranstaltungen in der Patriotischen Gesellschaft oder den Lesegesellschaften stattfanden, oder dass hier die Herren Autoren wohnten und promenierten. Auch und besonders in der Gegenwart fallen Raum und Zeit auffällig zusammen, wenn junge Hamburger Autoren mit den wichtigen Medien Deutschlands eine stilistische Verbindung eingehen. Die neue Hamburger Autorengeneration bedient sich der von den Medien ins Leben gerufenen Event-Kultur und macht ihre eigenen Veranstaltungen zu Kult-Events.

Big Blue City

Dieses Buch führt den Besucher der Stadt wie in alten Zeiten zunächst in den Hafen. Die imaginäre Stadtführung beginnt also mit jenem Ort, an dem sich der Kern der Hamburger Aura befindet. Anschließend wird der Leser anhand von Texten von Heinrich Heine, Gerhart Hauptmann, Hans Fallada und Hubert Fichte durch die Innenstadt geführt, er blickt mit Ulla Hahn und Sven Amtsberg auf die Alster, bevor ihm Hans Leip sein St. Georg zeigt. Mit Hans Erich Nossack und Wolf Biermann geht er über die Lombardsbrücke nach Rotherbaum und nach Eppendorf, mit Frank Schulz einmal um die Außenalster hinüber nach Winterhude und Uhlenhorst, von dort aus weiter nach Osten; mit Samuel Beckett nach Ohlsdorf, mit Ralph Giordano durch Barmbek und mit Arno Schmidt durch Hamm.

Wir machen einen Ausflug mit Siegfried Lenz durch Othmarschen, gehen mit Peter Rühmkorf nach Oevelgönne und mit Brigitte Kronauer von Osdorf nach Teufelsbrück. Und zu guter Letzt setzen wir uns zu Frank Schulz und seinen Freunden ins Auto und fahren durch den Elbtunnel nach Süden, lesen uns durch das Alte Land, lassen uns von Gorch Fock Finkenwerder erklären, fahren mit Uwe Kolbe an Waltershof und mit Michael Weins an Neugraben vorbei und hören, wie fasziniert Joseph von Eichendorff und Hans Christian Andersen von Harburg waren, während Heinz Strunk über Harburg lästert, wir unternehmen mit Hans Erich Nossack zwei Ausflüge in die Nordheide, bis wir schließlich gemeinsam mit Helmut Heißenbüttel im Zug wieder zurück zum Hamburger Hauptbahnhof fahren.

Die Stadt spricht nicht über ihre Schönheit und auch nicht über ihre hässlichen Seiten. Sie spricht nicht über Vergangenheit, Gegenwart oder Zukunft. All dies steht geschrieben in den Häusern, Straßen, Treppen, Denkmälern und manchmal auch in den Gesichtern ihrer Bewohner. Hamburg ist die »Big Blue City«, wie Frank Schulz sie in seinem Roman »Morbus fonticuli« nennt, als sein Held auf die Fontäne auf der Binnenalster blickt:

> Big Blue City! Mein Atem ging ein bißchen schwer, aber regelmäßig, ein Rhythmus, der das Leben in Gang hält und die Zeit und die Atmosphäre gliedert. Der Wind schwoll und hauchte mich an, und das Fieber in Bauch und Drüsen ahmte diese aufsteigende, anschwellende Sirenenbewegung nach. Es war alles klar. Alles gut. Alles ganz richtig, wie es war.

Hamburg ist eine Medienstadt ohne Größenwahn, und Hamburg ist auch selbst ein Medium: grünes Flair in der Innenstadt, Salzluft im Hafen, Rotlicht-Kult auf dem Kiez. Keine Stadt Deutschlands ist so fernsehtauglich wie Hamburg. Außer New York kann keine Stadt der Welt ein so abwechslungsreiches Panorama auf nur wenigen Kilometern Fußweg bieten – eine großartige Bühne des Lebens. Die Zeit ist reif für Expeditionen und Entdeckungen, für die Erkundung des physischen und geistigen, literarischen Raums in Hamburg, von dessen Kraft wir nur eine schwache Vorstellung haben. Hören wir den Autoren zu, wie sie uns erzählen von ihrer Stadt.

Olaf Irlenkäuser, Stephan Samtleben
Hamburg, im März 2006

VORSPIEL

Rafael Chirbes

Hamburg. Der Sieg des Kapitals

Der Reisende, der zum ersten Mal in Hamburg ist und die Stadt von der Lombardsbrücke aus betrachtet, die den Alstersee in zwei teilt, sieht – wenn häufig auftretender Nebel oder Regen es nicht verhindern – ein großartiges und verwirrendes Bild vor sich. Die riesige Wasserfontäne, die aus dem spiegelglatten Blau emporschießt, die weißen Segel Dutzender Boote, die über das stille Wasser gleiten, die stolzen Schwäne in Ufernähe, feierlich wie vornehme Damen aus einer anderen Zeit, erinnern den Reisenden an die ihren See umarmende Stadt Genf. Dieses Bild steht in einem elementaren Gegensatz zu dem Hamburg, das man vom Elbufer aus sieht, mit seinem unermesslichen Gewirr von Werften, Ladekais, Lagerhäusern, Kränen, Ozeanriesen und den Massen von Containern. Man könnte meinen, es handle sich um zwei verschiedene Städte.

Die Häuser um die Alster herum bilden einen harmonischen architektonischen Raum. Hotels und Geschäfte öffnen ihre Türen und Schaufenster in diesem Viertel der reichsten Stadt Deutschlands. Über dem deutlich horizontal ausgerichteten Ensemble erhebt sich eine Reihe imposanter alter Türme, vom Rathausturm über die Türme der fünf großen Kirchen, St. Katharinen, St. Jakob, St. Petri, St. Nikolai und St. Michaelis, mehrere von ihnen über hundert Meter hoch. Dreht man sich um hundertachtzig Grad, rundet sich das Panorama mit dem herrlichen Ausblick auf Wälder und Anwesen von ebenso anmutiger wie opulenter Schönheit rund um die Außenalster. Dieser Anblick ist eine der erfreulichen Folgen, die sich manchmal einstellen, wenn Geld auf Natur trifft und sie in eine geschmackvolle Ordnung bringt. Von hier aus gesehen erscheint Hamburg wie eine friedliche, selbstvergessene Stadt, wie ein Kurbad für wohlhabende Pensionäre. Ein Hamburger Sprichwort besagt, dass die Stadt ihr Geld zwar auf dem quirligen Fluss verdient, am See jedoch lebt und sich ausruht. Etwas davon spürt der Reisende auf der Lombardsbrücke, wenngleich das Sprichwort nicht die ganze Wahrheit sagt und wohl auf die Neigung der vornehmen Hamburger Kaufmannschaft zurückgeht, ihre prachtvollen Häuser in Eppendorf zu errichten, einem Viertel am Ufer der Alster. Es verschweigt nämlich, dass die herrlichsten Anwesen – sowohl aus dem 19. wie aus dem 20. Jahrhundert, und das trotz der Zerstörungen des letzten Krieges – immer noch an der endlos langen Elbchaussee liegen, die sich wie eine elegante Veranda am Ufer des Flusses hinzieht. Oder in exklusiven Vierteln wie Falkenstein und Blankenese, die eigene geschlossene Gesellschaften bilden und die Stadt über die Elbchaussee hinaus verlängern.

So mancher Hamburger Großbürger betrachtet von seinem Garten aus andächtig die Schiffsbewegungen in den riesigen Elbdocks, und in einigen der teuersten Restaurants sitzt man auf Terrassen, von denen aus der Gast die unermüdliche Aktivität, die sich rund um die Uhr auf der anderen Elbseite entfaltet, gut beobachten kann. Sitzt man dort, hat man das Gefühl, die Gäste an den Nebentischen beäugten das geschäftige Hin und Her der Kräne und Container mit dem interessierten Blick von Leuten, die dabei etwas zu gewinnen oder zu verlieren haben. In Hamburg leben die Reichen jedenfalls nicht nur in einem Viertel. Dafür sind es zu viele. Irgendwo hat der Reisende gelesen, dass in Hamburg mehr als sechstausend Millionäre ihre Steuern zahlen: zarte Blüten, die tausend Jahre Kaufmannstum hervorbringen. Schon im 12. und 13. Jahrhundert unterhielt Hamburg geschäftliche Beziehungen zu England. Mit anderen Hafenstädten wie Lübeck und Kopenhagen an der Ostsee, Antwerpen und Brügge an der Nordsee flocht es ein mächtiges Netz zur gegenseitigen Unterstützung: die Hanse – eine kaufmännische Aristokratie, die jahrhundertelang die Handelswege Nordeuropas beherrschte. Seit dieser Zeit ist der Hamburger Hafen beständig gewachsen, und das trotz schwieriger Bedingungen, denn er liegt über hundert Kilometer vom Meer entfernt und ist von der fortwährenden Verlandung der Elbe bedroht. Vom Umschlagsvolumen her ist er – nach Rotterdam und Antwerpen – der drittgrößte Hafen Europas.

Würde man einen Katalog unmöglicher Städte aufstellen, müsste Hamburg vielleicht auf der Titelseite des Bandes stehen, noch vor Amsterdam und Venedig oder gar St. Petersburg, dem nicht nur seine abartige Lage, sondern auch noch ein grausames Klima zusetzt. Wie die genannten Städte wurde auch Hamburg auf einem ungesunden, unwirtlichen Landstrich erbaut, den kein Städteplaner, der seine Sinne halbwegs beisammen hat, für eine neue Stadt auswählen würde. Eine Sumpflandschaft zwischen Alster und Elbe, die an dieser Stelle schon tausend Kilometer von ihrer Quelle im fernen Riesengebirge zurückgelegt hat und noch weitere einhundertundzwanzig braucht, bis sie in die Nordsee mündet. Wie Venedig und Amsterdam hat auch Hamburg ein Stück Land besiedeln müssen, von dem höchst ungewiss war, ob Menschen dort überhaupt würden leben können. Sümpfe mussten trockengelegt, Drainagen angelegt werden, Tausende von Baumstämmen wurden in die sumpfige Erde versenkt und dienten als Fundament für einige der großen Bauwerke der Stadt (auf dieser Grundlage, derselben, die auch die Venezianer für ihre Bauten verwandten, wurde im 19. Jahrhundert das großartige Rathaus errichtet sowie die imposante Speicherstadt unten am Hafen: schöne neugotische Gebäude, die, als sie 1888 eingeweiht wurden, als die größten Lagerhäuser der Welt galten); Staumauern mussten gebaut und komplizierte hydraulische Systeme entwickelt werden; Schleusen und Wasserwege wurden angelegt sowie eine Unzahl von Brücken gespannt (es gibt an die zweitausendfünfhundert, darunter so Aufsehen erregende Konstruktionen wie die gewaltige Köhlbrandbrücke). Trotzdem haben sich die Hamburger – insbesondere die Bewohner bestimmter Viertel, etwa die von St. Pauli, dem alten Hafenviertel, das heute eine einzige Sexmeile ist – schon seit Jahrhunderten an eine merkwürdig amphibische Lebensform gewöhnt, die die Venezianer jeden Winter erleben, wenn *aqua alta* ihre Stadt überflutet. Die Hamburger kennen periodisch wiederkehrende Elbhochwasser, die sehr viel aggressiver sind und mehr Land verschlingen, als es in der Lagune von Venedig der Fall ist (die Flut von 1962 forderte dreihundert Menschenleben). Trotz aller Anstrengungen, trotz jahrhundertelanger Investitionen und menschlicher Arbeit bleibt das Land, auf dem sich die reiche Stadt erhebt, instabil. Es gibt noch einen weiteren Grund, weshalb Hamburg von allen deutschen Städten am ehesten den triefenden Titel einer aquatischen Stadt beanspruchen darf: Zu dem Wasser, das sie durchfließt oder sich in ihr staut, kommt noch jenes, das der Himmel so reichlich und so häufig auf sie niedergehen lässt und Hamburg zur regenreichsten Stadt Deutschlands macht.

Besuchen wir Venedig, verführt uns die Schönheit der gotischen Paläste an seinen Kanälen; fasziniert entdecken wir die Spuren der großen Handelsabenteuer, auf die sich die Republik der Signoria einließ, und gehen dabei doch von einer Ansichtskarte aus, allenfalls von einem bedeutenden Kapitel der Geschichte. Von Hamburg sprechen heißt indessen, von einem lebendigen Organismus zu sprechen, der von der Gründung im 9. Jahrhundert bis zum heutigen Tage nicht nur mit seiner Geographie zu kämpfen hat, sondern sich auch stets den Wechselfällen der Geschichte des Handels stellen musste sowie deren extremer Variante, dem Krieg. Sprechen wir von Hamburg, so sprechen wir nicht von kleinen Inseln mit einer glanzvollen Kirche oder einem melancholischen Friedhof, sondern von dem tausendjährigen Bemühen, sich die Herrschaft über den Seehandel in Nordeuropa zu erhalten. Als Venedig im 16. Jahrhundert seinen historischen Lebenszyklus abschloss und sich in den Schoß der Lagune zurückzog, begann für Hamburg, das bereits seit Jahrhunderten Handel trieb und gerade seine Warenbörse gegründet hatte, eine lange Blütezeit, bedingt durch die Öffnung zur Neuen Welt. Schon im Mittelalter wurden über Hamburg Leinen, Bauholz und Wein nach London verkauft, von dort teure Stoffe zurück nach Deutschland gebracht. Aus dieser Zeit stammt die Anglophilie der Stadt. Es hat Tradition in der Hamburger Bourgeoisie, die Kinder zum Studium auf die Inseln zu schicken, und man gefällt sich darin, die Konversation mit Anglizismen anzureichern. Seit fünfhundert Jahren schaut Hamburg aus einer gewissen Distanz auf das unter ihm liegende Deutschland, wie auf eine provinzielle, beschränkte Welt. Es rühmt sich damit, *very british* zu sein, vor allem jedoch rühmt es sich seines Kosmopolitismus oder Weltbürgertums. Mit seinem eklektischen Kaufmannsgeist lässt es sich für Moden begeistern, für alles, was es draußen sieht. Zwar schmückt die gute Gesellschaft Hamburgs ihre Konversation noch heute gern mit englischen Ausdrücken, doch als die Flüchtlinge der Französischen Revolution in die Stadt kamen, hatte man keine Bedenken, das Englische gegen Französisch auszutauschen. In dieser Stadt sind Moden willkommen, erst recht wenn sie von Geld begleitet werden. Mit offenen Armen empfing Hamburg die von Philipp II. verfolgten Calvinisten aus Belgien und Holland, und diese Flüchtlinge wurden zu einem wichtigen Pfeiler der späteren wirtschaftlichen Entwicklung. Gern gesehen waren auch die Händler und Handwerker aus Flandern, Antwerpen und Brabant, die Tuche mitbrachten, welche die Hamburger Elbe aufwärts an den reichen sächsischen Hof in Dresden weiterverkauften. Auch die Juden fanden Unterschlupf in dieser Stadt, deren Hafen auf die Einfuhr exotischer Produkte wie Reis, Kaffee, Tee, Zucker und Gewürze spezialisiert war. Es riecht immer noch nach Gewürzen und Kaffee in den Kanälen, wo Hebebühnen die Ballen direkt aus den Bäuchen der Schiffe in die Lagerhallen verfrachten. Und in der Speicherstadt gibt es gleich zwei Museen für die Geschichte dieses Handels.

Im Hamburger Hafen werden jeden Tag über zweihunderttausend Tonnen Waren bewegt, und seine Bedeutung ist noch gestiegen, seit die Berliner Mauer gefallen ist und ihm das unmittelbare Hinterland geöffnet hat, das während der letzten Jahrzehnte aus politischen Gründen abgeschnitten war. Von Hamburg sprechen, heißt, von dem Geld zu sprechen, das dort unter großen Anstrengungen verdient wird.

Beim Anblick der grundsoliden Häuser Hamburgs kann sich der Reisende nur schwer vorstellen, wie fragil Deutschlands stattlichste Stadt in Wirklichkeit ist. Immer wieder wurde sie von Kriegen und Katastrophen heimgesucht. Sie wurde von den Wikingern und den Dänen erobert und hat verheerende Brände erlebt. Die schlimmsten in den Jahren 1284 und 1842, wobei Letzterer mehr als die Hälfte aller Häuser der Stadt vernichtete. Noch einmal wurde über die Hälfte der Stadt 1943 durch die Bombardements der Alliierten ein Opfer der Flammen. Operation Gomorrha wurde dieser Bombenangriff genannt, der fünfzigtausend Hamburger das Leben kostete. Schon der Erste Weltkrieg hatte der Stadt eine Rechnung von vierzigtausend Toten präsentiert. Die Geschichte der Großen St. Michaeliskirche – der reichsten Kirche Hamburgs, auch als Hamburger Michel bekannt – spiegelt die Katastrophen, denen die Stadt regelmäßig anheim fällt, getreulich wider: Im Jahr 1661 feierlich eingeweiht, wurde sie 1747 durch einen Blitzschlag vollständig zerstört. In kürzester Zeit wieder aufgebaut, brannte sie 1906 erneut. Ein weiteres Mal schwer beschädigt wurde sie während der alliierten Luftangriffe von 1944/1945. Heute drängeln sich die Touristen vor ihren Toren, um das restaurierte Innere zu bewundern, die herrliche Kanzel und die prunkvolle Orgel, die jedoch nicht mehr die ist, auf der Carl Philipp Emanuel Bach gespielt hat, da jene – ein weltbekanntes Meisterwerk des Instrumentenbaus – beim Brand von 1906 zerstört wurde. Sie ist nicht einmal deren direkte Nachfolgerin, die bis zu den Bombardierungen von 1945 als die größte Orgel der Welt galt, sondern eine ebenfalls prächtige, wenn auch etwas kleinere, die 1962 eingebaut wurde.

Hamburg, die verletzliche Stadt, die in Abständen immer

wieder zerstört wird. Nicht allein durch Kriege und Naturkatastrophen, sondern auch durch die wenig romantische Einstellung jener, die in dieser Stadt das Geld verdienen. Eine Inschrift an einem beliebten Hamburger Brunnen lautet: »Auf dem Markt lernst du die Leute kennen.« Hamburgs Doppelcharakter als Speicherstadt und Marktstadt hat dazu geführt, dass man nicht wehmütig auf die Vergangenheit blickt, sondern eher dazu neigt, Projekte in Angriff zu nehmen, die das Wachstum der Stadt befördern. Schon Marx hat gesagt, dass der Kapitalismus nur überlebt, indem er unaufhörlich wächst. Als Ergebnis davon ist Hamburg, nach einer fast endlosen Reihe von Naturkatastrophen, auch in den Strudel der Selbstzerstörung geraten. Dieses Phänomen könnte man als die Autophagie des Kapitals bezeichnen: die Fähigkeit der herrschenden Klasse, unablässig die eigene Geschichte zu verschlingen. Um am Ende des 19. Jahrhunderts – im Jahr 1888 – die herrliche Speicherstadt am Hafen bauen zu können, wurden Tausende alter Häuser zerstört und zwanzigtausend Menschen umgesiedelt. Wenige Jahre später fielen ganze Stadtviertel der Spitzhacke zum Opfer, nachdem eine Choleraepidemie neuntausend Menschenleben gefordert hatte. Diese neuerliche Zerstörung wurde mit der Sanierung der Stadt begründet. Nach den Bränden (erschütternd die alten Stiche der Feuersbrunst von 1842; Flammen schlagen über die Dächer, verschlingen Kirchtürme), den Stadtsanierungen und den furchtbaren Bombardements des Zweiten Weltkriegs (wir sehen die Fotografien: Hamburg, eine Wüstenei, durchzogen von den Mauerresten ausgebrannter Häuser) sind von der wohlhabenden mittelalterlichen Stadt und dem Glanz der beginnenden Moderne nur noch wenige unversehrte Zeugen in der Deichstraße erhalten: alte Häuser reicher Kaufleute, die logischerweise denen ähneln, die zur selben Zeit in Antwerpen, Brügge oder Amsterdam gebaut wurden, mit Satteldächern und roten Backsteinfassaden, die in Stufen oder Voluten zum Giebel aufstreben: Modelle aus Gotik, Barock und Renaissance. Vom Nikolaifleet aus kann der Reisende diese Häuser am Ufer des Kanäle betrachten, die zugleich Verkehrswege waren und Brunnen, aus denen die Anwohner ihr Trinkwasser schöpften und die Brauereien das Wasser für ihr Bier. Die Nutzung der Kanäle unterlag strengen Bestimmungen. So war es verboten, Abfälle und tote Tiere ins Wasser zu werfen, doch da dieses Verbot nur selten befolgt wurde, kam es regelmäßig zu grauenvollen Epidemien.

Verstehe einer die Hamburger! Während sie in Köln seit fünfhundert Jahren an ihrem Dom bauen oder in Barcelona, nachdem man sich mitten im 19. Jahrhundert eine halbe gotische Kathedrale zusammenfabuliert hat, beschlossen wird, mit der Gestaltung von Gaudís Alpträumen an der Sagrada Familia fortzufahren, gelang es den Bürgern von Hamburg (um in den Genuss des Bürger- und des Wahlrechts zu kommen, musste man mindestens eintausendzweihundert Goldmark jährlich an Stadtsteuern zahlen) in drei Jahren – von 1804 bis 1807 –, ihren gigantischen gotischen Dom zu schleifen, der nach dem Kölner das größte Kirchenbauwerk Deutschlands war. Alfred Lichtwark, der Gründer der Hamburger Kunsthalle, hat geschrieben: »Keine andere Stadt hat einen so großen Zerstörungseifer an den Tag gelegt wie Hamburg. Hamburg hätte eine Renaissance-, eine Barock- oder eine Rokokostadt sein können, doch all diese Schätze sind unweigerlich und mit Hingabe auf dem Altar des Handels geopfert worden.« Man wäre jedoch ungerecht, würde man nicht anerkennen, dass der Handel, der die Kulturgüter des alten Hamburg immer wieder zerstört hat, solche auch immer wieder neu erschaffen hat, bis die Stadt ein wahres Musterbuch der Architektur geworden ist, in der sich die Macht und die Eitelkeit dieser stolzen Handelsherren getreulich widerspiegeln. Von der Schleusenbrücke, der Trostbrücke oder Slamatjenbrücke aus, auf dem Alsterfleet, Mönckedammfleet oder dem Bleichenfleet kann man die heutige Wasserstadt bewundern und erkennt, dass sie nicht – wie Venedig – zur Ansichtskarte erstarrt ist. Es sind keine gotischen Palazzi, die der Reisende betrachtet, sondern stolze Hochhäuser aus Glas und Stahl, die sich mit derselben Überzeugungskraft im Wasser spiegeln, mit der ein Aufsichtsratsvorsitzender auf den Tisch schlägt, um seine Autorität zu beweisen. Nicht zu vergessen (nur, um einige Beispiele anzuführen): In Hamburg sind über zweihundert Bankinstitute mit Niederlassungen vertreten; von den fünfhundert größten Firmen Deutschlands haben mehr als fünfzig ihren Sitz in Hamburg; fünfzehn der zwanzig auflagenstärksten Printmedien, darunter *Spiegel*, *Stern* und *Die Zeit*, werden in Hamburg verlegt. Große Verlagshäuser wie Gruner + Jahr, Springer oder Bauer haben einige der schönsten und überraschendsten Gebäude der Stadt errichtet. Andere wurden von Banken, Exportfirmen, Werften, Film- und Fernsehunternehmen oder Stahlkonzernen erbaut. Zuweilen wird die Folge dieser Glasskulpturen unterbrochen von dem einen oder anderen alten Bauwerk, das auf wundersame Weise von den Wechselfällen der Geschichte verschont blieb. Solche Häuser zeigen die dauerhafte Präsenz des Geldes in der großen Hafenstadt an. Hamburg ist heute das, was Venedig wäre, wenn die alte Signoria nicht von der Schlafkrankheit befallen worden wäre.

»Von Geld spricht man nicht«, sagen die Hamburger, »man hat es.« Sie rühmen sich, in der reichsten Stadt Deutschlands zu wohnen, was vielleicht gleichbedeutend mit der reichsten Stadt Europas ist (wenn Bern, Zürich, Genf das gestatten). In Hamburg zeigt sich diese strotzende, durch nichts angekränkelte Schönheit, wie sie die erregende Gymnastik des Geldes verleiht. Diese unverkennbar straffe Muskulatur, die Städten allein durch die Fitness ihres Kapitals zuteil wird und die selbst der unachtsame Reisende auf den ersten Blick wahrnimmt.

HAFEN, ST. PAULI, ALTONA

Beginnen wir mit dem Hafen! Erobern wir die Stadt von hier aus. Der Hafen sorgt dafür, dass die Stadt Hamburg lebt. Hier konzentrieren sich sichtbare Aktivität, Arbeit, Maschinen; Tag und Nacht wird geschuftet und bewegt, läuft die Technik wie am Schnürchen, werden Container zu haushohen Bergen aufgeschichtet, wird Mehrwert geschaffen.

Das geschieht nicht diskret und still. Noch jenseits der Alster in der Uhlenhorst kann der Spaziergänger das gewaltige Tuten der riesigen Containerschiffe beim Einlaufen in den Hafen hören. Gleichzeitig ist diese Industrielandschaft für die Menschen, die hier leben, eine Sehnsuchtslandschaft, eine immer wieder neue Quelle der Inspiration.

Erobern wir die Stadt also über die Elbe und den Hafen, diese Hauptarterie, diese Öffnung in die Welt nach draußen und in die Stadt hinein. Kommen wir an in Hamburg auf dem Wasserweg, um die Stadt von hier aus Schritt für Schritt weiter zu erobern.

Hier im Hafen ist ein ständiges Ankommen und Wegfahren, zwei Bewegungen, die uns in den literarischen Texten immer wieder begegnen werden. Dabei ist das Ankommen oft verheißungsvoll, mit Hoffnungen und Erwartungen verknüpft; das Verlassen hat längst nicht immer gute Gründe, wie wir sehen werden. Dass wir die Stadt vom Wasser des Flusses, das sie mit dem Meer und der Welt verbindet, erobern wollen, erscheint einleuchtend. Aber ein Fluss fließt von der Quelle zur Mündung. Die Elbe trägt uns also fort aus der Stadt, hin zum Meer, das hundert Kilometer entfernt in die Welt hinausführt.

Wir bekommen aber Schützenhilfe bei den Alten, den Griechen, die glaubten, dass ihre Ströme von deren Vater Okeanos aus herauffließen würden, um die Erde mit Leben zu versorgen. Also hinein in den Körper Hamburgs über seinen wichtigsten und vitalsten Zugang, das Wasser der Elbe! Nicht nur die Griechen, auch Karen Nölle-Fischer beschreibt die Elbe in ihrem literarischen Reisebegleiter von der Mündung bis zum Riesengebirge, und der spanische Autor Rafael Chirbes ist in seinen Städteporträts immer wieder von Städten mit Anbindung ans Wasser fasziniert, von wo aus er sie sich erschreibt.

Altona ist für Politiker, die diesen Wahlkreis für den Deutschen Bundestag gewinnen wollen, ein schwieriges Pflaster. Sie müssen eine Wählerschaft für sich einnehmen, die unterschiedlicher nicht sein kann. Die Pole werden gebildet durch St. Pauli und Blankenese, durch die einfachen, oft mittel- und hilflosen Menschen, vielen am Rand der Gesellschaft oder in alternativen Formen Lebenden bis hin zu den vielen Reichen im Westen der Stadt, die vom hohen Ufer der Elbchaussee aus auf die Szenerie blicken, der sie häufig ihren Reichtum verdanken.

Sauber trennt die Elbe den nördlichen, wohlhabenderen Bereich der Stadt vom südlichen. Seit langem gibt es Überlegungen der Politiker, die Stadt wachsen zu lassen, die HafenCity durch Geschäfte, Büros, kulturelle Einrichtungen und Wohnungen zu beleben und den Sprung über die Elbe städteplanerisch konsequent zu vollziehen. Dieses Spannungsfeld wird uns in den folgenden Texten auch immer wieder begegnen.

Blicke auf den Hamburger Hafen bekommen wir aus den unterschiedlichsten Perspektiven vom 18. Jahrhundert mit Georg Christoph Lichtenberg bis in die Gegenwart, von fast philosophischer Betrachtung bei Günther Lange bis zur bösen Satire Wolfgang Siegs. Wolfgang Borchert, der tragische Autor, wirft bei aller Gebrochenheit einen emphatischen Blick auf die geliebte Hafenlandschaft, während uns Uwe Timm die Entdeckung der Currywurst, die ihren

Siegeszug von Hamburg aus antrat, nüchtern und doch liebevoll aus der Perspektive der kleinen Leute erzählt. Mit ihm wenden wir uns vom Hafen ab und kommen nach St. Pauli.

Marie-Luise Scherer, Wolfgang Sieg, Fanny Müller, Dirk Kurbjuweit und Frank Göhre sind Gegenwartsautoren der unterschiedlichsten Couleur. Mit ihren Mitteln des genauen Hinschauens, der Lakonie und des satirischen Überzeichnens zeigen sie uns St. Pauli und das Schanzenviertel, konterkarieren den Mythos eines folkloristischen St. Pauli und lassen nicht viel übrig vom schönen Glanz der Oberfläche.

Weiter geht es nach Altona und Ottensen. Per Olov Enquist führt uns mit seinem Arzt Struensee das arme Altona des 18. Jahrhunderts vor, das noch dänisch war und in dem die subversive Kraft der Aufklärung zu wirken beginnt. Heinrich Heines gespaltenes Verhältnis zur Stadt, aber auch seine Verehrung für Klopstock, der auf dem Friedhof der Christianskirche an der beginnenden Elbchaussee begraben ist, lernen wir kennen.

Nicht alle Wege nach Hamburg führen über das Wasser. Wichtiger Zugang ist auch der Altonaer Bahnhof, ein Kopfbahnhof, dessen Schienengewirr Anna Brenken bei ihren Spaziergängen viel stärker beeindruckt als das des Hauptbahnhofs. In einer Momentaufnahme denkt der jüdische Junge Georges-Arthur Goldschmidt mit Unbehagen an ihn, als er bei der von den Eltern initiierten Flucht vor den Nazis allein in den Münchner Bahnhof einfährt, der ein ebensolcher Kopfbahnhof ist. Fünfzig Jahre später kommt der Jude André Kaminski mit der Bahn auf einer Lesereise durch Deutschland nach Hamburg. Er liest in vielen Städten aus seinem Roman »Nächstes Jahr in Jerusalem«, um zu diesem späten Zeitpunkt die Deutschen kennen zu lernen, die vielen Klischees, gute und vor allem böse, die in ihm stecken, aber auch die Deutschen selbst, auf den Prüfstand zu stellen.

Auch andere Autoren kommen auf Zeit in die Stadt, manche kurz, andere, freiwillig oder unfreiwillig, für länger. Franz Fühmann hatte in der DDR seine Verlagsheimat bei Hinstorff in Rostock. In Hamburg fand er mit Hoffmann und Campe seinen Verlag für die Bundesrepublik. Seine Aufzeichnungen aus dem Westen sind oft durch ein ambivalentes Verhältnis von Bewunderung und starker Skepsis gekennzeichnet. Im hier präsentierten Text scheint die aus der Klassenkampftheorie begründete Krise des Kapitalismus durch das faszinierende Grau der »Arbeiterstadt« Hamburg hindurch.

Für andere, später geborene Autoren wurde das Publizieren in der DDR immer schwieriger. Sie landeten nach Verfolgung, Bespitzelung, Zensur und Arbeitsverbot nicht selten in Hamburg. Wolf Biermann lebt hier wieder, Wolfgang Hegewald ist in Hamburg inzwischen Professor für Literatur, für einige Jahre lebten Monika Maron und Uwe Kolbe in dieser Stadt und zeigten der Hamburger literarischen Szene, was Neugierde, Offenheit und Interesse für Person und Texte anderer Autoren sind.

Neugierde treibt auch Joachim Ringelnatz' Ameisen, die jedes Hamburger Schulkind kennt, bei ihrer auf der Elbchaussee beginnenden Weltreise an. Allein, sie kommen nicht weit.

Vielleicht ist das auch gut so, denn Hamburg, so der allgemeine Konsens seiner Bürger, ist die schönste Stadt der Welt.

Sogar der griesgrämige Eiserbeck in Dirk Kurbjuweits Roman »Schussangst«, der um drei Uhr morgens mit dem Blick auf nicht besonders attraktive Containerbrücken beim Rasieren feststellen muss, dass seine Stadt heimlich nachts von Arbeitern umgebaut wird, will partout kein anderes Hamburg. Wir dürfen auch den englischen Touristen in Felicitas Hoppes Roman »Pigafetta« nicht unterschlagen, der, mit dem Schiff aus dem Hamburger Hafen auslaufend, »schrie, was für eine schöne und großartige Stadt dies sei, mit einem Tunnel von drei Komma drei Kilometer Länge, einer Staatsoper und einer Anstalt für Fischerei, Luftkreuz des Nordens, fast so schön wie England, nur fehle die Königin, ohne die eine Stadt eigentlich keine Stadt und ein Land kein Land sei«.

Hamburger Hafen

Nach Hamburg komme ich alle Tage für 4 gute groschen wenn ich will. Ich habe mich da neulich 4½ Tage aufgehalten, und muß zur Ehre unsres seeligen Vetter Eckhardts bekennen, daß ich nicht geglaubt habe, daß in Deutschland ein Ort wäre, wo man sich eine so vollständige Idee von dem was London und Amsterdam großes haben, machen könte, als diese Stadt. Am Hafen liegt ein Gebäude, das das Baumhauß genannt wird, mit einer Gallerie oben auf dem Dache, worauf zuverläßig einer der schönsten Prospeckte in Deutschland nach dem einstimmigen Zeugniß aller Reisenden ist. Ich kann mich unmöglich in eine Beschreibung dieser Aussicht einlassen. Ich erwähne nur dieses, daß man hunderte von dreymastigen Schiffen, wovon eines allein seinen Mann in Erstaunen setzen kan, auf einmal übersieht. Da liegt das leichte niedliche englische Schif mit dem scharfen Kiel, dem man seine Flüchtigkeit ansieht, neben dem runden und schweren Holländer, der, um mehr Käse laden zu können, lieber etwas schwerer segelt, und dann kommt ein Schif, das vor wenigen Tagen vom Wallfischfang zurück kam, wie eine Kirche plump und schwer, mit geflickten Seegeln, über und über schmutzig, da liegen Spanier und Portugiesen und Russen, und in dem Tauwerck, das in der Ferne einem Gewebe von Spinnen ähnlich sieht, klettern die Menschen wie die Spinnen. Alles lebt und wimmelt, da wird reparirt, gebaut, aus und eingepackt, und alles was wacht ist geschäfftig. Auf einmal sieht man die Seegel von einem solchen Gebäude voll werden und unter einem Freudengeschrey der Matrosen von den benachbarten Schiffen geht es mit einem Zuge, dessen Majestät nichts auf der Erde gleich kommt, den prächtigen Strohm hinunter, um andere Reichthümer zu holen, mit manchem armen Teufel an Bord, der heute seinen lezten vergnügten Tag gehabt hat. Für mich, der das Wasserfahren und Seewesen beynah bis zur Ausschweifung liebt, ist dieses ein Vergnügen, das ich allen vorziehe und das mir Thränen in die Augen bringen kann.

Georg Christoph Lichtenberg

Ein gar lieblicher Frühlingstag

Es war aber ein gar lieblicher Frühlingstag, als ich zum erstenmahl die Stadt Hamburg verlassen. Noch sehe ich wie im Hafen die goldnen Sonnenlichter auf die betheerten Schiffsbäuche spielen, und ich höre noch das heitre langhingesungene Hoiho! der Matrosen. So ein Hafen im Frühling hat überdies die freundlichste Aehnlichkeit mit dem Gemüth eines Jünglings, der zum erstenmahl in die Welt geht, sich zum erstenmahl auf die hohe See des Lebens hinauswagt – noch sind alle seine Gedanken buntbewimpelt, Übermuth schwellt alle Seegel seiner Wünsche, Hoiho! – aber bald erheben sich die Stürme, der Horizont verdüstert sich, die Windsbraut heult, die Planken krachen, die Wellen zerbrechen das Steuer, und das arme Schiff zerschellt an romantischen Klippen oder strandet auf seicht-prosaischem Sand – oder vielleicht morsch und gebrochen, mit gekapptem Mast, ohne ein einziges Anker der Hoffnung, gelangt es wieder heim in den alten Hafen, und vermodert dort, abgetakelt kläglich, als ein elendes Wrak!

Aber es giebt auch Menschen, die nicht mit gewöhnlichen Schiffen verglichen werden dürfen, sondern mit Dampfschiffen. Diese tragen ein dunkles Feuer in der Brust und sie fahren gegen Wind und Wetter – Ihre Rauchflagge flattert wie der schwarze Federbusch des nächtlichen Reuters, ihre Zackenräder sind wie kolossale Pfundsporen, womit sie das Meer in die Wellenrippen stacheln, und das widerspenstisch schäumende Element muß ihrem Willen gehorchen, wie ein Roß – aber sehr oft platzt der Kessel, und der innere Brand verzehrt uns.

Doch ich will mich aus der Metapher wieder herausziehn und auf ein wirkliches Schiff setzen, welches von Hamburg nach Amsterdam fährt. Es war ein schwedisches Fahrzeug, hatte außer den Helden dieser Blätter auch Eisenbarren geladen, und sollte wahrscheinlich als Rückfracht eine Ladung Stockfische nach Hamburg, oder Eulen nach Athen bringen.

Die Ufergegenden der Elbe sind wunderlieblich. Besonders hinter Altona, bey Rainville. Unfern liegt Klopstock begraben. Ich kenne keine Gegend wo ein todter Dichter so gut begraben liegen kann wie dort. Als lebendiger Dichter dort zu leben, ist schon weit schwerer. Wie oft hab ich dein Grab besucht, Sänger des Messias, der du so rührend wahr die Leiden Jesu besungen! Du hast aber auch lang genug auf der Königstraße hinter dem Jungfernsteeg gewohnt, um zu wissen, wie Propheten gekreuzigt werden.

Den zweiten Tag gelangten wir nach Cuxhaven, welches eine hamburgische Kolonie. Die Einwohnersind Unterthanen der Republik und haben es sehr gut. Wenn sie im Winter frieren werden ihnen aus Hamburg wollene Decken geschickt, und in allzuheißen Sommertagen schickt man ihnen auch Limonade. Als Prokonsul residirt dort ein hoch- oder wohlweiser Senator. Er hat jährlich ein Einkommen von 20,000 Mark und regiert über 5000 Seelen. Es ist dort auch ein Seebad, welches vor anderen Seebädern den Vortheil bietet, daß es zu gleicher

Zeit ein Elbbad ist. Ein großer Damm, worauf man spatzieren gehn kann, führt nach Ritzebüttel, welches ebenfalls zu Cuxhaven gehört. Das Wort kommt aus dem Phönizischen; die Worte »Ritze« und »Büttel« heißen auf phönizisch: Mündung der Elbe. Manche Historiker behaupten, Carl der Große habe Hamburg nur erweitert, die Phönizier aber hätten Hamburg und Altona gegründet und zwar zu derselben Zeit als Sodom und Gomorra zu Grunde gingen. Vielleicht haben sich Flüchtlinge aus diesen Städten nach der Mündung der Elbe gerettet. Man hat zwischen der Fuhlentwiete und der Kaffemacherey einige alte Münzen ausgegraben, die noch unter der Regierung von Bera XVI. und Birsa X. geschlagen worden. Nach meiner Meinung ist Hamburg das alte Tharsis, woher Salomo ganze Schiffsladungen voll Gold, Silber, Elfenbein, Pfauen und Affen erhalten hat. Salomo, nemlich der König von Juda und Israel, hatte immer eine besondere Liebhaberey für Gold und Affen.

Heinrich Heine

Neuer Frühling

Himmel grau und wochentäglich!
Auch die Stadt ist noch dieselbe!
Und noch immer blöd und kläglich
Spiegelt sie sich in der Elbe.

Lange Nasen, noch langweilig
Werden sie wie sonst geschneuzet,
Und das duckt sich noch scheinheilig,
Oder bläht sich, stolz gespreitzet.

Schöner Süden! wie verehr ich
Deinen Himmel, deine Götter,
Seit ich diesen Menschenkehricht
Wiederseh, und dieses Wetter!

Heinrich Heine

Lessings Haus

Oskar wußte nicht mehr, was er tat. Sein Bewußtsein war nicht größer als das eines fallenden Steines. Er hastete im Laufschritt an der Katharinenkirche vorbei, überquerte hinter dem Zippelhaus das Dovenfleet und eilte dem Holländischen Brook zu. Hier war es ruhig, wenn auch der mächtige rote Schein über den schwarzen Giebeln und hinter der feinen Silhouette des Turms von Sankt Katharinen schon manch einen Bürger an das Fenster getrieben hatte. Aber die Mehrzahl der Bewohner lag ruhig in den Betten und träumte vom kommenden Himmelfahrtstage, von Landpartien nach Nienstedten oder nach Billwärder, höchstens daß sich einer oder der andere einmal unter der Federdecke herumdrehte und mit einem »Herrgott, es ist noch immer nicht aus« in einen angenehmen Morgenschlummer fiel.

Zu Hause angekommen, stieg Oskar vorsichtig die breite Treppe hinauf. Im rechten Arm hielt er das kleine Mädchen, das in tiefen Schlaf gefallen war, in der linken Hand die schwelende Lampe. Das Haus war sehr alt, aber um die Mitte des achtzehnten Jahrhunderts im Geschmack jener Zeit neu ausgeschmückt worden. Die weiße Stuckdecke der großen Diele war mit weitgeschwungenen Muschelbogen verziert, von denen der goldene Anstrich schon lange abgebröckelt war. In der Mitte der Decke sah man eine chinesische Landschaft mit Pagoden und Zwergbäumen, mit einem Teiche, einer Schilfhütte und einer lustigen Barke, und in dieser Landschaft spielten, arbeiteten und ergingen sich viele kleine Figuren, Bauern und Fischer und Gärtner, mit spitzen Strohhüten, die Geräte ihres Handwerks in der Hand, Mandarinen und Fürsten, allerliebste Schäferinnen mit breiten bebänderten Hüten und vornehme Damen auf Stöckelschuhen. Oskar betrachtete alles mit einer gewissen Rührung, selbst den alten verstaubten Dreimaster, dessen Schatten auf die orientalische Gartenlandschaft fiel. Er erinnerte sich, gehört zu haben, dass selbst Gotthold Ephraim Lessing, der in diesem Haus in seiner Hamburger Zeit gewohnt hatte, die Decke nicht durchaus schlecht gefunden haben sollte. Als darauf der Eigentümer des Hauses, ein Herr Schmid, ihn gefragt hatte, warum er sie nicht durchaus gut fände, sollte Lessing geantwortet haben: »Ich stelle mir einen chinesischen Garten anders vor: hintergründiger und ernster.«

Oskar schüttelte den Kopf. Er verstand es selbst nicht, er fühlte sich durch Lessings längst verhalltes Wort getroffen, als hätte der Dichter gesagt: »Ich stelle mir den Sohn eines großen Hauses anders vor.«

Edgar Maass

Speicher-Stadt I

Kennst du unsen Wirtschaftssenator? Nee? Aber ich kenn ihn. Weil: er war schon Stammkunde an' mein' Frittenstand, als er noch einfachen Abgeordneten vonne Bürgerschaft war. Jedenfalls, schon damals, wenn er da ein Ding in petto hatte, konntest ihn das anmerken, weil: er hat denn zugeschlagen … daß ich immer gedacht hab: wenn der keine Magenerweiterung kriegt, denn weiß ich nicht! Gestern auch wieder: bestellt er 4 Frankfurter, 8 Krakauer und hinterher noch 3fache Portion Fritten mit doppelt Mayo und noch zwei Curry-»Riesen« mit bei. »Aber Herr Senator«, sag ich noch, »sind Sie sicher, daß Sie das auch schaffen?« »Aber immer, Wolli«, sagt er, »bei mein' Appetit, und mach man noch 3 Schaschlik scharf fertig, als Nachtisch!« »Na, denn passen Sie man auf, Herr Senator …« sag ich noch, »daß Sie nachher nicht alles wieder … ich mein, so' ne Meng', das hält der stärkste Magen nicht aus … und das soll schon mal Leute gegeben haben, bei die sind die Augen größer als der Mund.«

Ja, und vorhin les ich in meine Zeitung von den neuen Projekt, was der Herr Wirtschaftssenator de Presse vorgestellt hat: daß nämlich unse Speicherstadt an' Hafen, diese schön Backsteingebäude mitte Kupferdächer, wo nu bloß Gewürze lagern oder Teppiche und höchstens noch 'n paar Schiffsausrüster ihre Läden haben … also, wo immer steht … als Firm'name: »Sowieso und Konsorten«, da soll nu 'ne bunte Mischung aus Wohnung', Büros, Läden und Gastronomie hin. Und wird ein Milliarden-Ding. Und mehrere potente Investor'n aussen In- und Ausland haben schon ihr Interesse angemeldet, und Madonna und Gunter Sachs und was vonne »Stones« noch übrig ist: haben sich jetzt schon alle ne Wohnung gesichert. »Aber«, so sagt der Wirtschaftssenator, »'n Schickimicki-Viertel soll das trotzdem nich werden«, sondern soll'n auch ganz normale Leute wohn', so wie er zum Beispiel.

Wolfgang Sieg

Der junge Fordt

Wach. Und persönlicher Rekord: achtzehn Stunden Schlaf, ohne einmal aufzustehen. Ich dachte an Wasser ... und nahm schon den beglückenden Moment vorweg, wenn ich in der Bordtoilette stehen und durch das kleine Bullauge auf den Fluß sehen würde.

Noch lag ich da. Ja, ich wollte den Augenblick der Erleichterung wieder so lange wie möglich hinauszögern! Das Gefühl war jetzt greifbar, ich erinnerte mich, das genügte, um weiter auszuhalten. Ich drückte mich flach auf die Koje, zwang mich zu denken. Und erst als mir wie jeden Morgen dann doch jemand einfiel, dessen Lage noch vertrackter war als meine, sprang ich auf und gab halb rennend, halb tänzelnd, Hände zwischen den Beinen, mein Bestes, um rechtzeitig in das weißgekachelte Kabuff zu gelangen.

Meist dachte ich dabei an meinen Vater. Das war naheliegend, denn mein Vater fand keinen Schlaf. Überhaupt sah der große Meister wenig Sinn darin, ins Bett zu gehen, wenn man fast den ganzen Tag am Fenster saß. Es konnte passieren, daß ihm der Fluß farblos vorkam, so daß er sich fragte, weshalb er das Fährhaus und die beiden alten Pötte eigentlich gekauft hatte ... Dann bestellte er Seeler zu sich. Dann hörte man das Telefon auf dem Nachbarboot klingeln und schreckte aus dem Schlaf. Ich konnte sicher sein, daß unser Familienarzt in Kürze in meiner Kajüte stehen, die Packung Rohypnol in Händen drehen und mich darauf hinweisen würde, daß es an der Zeit wäre, die Fährhausfenster von ihrem blicktrübenden Schmutzfilm zu säubern.

Mirko Bonné

Hamburg

Das Hafenleid – die Alsterdiamanten –
Das sind für mich so fertige Begriffe,
Da fallen Zahlen um die großen Schiffe,
Wenn ich begönnert, aber mißverstanden
Zwischen den Reedern sitze an der Bar,
Die scheinbar nur um Whiskysoda knobeln.
Indessen denk ich immer vor den nobeln
Kaufherren an mein schlechtgekämmtes Haar.

Dann die, die aus den Schiffen sich verstreuen:
Unangenehme, plumpe Wunderlinge,
Sie schenken bluterlebte Wunderdinge
Und wollen nichts, als sich mit andern freuen.
Wie sie das erste beste runter gießen,
So gierig wie die weißen Hafenraben – – –
Muß man den Schlüssel selbst erschmiedet haben,
Um ihre seltnen Märchen zu erschließen.

Und alles kenn' ich: Backbord, Luv und Lee,
Das »Rundstück warm«, die Segel und die Lichter,
Die hellen abgesalzenen Gesichter.
Fuhr ich vielleicht umsonst sechs Jahr zur See!

Hier bunte Ratsherrn flatternd um die Masten,
Dort steife Flaggen, die zur Börse hasten.
Und steife Grogs, Qualm, Tabak, Nebeldunst.
Du frägst nach Kunst? ach Hummel, Hummel – Kunst!

Nachts klang zwölf Glasen – (nein, vielleicht zwölf Uhr) –
Wie aus Westindien – dumpfes Dampfertuten,

Ich träumte (aber dieses lüg ich nur)
Ich träumte eben von der Tante Bur, –
Kann es wohl sein, daß Augenwimpern bluten?
Hier trink ich morgens Bier auf nüchtern Magen
Und häufe Wurst auf grobes, schwarzes Brot,
Und fühle mich so stark in jeder Not,
Ich würde mich hier schämen, je zu klagen.

Joachim Ringelnatz

In Hamburg

In Hamburg ist die Nacht
nicht wie in andern Städten
die sanfte blaue Frau,
in Hamburg ist sie grau
und hält bei denen, die nicht beten,
im Regen Wacht.

In Hamburg wohnt die Nacht
in allen Hafenschänken
und trägt die Röcke leicht,
sie kuppelt, spukt und schleicht,
wenn es auf schmalen Bänken
sich liebt und lacht.

In Hamburg kann die Nacht
nicht süße Melodien summen
mit Nachtigallentönen,
sie weiß, daß uns das Lied der Schiffssirenen,
die aus dem Hafen stadtwärtsbrummen,
genau so selig macht.

Wolfgang Borchert

Mit dem Ozean verheiratet

»Und«, fragte die Elbe, »wie nennen dann die Leute (…) das entsprechende Stück meines Weges nach oben in den Dachgarten, wo der Himmel zu sehen ist?«
»Das nennen sie Oberelbe«, antwortete ich, »und ich muß sagen, eine Dreiteilung leuchtet allen ein.«
»Was heißt das schon, Ober-, Unter-, Außen-? Natürlich weiß ich, wieviel Wasser den Berg hinabfließt. Es ist nicht nötig, darüber groß zu reden. Daß Hamburg das Venedig des Nordens genannt worden ist, verdankt es nicht dem Wasser, das hinuntergeflossen ist über Dresden, Meißen und Magdeburg, sondern dem Ozean, der bis in die Fleete hinaufgestiegen ist. Hamburg wollte mit dem Meer, dem Ozean, verheiratet sein, wie Venedig mit der Adria. Und glaubst du, daß ein Kaufmann anstelle des Dogen seinen Ring in die Alster geworfen hätte, um sie zu heiraten?«
»Ganz sicher nicht«, antwortete ich. »Der Ring gebührt dir, weil du den Hamburgern den Ozean bis vor die Türen und manchmal auch bis in die Türen gebracht hast.«
»Das waren noch Zeiten«, stimmte die Königin zu, »damals war Hamburg noch eine ganz andere Stadt, mit den vielen Brücken und den unzähligen Speicherhäusern und dem Gewusel der Schuten auf den Fleeten, in denen mein Wasser mit der Tide sich hob und senkte.«
»Damals von einem Venedig des Nordens zu sprechen hatte Sinn, Königin«, sagte ich, »außerdem hätte es ohne dich keinen Fleetenkieker gegeben.« Sie lachte.
»Das ist lange vorbei. Die Hamburger haben, im Gegensatz zu den Venezianern und den Amsterdamern, fast alle ihre Fleete zugeschüttet«, sagte ich bedauernd.

Das allerdings wollte die Elbe nicht gelten lassen.
»Du redest immer vom Ozean, Ferdinand«, sagte sie, »von Übersee, von Welthafen, das wäre ohne Johannes Dalmann nicht in Gang gekommen. Der kannte mich genau und setzte darum den Tidehafen durch. Im Grunde warf er wie der Doge in Venedig mir den goldenen Ring zu. Er kannte Schlick und Strom, und der Sandtorhafen konnte als Anfang des ›schnellen Hafens‹ gebaut werden.«
»Wenn Johannes Dalmann dein Bräutigam war«, fügte ich hinzu, »dann war der alte Wasserbaudirektor Hübbe dein Schwiegervater, Dalmanns Vorgänger im Amt.« (...)
»Dalmann hatte moderne Hafenentwicklung möglich gemacht bis hin zum heutigen Containerhafen. Aber er konnte das nur, weil die Elbe mit ihrem geringen Tidenhub von nur etwas über zwei Metern es ihm möglich machte, beginnend mit dem Sandtorhafen, die Schiffe an den zu bauenden Kais festmachen zu lassen, zumal damals die Dampfschiffahrt immer stärker die Segelschiffe verdrängte. Daher sagte ich zur Elbe: »Dein Doge, Königin, war der rechte Mann zur rechten Stunde.«
Das genügte ihr nicht. »Nicht nur das, Ferdinand, er sah hinter mir auch meinen Vater, den Ozean.«
»Das, Königin«, antwortete ich, »haben die Hamburger Schiffer und Kaufleute schon sehr bald gesehen. Wenn sie ihren kleinen Hafen verließen und sie vom ablaufenden Wasser von dir mitgenommen wurden, vergaßen sie die niedliche Alster und freuten sich aufs Meer. Hätten sie sonst draußen auf Neuwerk ihren Turm gebaut? Hätte sonst dein Freund Brockes seine vielen Gedichte auf ›Ampt Ritzebüttel‹ verfassen können, wenn sich die Hamburger mit diesem Außenposten nicht den Weg zum Ozean hätten sichern wollen? Hätten sie wegweisen-

de Tonnen in deinem Wasser verankert und Baken ans Ufer gesetzt, ja hätten sie ihre Lotsen so hochgeschätzt, wenn sie ihren Schiffen nicht den Weg hinaus in die Weite der Weltmeere hätten weisen können und zugleich auch den Heimweg, damit ihre reichbeladenen Schiffe mit dir – soll ich sagen flußauf? – ihren Weg zum Hafen sicher zurücklegen konnten?«

Es war nicht zu übersehen: Die Sympathie der Elbe für die Hamburger war groß. Natürlich wurden mir viele Namen von Kaufleuten gegenwärtig, die »drüben« einkauften und hier verkauften. Dazu gehörte auch der Name des Kaffeekaufmanns Eugen Nossack, der wie alle Kaufleute in der rechten Stunde Klugheit und Mut hatte beweisen müssen. Mir war klar, daß die Sympathie der Elbe diesen Ozeanzugewandten, den Seeleuten, den Schiffsbauern und Reedern und den Kaufleuten, galt, während sie mit den Juristen und Kanalarbeitern kaum Berührung hatte und suchte. Das Rathaus sah sie als Domäne ihrer hübschen Tochter, der Alster, an. Außerdem war sie nicht der Typ, den man auf Gesellschaften eingeladen hätte.

Eine Weile sagte keiner von uns beiden etwas. Wir saßen da, still, und blickten auf das Wasser, das wieder zu steigen begann.

Günther Lange

Hamburg, graue Arbeiterstadt

Ich wandere langsam, in Gedanken, Stunde um Stunde durch Hamburg, dem Hafen zu. Es nieselt, der Himmel ist grau, der Asphalt glänzt, ein Wetter, wie ich es mag. Ich wandere durch diese Arbeiterstadt, und sie scheint mir eine einzige grandiose Symphonie von Grau zu sein, eine Symphonie mitreißenden Arbeitsschwunges. Rauchfahnen ziehen, Züge rattern vorbei, die Gleise glitzern, und aus den Schächten der U-Bahn quillt der maßlose Strom der Menschen, die Trottoire überschwemmend und sich unter den gewaltigen Quadern der Brücken verlierend. Lichter flimmern; unzählige Nuancen Grau, vom Silber bis zum satten Schwarz, fließen ineinander; schwer stehen die Massive der Bahnhöfe und Fabriken vor dem Himmel, der im Abendrot brennt. Scharen von Schutzleuten zerhacken den endlos grauen Strom des Verkehrs; Hupen und Martinshörner gellen; wir treiben im Strom hinunter zum Hafen, zu Hamburgs Herz. Das stumpfgraue kalte Wasser klatscht ewig, Welle um Welle, an die Brücken und Pfeiler; die Graumöwen kreischen; in der Luft zittert Ruß; lautlos gleiten die riesigen Schiffsleiber, und von den Werften sprühn violette Funken. Sirenen schreien, Niethämmer dröhnen, die Luft kracht und klirrt, Schiffsrümpfe schwappen ins Wasser, und die 90 Schiffe, die hier, erstes Zeichen der Krise, tot liegen, sind nicht erkennbar. Lastwagen rattern vorbei, die Krane schwenken ihre Arme, die Schätze aller Herren Länder stapeln sich hier zu Hauf, und der Rauch und der Nebel und der Regen verhängen die Ferne …

Franz Fühmann

Die Nacht war naß, die Nacht war kalt

Die Nacht war naß, die Nacht war kalt
Ich hatte nicht einen Groschen
Die Leuchtfassaden starben ab
Die Schaufenster erloschen

Ich heulte wölfisch in die Nacht
Hoch zu dem Mond, dem bleichen
Hammonia! Hammonia!
Mensch, gib mir doch ein Zeichen!

Das Bismarckdenkmal tauchte auf
Und unten, nah den Stufen
Ein kleines Zelt vom Straßenbau
Das kam mir wie gerufen

Das war genau das Richtige
Für meine müden Knochen
Auf allen Vieren bin ich durch
Den vordern Schlitz gekrochen

Müllschlucker funktionieren ganz
Exakt wie dieses Zelt
Kaum war ich drin, verließ ich schon
Beschleunigt diese Welt

Erst rutschte ich in' Gullischacht
Auf einer glitschig schiefen
Holzebene, dann sauste ich
Senkrecht in tiefre Tiefen

(Es ging schon oft bergab mit mir
Auf dieser platten Welt
Nun merkte ich wie nie zuvor
Daß, wenn man fällt, man *fällt!*)

Ihr kennt ja selbst vom Schaukeln her
Dies Ziehen tief im Magen
Wie lang ich mich im freien Fall
Befand, ist schwer zu sagen

Doch fiel ich weich, in einen Schlamm
Das war noch immer besser

Als alles andre, denn ich fiel
In Hamburgs Abgewässer

Der Nachttopf einer ganzen Stadt!
(Ich möchte euch verschonen –
Vielleicht genügt der Hinweis euch:
Das ist kein Ort zum Wohnen)

Durch eisig kalten Dreck schwamm ich
Ums nackte Überleben
Im Grunde gings mir ebenso
Auch sonst in diesem Leben

Versteht ihr jetzt, warum ich nie
An euren Tischen mäkel?
Die Todesfurcht ist nämlich doch
Noch tiefer als der Ekel

Wolf Biermann

Die Entdeckung der Currywurst

Der Tommy bot ihr eine Zigarette an, und so saßen sie, als das Licht ausging, im Treppenhaus nebeneinander auf den Stufen, saßen im Dunklen und rauchten, ohne etwas zu sagen. Dann, als sie die Zigarette, schon die zweite an diesem Tag, ausgeraucht hatte, drückte sie die auf der metallenen Scheuerleiste der Treppe aus, ging die paar Stufen nach oben, machte das Licht an. Der Tommy brachte ihr die anderen Sachen hoch, hob die Hand, sagte: Good luck. Bye bye, ging hinunter. Sie wartete am Schalter, damit das Licht nicht ausging, bis sie unten die Tür ins Schloß fallen hörte. Sie nahm den Karton mit den heilen und den drei kaputten Flaschen hoch und trug sie in die Küche. Glücklicherweise waren die Flaschen nicht so kleingesplittert, daß man den rotbraunen Matsch hätte wegkippen können. Sie fischte die Scherben aus dem Ketchup. Aber das Ketchup war verdorben, es war mit dem Currypulver vermischt. Sie holte den Abfalleimer, wollte es wegschmeißen, da leckte sie gedankenverloren an den verschmierten Fingern – leckte nochmals, hellwach, und nochmals, das schmeckte, das schmeckt, so, daß sie lachen mußte, scharf, aber nicht nur scharf, etwas Fruchtigfeuchtscharfes, lachte über dieses Mißgeschick, diesen schönen Zufall, lachte über den schönen Fehmantel, den jetzt die schöne rotblonde Frau des Intendanturrats trug, freute sich, daß sie sich den Mann länger hier in der Wohnung gehalten hatte, lachte lauthals darüber, wie sie ihren Mann hinausgesetzt und dann die Tür hinter ihm zugeschlagen hatte. Sie stellte die Pfanne auf das Gas und schüttete den vom Boden zusammengeschobenen Curry samt Ketchup hinein. Da, langsam, erfüllte sich die Küche mit einem Duft, einem Duft wie aus Tausendundeiner Nacht. Sie probierte von diesem warmen rötlichbraunen Matsch und schmeckte, das schmeckte, ja, wie schmeckte das? Es war ein Kribbeln auf der Zunge, der Gaumen schien sich zu weiten, genau, das war es, was so schwer beschreibbar ist, mit bitter oder süß und schon gar nicht mit scharf, nein, der Gaumen wölbte sich, machte sich und die Zunge spürbar, ein Erstaunen, etwas, das sich auf sich selbst, auf das Schmecken richtete. Ali Baba und die vierzig Räuber, Rose von Stambul, das Paradies. Den Abend über experimentierte sie, nahm kleine Proben von dem Matsch am Boden, tat etwas Pfefferminze und etwas wilden Majoran hinzu, was beides nicht so gut schmeckte, versuchte es mit etwas Vanille, was gut war, mit etwas schwarzem Pfeffer, den ihr Holzinger damals gegeben hatte, etwas von dem Rest Muskatnuß, die sie für Bremers Kartoffelbrei organisiert hatte, und etwas Anis. Sie schmeckte diesen rotbraunen Matsch ab: Genau das war die Abrundung. Dafür gab es keine Worte. Und weil sie seit dem Frühstück nichts gegessen hatte, schnipselte sie sich eine von den hautlosen Kalbsbratwürsten in die Pfanne, briet sie mit dem Currymatsch. Und was sonst nur dröge und labberig schmeckte, war fruchtigfeucht mit diesem fernen, unbeschreibbaren Geschmack. Sie saß und aß mit Genuß die erste Currywurst. Nebenher schrieb sie auf einem aus einer alten Illustrierten herausgerissenen Zettel das Rezept auf, notierte sich die Gewürze, die auf der Dose angegeben waren, auch ihre Zusätze: Ketchup, Vanille, Muskat, Anis, schwarzer Pfeffer und frische Senfkörner, die eigentlich für einen Wadenwickel gedacht waren.

Am nächsten Morgen, einem naßkalten Dezembertag, grau in grau, kamen die ersten Kunden an die neueröffnete Imbißbude von Frau Brücker, zuerst die Nutten aus dem Billigpuff der Brahmsstraße, übernächtigt, geschafft, fix und fertig. Was hatten sie aber auch alles über sich ergehen lassen müssen. Es gab nichts, was es nicht gab. Sie hatten einen verdammt faden Geschmack im Mund und wollten jetzt etwas Warmes, auch wenn es happig teuer war, ne echte Tasse Bohne und ne Bockwurst oder ne Bratwurst, was es eben gab. Aber heute gab es weder Bockwurst noch Bratwurst, heute gab es nur verschrumpelte Bratwürste. Sahn aus wie n Witz. Die wurden auch noch klein geschnitten, überschmiert mit so ner gräßlichen roten Soße, nein, einem rotbraunen Brei. Scheußlich, sagte Moni, aber dann, nach dem ersten Bissen, ein Schmecken, daß sie sich wieder spürte. Mann inner Tonne, sagte Moni. Das Grau hellte sich auf. Die Morgenkälte wurde erträglich. Es wurde

ihr richtig warm, die lastende Stille laut, ja, sagte Lisa, det macht Musike, jenau. Lisa, die seit drei Monaten in Hamburg arbeitete, sagte: Det isset, wat da Mensch braucht, det is eenfach schaaf.
Damit begann der Siegeszug der Currywurst, ging aus vom Großneumarkt, kam zu einer Bude auf der Reeperbahn, dann nach St. Georg, dann und erst dann mit der Lisa nach Berlin.

Uwe Timm

Der Zustand, eine hilflose Person zu sein

Wenn Sofie Häusler sich ein bißchen stabil getrunken hat; wenn sie vom kreisenden Fusel der Kumpane wie durch eine Nährlösung wieder auf die Beine gestellt ist, reicht eine Mark, um ihre Existenz als Wermut-Trinkerin absehbar zu sichern. Ihre Gemütslage gründet dann auf Zuversicht. Auf die neue Flasche, in der nach jedem Zug der Sprit zurückschwappt bis zum nächsten Zug, ist Verlaß. Meistens dauert es zwei Stunden, bis nichts mehr nachfließt.
Sofie Häuslers feste Nahrung besteht aus einem trockenen Rundstück, einem Hamburger Brötchen, das sie an harten Tagen auch zu essen vergißt.
Die Akte der Sofie Häusler beginnt am 12. Februar 1957 mit dem polizeilichen Formblatt »Verwahrung wegen Trunkenheit«. Sofie Häusler, zweiunddreißig Jahre alt, ist unterhalb des Hafenkrankenhauses in Hamburg-St. Pauli hilflos aufgefunden worden. Ihre Papiere weisen sie als Kunstgewerblerin aus. Es soll das letzte Mal sein, daß die bürgerliche Existenz der Sofie Häusler noch hinter ihrer Eigenschaft als Alkoholikerin sichtbar bleibt.

Das zweite Blatt datiert sechs Monate später: Sofie Häusler ist auf dem Gehweg Schauermannspark aufgelesen worden. »Sinnlos betrunken«, lautet der getippte, im moralisierenden Zweifingerdeutsch abgefaßte Befund des Revierschreibers. Während der vierstündigen Ausnüchterung habe Sofie Häusler die Arrestzelle »durch Erbrechen gröblichst verunreinigt«.

Ihre Berufsbezeichnung heißt jetzt »ohne«. Ihrem sich andeutenden Niedergang fügt der Revierbeamte in Klammern noch eine persönliche Vermutung hinzu: Prostituierte. Damit ist es heraus, das Wort, dieser ein undeutliches Dasein klärende Begriff, mit dem sich von da an die behördlichen Vordrukke in ihren Rubrizierungsnöten behelfen. Die Quelle, aus der angeblich die Schnapsgroschen der Sofie Häusler stammen, wird eingezäunt.

Immer schneller gerät Sofie Häusler in den Zustand, eine hilflose Person zu sein. (…)

Vor der *Viehbrücke* am Hamburger Fischmarkt setzt sich Sofie Häusler auf einen Eisenpoller. Ihre Absicht ist, zumindest zwei Flaschen langsam auszutrinken und bei jenem alkoholischen Schweregrad, bei dem sie sonst von Stühlen und Bänken zur Seite fällt, sich in die Elbe gleiten zu lassen.

Die Schuhe und ihre Papiere wirft sie sofort ins Wasser. Sie tut es, wie jemand ein nicht mehr zu löschendes Machtwort spricht. Sie macht große, auf Wirkung bedachte Schlucke und raucht Kette. Sie kommt auch in den Rausch, der sie bei der kleinsten Korrektur ihrer Sitzweise ins Stürzen geraten ließe. Aber sie bleibt reglos sitzen und sagt sich: »Du hast ja noch so viel Zeit, wenigstens bis die ersten zur Arbeit gehn.«

Sie nimmt einen massenweisen Verkehr auf der Elbe wahr, große Schiffahrt noch und noch. Ein oder zwei Dampfer fahren vorüber, und Sofie Häusler sieht zehn, wenn nicht zwanzig. Ein Riesenleben, ein enormes Schauspiel, das manchmal nur von den Positionslampen eines Schleppers dargestellt wird. Sofie Häusler denkt: Wie kommen die Leute dazu, jetzt in der Kneipe zu sitzen, wo hier draußen soviel los ist?

Ihr entgeht der Wechsel von Dunkel auf Tag. Sie sieht ein Boot anflitzen, das im Morgengrauen wie Silber blinkt. Sie sagt sich: »Mensch, so was Tolles, nu guck mal bloß!« Es ist die Wasserschutzpolizei. Einer von der Besatzung wirft eine Leiter zu ihr rüber. Und elegant wie ein Hochseilartist springt er in drei Sätzen an Land.

Sofie Häusler sitzt besoffen immer noch in einer Loge, aus der sie die Wirklichkeit als Märchen erlebt. Sie findet den Polizisten schön, gute Figur. Aber der sagt: »Nun verschwinden Sie hier, wir haben Sie lange durchs Fernrohr beobachtet!«

Jetzt, wo sie versucht, sich aufzurichten, hätte sie ins Wasser rutschen können. Doch der Uniformierte, ihr gebügelter, mit blanken Knöpfen strotzender Prinz, wirft sie über die Schulter und trägt sie in die Barkasse. Sofie Häusler kauert barfuß in der Silbergondel und stellt sich den Neid der Paradiesvögel in Farmsen vor.

Marie-Luise Scherer

Mein Hamburg

Von den Hamburger Nächten, die ich mit P. erlebt habe, erinnere ich mich vor allem an jene, als wir im »Fick« den Wadentest gemacht haben. Das »Fick« war eine Kneipe am Hafen, von der ich nicht weiß, warum sie so hieß. Der Name war jedenfalls nicht Programm. Man trank Bier, und das war alles, fast alles. Seit ein paar Monaten gibt es das »Fick« nicht mehr.

Jetzt heißt der Laden »Domenica« und gehört jener Hure, die ohne Geheimnis ist, weil sie immerzu alles erzählen muss. Sie ist berühmt in Hamburg, natürlich auch wegen ihrer mütterlichen Brüste, die sie gerne in Leder hüllt, aber eine Hure ohne Geheimnis ist irgendwie komisch. Ins »Domenica«, nehme ich an, gehen die Tagestouristen aus Mecklenburg-Vorpommern. Nichts für mich, und doch bin ich froh, dass es das »Fick« nicht mehr gibt.

Es war halb fünf morgens, eine milde Nacht, und wir saßen im »Fick« und warteten auf die Sonne. Abwechselnd ging einer von uns hinaus, um nachzusehen. Die Luft war milchig. Ich lief jedes Mal bis zur Kaimauer und sah in den Hafen, der noch stiller war als sonst. Bevor ich nach Hamburg kam, dachte ich, ein Hafen sei etwas Lebhaftes, ein bezwingender Ort, wo die Welt wirbelnd einfällt und in ihrer Größe spürbar wird. Aber man muss schon Glück haben, um ein großes Schiff einlaufen zu sehen. Manchmal nicken Kräne, und wenn ein Frachter entladen wird, was so oft nicht vorkommt, huschen seltsam spinnige Gefährte auf hohen Beinen umher, Container unter den Bauch geklemmt. Meistens ist der Hafen träge und still. Trotzdem mag ich den Hafen und mochte ihn auch an jenem Morgen um halb fünf, als sich nicht einmal das Wasser regte und der plumpe Autofrachter schräg gegenüber an die Kaimauer geklebt schien.

Bei Blohm & Voss lag ein Kreuzfahrtschiff im Trockendock, aber nichts regte sich.

Bald kommt sie, sagte ich, als ich mich neben P. auf eine der Holzbänke im »Fick« setzte.

Der Wirt brachte noch zwei Flaschen Bier, braune, bauchige Flaschen, und diesmal ging er nicht gleich zurück zu seiner Theke, sondern fragte, ob wir eine Kieztour gemacht hätten.

Wir nickten, und der Wirt, der mit österreichischem Dialekt gesprochen hatte, ging zurück zur Theke.
P. und ich hatten uns um zehn im »Sorgenbrecher« getroffen. Wir sind alte Freunde, und manchmal ziehen wir zusammen über den Kiez von St. Pauli. Später gingen wir auf der anderen Seite der Reeperbahn ins »Tele 5«, wo Fernseher laufen, die immer beruhigende Bilder zeigen: Wellen spülen an den Strand, eine Bahn rollt durch eine Stadt. Ab eins waren wir in der »Lounge Bar«, hörten Tanzjazz. Es ging uns gut.
Wenn man anderswo von einer Hamburger Kieztour erzählt, wird anzüglich gelächelt. Die Leute denken an die Huren und stellen sich wer weiß was vor. Es gibt die Huren, sie stehen rund um den Hans-Albers-Platz, und vor allem auf der Herbertstraße sind schöne Frauen dabei, aber, ehrlich, wenn man eine Weile in Hamburg lebt, nimmt man sie wahr wie Schaufensterpuppen. Eine Kieztour ist eine ruhige Angelegenheit. Hamburg ist eine Stadt der freundlichen Langeweile. Allerdings wird in St. Pauli recht häufig geschossen, aber wer nicht mit Mädchen oder Drogen handelt, hat nichts zu befürchten.

Dirk Kurbjuweit

Auf der Reeperbahn, vor und nach halb eins

Hamburg, St. Pauli, morgens zwischen sechs und sieben. Der Gastronom zählt die schmierigen Lappen, die Einnahmen der letzten Schicht, wäscht sich noch einmal die Hände und steigt in seine vor dem Lokal geparkte Mercedes-Limousine, den Packen Scheine in der Tasche, die Knete, den Knödel, zusammengesteckt mit einer silbernen Spange. Ein räudiger Köter pinkelt auf das zerfledderte Boulevardblatt vom Vortag: Treffpunkte, Treffpunkte. Torkelnde Stadtstreicher übergeben sich in den Rinnstein, Zigarettenkippen werden mit weggespült. In der Herbertstraße sind auch diesmal wieder zig gebrauchte Präservative in Servietten geknautscht und im Klo entsorgt worden. Kaltes Friteusenfett platscht in die Kanalisation, schleimt, schlunzt, schliert durch die Kloake, vermengt sich mit dem übrigen Dreck, den Ausscheidungen der Nacht, der stinkenden Brühe, spratzt in Risse und schadhafte Stellen, dringt durch schon poröse Dichtungen ins Erdreich, sickert ein, sackt ab, verseucht das Grundwasser, das hoch gepumpt und umgewälzt und vermeintlich frisch und klar schließlich aus verchromten Hähnen fließt, aus Duschköpfen sprüht: Guten Morgen, Hamburg.

Frank Göhre

Eine Nacht mit Fanny M.

Das geht so: Um 23 Uhr geht Frau M. ins Bett, nachdem sie das Fernsehprogramm nicht gekuckt hat. Sie vergißt, das Telefon leise zu stellen. Frau M. macht es sich gemütlich und greift zu einem philosophischen Werk. Aus dem Treppenhaus ertönt ein Ächzen. Der Bademeister kommt vom Bademeistertreff. Er hat es mit dem Herzen. Frau M. überschlägt das Vorwort und beginnt mit dem ersten Kapitel – Quietschklirr, quietsch-klirr. Slatka trägt ihr Fahrrad in den zweiten Stock, um es dort anzuketten. Sie hat Spätschicht bei Palmolive gehabt. Das Fahrrad fällt einmal hin. Frau M. liest: »In der Ruhe liegt die Kraft.« Nun läßt Frau K. Trixi noch einmal zum Urinieren in den Garten. Trixi bellt das Universum an. Frau M. schließt das Fenster. Frau M. fehlt die rechte Konzentration. Sie tauscht den Philosophen gegen

Agatha Christie ein. Schon auf Seite 2 findet die bildschöne Lady Attenborough die Leiche des Butlers im Jagdzimmer. An der Haustür findet Dieter, der Videofreak, das Schlüsselloch nicht. Jetzt hat er es doch gefunden. Bampbampbamp kommt er die Treppe hoch. Schepper! Jetzt sind die Kassetten runtergefallen. Dieter war beim Video-Treff. Gleich ist er bei der zweiten Stufe von oben angekommen, die einen Tick kürzer ist als die anderen. Kawumm. Jetzt ist er auf die Fresse geflogen. Dieter hat es mit der Leber. Frau M. hat es mehr mit den Ohren. Sie wirft einen Blick in die Ohropax-Dose. Es sind noch vier Stück da. Sie beschließt, noch etwas zu warten. Der Punker-Bunker hat heute noch nichts von sich hören lassen. Inzwischen ist ein gutaussehender Major auf Attenborough-Castle eingetroffen. Unklar ist, ob es sich um den verschollenen Erben oder um einen Verbrecher handelt, der schon einmal in der Maske eines Pferdeknechts … Das Telefon läutet. Frau M. lauscht einige Zeit. »Nein«, sagt sie dann höflich, »ich habe meine Strapse gerade nicht an und ficken tun Sie sich am besten selber. Mein Vorschlag: ins Knie.« Jetzt wird es langsam Zeit für den Beruhigungstee. Frau M. erhebt sich und setzt das Wasser auf. In der Küche eine Etage höher wirft Jens der Wirtschaftsprüfer (»Ich bin noch immer ein Single« Zwinker-Zwinker) seine Waschmaschine an. Bei Frau M. läutet das Telefon. Sie weiß schon, wer anruft: Martina von unten. »Nein, das bin nicht ich, das ist der über mir.« Das Wasser kocht, das Telefon läutet jetzt oben. Frau M. geht mit einer Tasse Kräutertee ins Bett. Agatha Christie ist jetzt doch zu schwierig. Frau M. greift zur *Hamburger Morgenpost.* Ihr Horoskop empfiehlt, gutnachbarschaftliche Beziehungen zu pflegen und sich durch Kleinigkeiten nicht irritieren zu lassen. Die Punks stellen jetzt ihre Anlagen auf die Fensterbänke. Pink Floyd. Das geht ja noch. Im Hamburg-Teil vermeldet die *Morgenpost,* daß das Leben im Schanzenviertel bunt und abwechslungsreich sei. Frau M. schreibt auf einen Zettel »Isomatte ins Büro mitnehmen« und macht das Licht aus.

Fanny Müller

Struensee und Graf Rantzau in Altona

Drei Wochen, nachdem König Christian VII. den Beschluß gefaßt hatte, eine Reise durch Europa anzutreten, besuchte Graf Rantzau im Auftrag der dänischen Regierung den deutschen Arzt Johann Friedrich Struensee in Altona, um ihm das Angebot zu machen, der Leibarzt des dänischen Königs zu werden.

Sie kannten sich ja gut. Sie hatten viele Wochen auf Ascheberg verbracht. Sie waren zu Rousseaus Hütte hinaufgewandert. Sie gehörten dem Kreis an.

Rantzau jedoch viel älter. Struensee noch jung.

Struensee wohnte zu diesem Zeitpunkt in einer kleinen Wohnung an der Ecke von Papageienstraße und Reichsstraße, war aber an dem Tag, an dem das Angebot kam, wie gewöhnlich auf Krankenbesuch. Nach einiger Mühe hatte Rantzau ihn in einem baufälligen Haus im Elendsviertel von Altona gefunden, wo er Kinder aus der Gegend gegen Pokken impfte.

Rantzau hatte ohne Umschweife sein Anliegen vorgebracht, und Struensee hatte auf der Stelle und ohne zu zögern abgelehnt.

Er fand die Aufgabe uninteressant.

Er hatte gerade die Impfung der drei Kinder einer Witwe beendet. Er schien guter Dinge, aber war nicht interessiert. Nein, hatte er gesagt, das interessiert mich nicht. Er hatte dann seine Instrumente zusammengepackt, den kleinen Kindern lächelnd über die Köpfe gestreichelt, die Dankesworte der Frau des Hauses entgegengenommen und ihr Anerbieten akzeptiert, zusammen mit dem hohen Gast in der Küche ein Glas Wein zu sich zu nehmen.

Die Küche hatte einen Erdfußboden, und die Kinder wurden nach draußen gebracht.

Graf Rantzau hatte geduldig gewartet.

»Du bist sentimental, mein Freund«, hatte er gesagt. »Der heilige Franziskus unter den Armen Altonas. Aber denk daran, daß du ein Aufklärer bist. Du mußt weiter blicken, jetzt siehst du nur die Menschen vor dir, aber hebe den Blick. Sieh über sie hinaus. Du bist einer der brillantesten Köpfe, die mir begegnet sind, du hast eine große Lebensaufgabe vor dir. Du kannst dieses Angebot nicht ablehnen. Krankheit gibt es überall. Ganz Kopenhagen ist krank.«

Struensee hatte darauf nichts erwidert, nur gelächelt.

»Du solltest dir selbst größere Aufgaben vornehmen. Der Leibarzt eines Königs kann Einfluß gewinnen. Du kannst deine Theorien verwirklichen … in der Wirklichkeit. In der Wirklichkeit.« (…)

»Mein Freund und verehrter Lehrer«, hatte er gesagt. »Ich bin doch der Meinung, daß ich etwas … tue. Ich habe meine Praxis. Aber außerdem – außerdem! – ›tue‹ ich gewisse andere Dinge. Etwas Wirkliches. Ich führe eine Statistik über alle medizinischen Probleme in Altona. Ich beaufsichtige die drei Apotheken, die es in dieser Stadt mit 18 000 Einwohnern gibt. Ich helfe Verletzten und Verunglückten. Ich überwache die Behandlung der Geisteskranken. Ich bin bei den Vivisektionen im Theatro Anatomico anwesend und assistiere. Ich krieche in Elendsbehausungen, abscheuliche Löcher, wo Menschen im Gestank liegen, und ich besuche die Ohnmächtigen. Ich höre mir an, was diese Ohnmächtigen und Kranken an Beschwerden haben. Ich trage Sorge für die Kranken im Frauengefängnis, im Krankenhaus, im Zuchthaus, behandle kranke Arrestanten in der Wache und im Haus des Henkers. Auch die zum Tode Verurteilten sind krank, ich helfe den zum Tode Verurteilten, leidlich zu überleben, bis die Axt des Henkers sie trifft wie eine Befreiung. Ich behandle täglich acht bis zehn Arme, die nicht bezahlen können, sondern für die die Armenkasse sorgt. Ich behandle arme Reisende, für die die Armenkasse nicht aufkommt. Ich behandle Landarbeiter, die durch Altona ziehen. Ich behandle Patienten mit ansteckenden Krankheiten. Ich halte Vorlesungen in Anatomie. Ich glaube«, hatte er seine Erwiderung abgeschlossen, »man kann sagen, daß ich gewisse noch nicht ganz aufgeklärte Teile der Wirklichkeit in dieser Stadt kenne. Nicht ganz aufgeklärte! Soviel zum Thema Aufklärung.« (…)

Was für eine bemerkenswerte Stadt, dieses Altona.

Die Stadt lag an der Elbemündung, sie war ein Handelszentrum mit 18 000 Einwohnern und hatte in der Mitte des 17. Jahrhunderts Stadtprivilegien bekommen. Altona wurde zum größten Freihafen Nordeuropas ausgebaut, war aber auch zu einem Freihafen für verschiedene Glaubensrichtungen geworden.

Der Freisinn war nützlich für den Handel.

Es war, als zöge das intellektuelle Klima die Ideen und das Geld an, und Altona wurde Dänemarks Hafen nach Europa,

die zweitwichtigste Stadt hinter Kopenhagen. Sie lag dicht neben der großen deutschen freien Stadt Hamburg, und bei der Reaktion stand sie in dem Ruf, eine Brutstätte radikalen Denkens zu sein.
Das war die allgemeine Meinung. Eine Brutstätte. Doch weil der Radikalismus sich als wirtschaftlich lohnend erwiesen hatte, durfte Altona seine intellektuelle Freiheit behalten.

Per Olov Enquist

Ich aber stand beym heiligen Ort

Als ich ging nach Ottensen hin
Auf Klopstocks Grab gewesen ich bin.
Viel schmucke und stattliche Menschen dort standen,
Und den Leichenstein mit Blumen umwanden,
Die lächelten sich einander an
Und glaubten Wunders was sie gethan. –
Ich aber stand beym heiligen Ort,
Und stand so still und sprach kein Wort,
Meine Seele war da unten tief
Wo der heilige deutsche Sänger schlief: – –

Heinrich Heine

Die Ameisen

In Hamburg lebten zwei Ameisen,
Die wollten nach Australien reisen.
Bei Altona auf der Chaussee
Da taten ihnen die Beine weh,

Und da verzichteten sie weise
Denn auf den letzten Teil der Reise.

So will man oft und kann doch nicht
Und leistet dann recht gern Verzicht.

Joachim Ringelnatz

Hamburg, ein Traum

Auf der Reise rolle ich durch Hamburg. Zum allerersten Mal im Leben. Diese Stadt widerspricht allen meinen Vorstellungen. Bei »Hamburg« habe ich immer an Schiffsirenen, Maschinenöl und grimmige Hochseekapitäne gedacht. Es ist schwarz und schlaksig für mich gewesen, wie die Zimmerleute, die in meiner Jugendzeit durch die Welt gewandert sind. Dabei ist es grün. Nie habe ich etwas Grüneres gesehen, und mitten in Urwäldern von Ulmen, Kastanien und Trauerweiden strecken sich blaue Finger ins Land: die Weser, die Elbe, die Alster. Seerosenüberwucherte Teiche. Schwäne gleiten wie Papierboote übers unbewegte Wasser. In der Ferne ragen Turmspitzen aus weißem Dunst. Gigantische Störche tunken ihre Eisenschnäbel in den Ozean und holen Riesenfrösche aus ihm. Stahlkisten aus allen Häfen des Erdballs werden aufs Festland gehievt, und vorsintflutliche Bestien rollen heran: Ichthyosaurier auf breitspurigen Schienen. Mammuts tapsen am Kai, und um die Hafenmole stehen hagere Häuser und knirschen mit den Zähnen. Ich habe gedacht, Hamburg sei ein Sündenbabel, ein Hexensabbat des Lebenshungers, ein Vulkan der Verworfenheit. Vom Fenster meines Eisenbahnwagens sieht es nun aus wie eine Spielzeugstadt, wie ein hanseatischer Kindergarten. Ich fahre durch Hamburg und schaue mir die Augen wund. Ich bin neugierig wie ein Schuljunge und will alles sehen, doch bleibt es diesmal bei einer Kostprobe. Schon bin ich in Altona, und der Traum ist vorbei.

André Kaminski

Das Café in Ottensen

In Hamburg zurück, konnte ich mir das alles nur noch schwer vorstellen, so absurd war es, ich mochte die Stadt wie schon lange nicht mehr, ihre Weite, ihre Helligkeit, ihre schnell wechselnden Himmel, die Luft und das Licht, von dem es in Wien nicht genug gab, und mein Treffen mit Lilly kam mir unwirklich vor, als ich mich ein paar Tage später mit Paul verabredete. Es war wieder einmal das Café in Ottensen, wo wir uns sahen, und er hatte ihr Buch dabei.

Norbert Gstrein

Augustinum. Butterseite

Seine Möbel hatte er, soweit sie Platz fanden, mitnehmen können, selbst einen großen Teil der Bibliothek, den Rest wußte er bei der Tochter gut untergebracht. Ehemalige Schüler, wenn sie ihn aus Anhänglichkeit besuchten, ließ er freigebig aus den Regalen wählen und unterstrich dann gelegentlich einen Satz, der sie ein Leben lang begleiten sollte. Die breiten Borde bogen sich noch immer, und die Stützen einer Leiter hatten das rötlichbraune Parkett schon verschrammt. Oben standen die kostbaren Bände, auch in lateinischer und griechischer Sprache, alte Drucke, die Hans Musbach mit einem Vergrößerungsglas zu lesen pflegte. Seine Festung.

Er fand sich gut zurecht in dem großzügigen Haus am Hafen. Seine Pension reichte für ein Appartement auf der richtigen Seite, dort, wo man die Sonne im Elbstrom untergehen sah, dort, wo der Blick auf die Wellen ging, als versichere ihr gleichmäßiger Schlag, daß alles noch lange – immer und immer – so weitergehen könne. Die weniger Betuchten des Seniorenheims, Residenz, wie man das hier nannte, schauten auf Fischhallen und heruntergekommene Häuser. Nie hätte er sich vor dem Umzug vorstellen können, einmal Stunden zu verträumen, einfach dazusitzen, ohne ein Buch, eine Fachzeitschrift oder den Brief eines Kollegen, den es zu studieren und sorgfältig zu beantworten galt.

Musbach rückte den Stuhl näher ans Fenster. Der Glanz des gleitenden Wassers änderte sich mit dem Himmel, eben noch wolkenverhangen, dann wieder von ein paar Windstößen leergefegt, blau. Dennoch: Regen lag in der Luft. Sturmwolken zogen von Westen auf. Dann wurde es noch einmal hell, die Wolken zum Horizont getrieben, weit weg über die Werft am anderen Ufer. Herrenlos. Er mochte die Schnelligkeit dieser Wandlungen am Himmel lieber noch als die Bewegungen der Schiffe. Bei Sonne Segelboote, weiß die meisten, manche blau-weiß gestreift, eines mit rotbraunen Segeln. Piratenbraun. Motorboote, Fähren ins Alte Land und nach Krautsand, Containerschiffe und Tanker auf dem Weg in den Hafen, ins offene Meer, unter den Flaggen aller Herren Länder. Schwarz, Rost und Mennigrot, von dieser rauhen, zweckmäßigen Schönheit, so anders und doch so ähnlich den alten, erhabenen Schriften.

Ulla Hahn

INNENSTADT

Rein verwaltungstechnisch reicht die Hamburger Altstadt von der Kunsthalle im Norden bis zur HafenCity im Süden. Bis sich die Stadt im 17. Jahrhundert aus militärischen Gründen mit einem Festungswall umgab – daher beispielsweise der Straßenname Neuer Wall –, umfasste das Stadtgebiet nicht mehr als die Fläche zwischen dem heutigen Binnenhafen und der Alster und war vor allem ein riesiges, mit Wällen aufgeschüttetes Warenlager.

Das alte Rathaus befand sich an der Trostbrücke, etwa an der Stelle, wo heute die »Patriotische Gesellschaft von 1765« zahlreiche Lesungen und Symposien veranstaltet. Diese »älteste Bürgerinitiative der Welt« hat seit ihrer Gründung 1765 in Hamburg nicht nur die Armenkasse, den Blitzableiter und den Kartoffelanbau eingeführt, sondern auch die Gründung der Hamburger Öffentlichen Bücherhallen initiiert. Gleich um die Ecke, in der Schauenburger Straße 59, war der Sitz des Hoffmann und Campe Verlags.

Heute befinden sich drei Mediengiganten auf dem Gebiet der historischen Altstadt: Die liberale *Zeit* sitzt seit 1946 im Pressehaus am Speersort, der aufklärerische *Spiegel* residiert in einem Hochhaus an der Brandstwiete in Richtung Zollhafen. Unweit davon hat der boulevardeske Bauer Verlag an der Ost-West-Straße sein Domizil.

Der »Große Brand« von 1842 vernichtete einen Großteil der Altstadt, 20 000 Menschen wurden obdachlos – immerhin zehn Prozent der Bevölkerung. Edgar Maass beschrieb viele Szenen sehr eindringlich in seinem Roman »Der große Brand« von 1937. Die Altstadt brannte nieder, aber durch gezielte Sprengungen von Häusern konnte die Neustadt gerettet werden. Der Bankier Salomon Heine empfahl sein Haus am Jungfernstieg zur Sprengung. Als die Hamburger ihm die Ehrenbürgerwürde zuerkennen wollten, merkten sie allerdings, dass er nicht einmal das Bürgerrecht besaß – er war Jude.

Das Rathaus, das seit 1897 an exponierter Stelle an der Alster steht, weil sein Vorgänger an der Trostbrücke beim Großen Brand zerstört wurde, ist einer der bedeutendsten Bauten des Hamburger Historizismus. Auf dem großen Rathausplatz, der dem Markusplatz in Venedig nachgebildet ist, steht ein kleines Heinrich-Heine-Denkmal, das 1982 eingeweiht wurde, nach einer Initiative von Arie Goral. Die beiden früheren Heine-Denkmäler stehen nicht mehr beziehungsweise nicht mehr in Hamburg. Dasjenige, das seit 1926 im Stadtpark gestanden hatte, wurde 1943 zu Zwecken der Rüstungsindustrie eingeschmolzen. Das andere steht, auf verschlungenen Erbschaftspfaden nach Frankreich gelangt, in Toulon. Der Schauspieler Christian Quadflieg bemüht sich gegenwärtig um seine Rückführung nach Hamburg.

Vom Rathaus gelangt man über den Neuen Wall und die Großen Bleichen in die Neustadt – die gar nicht so neu ist, denn sie ist schon über vierhundert Jahre alt. Im Prinzip ist sie also eher der westliche Teil der Altstadt. Immerhin ein großer Teil, der sich vom Dammtor bis zu den Vorsetzen am Hafen erstreckt. Im Zentrum steht die Kirche St. Michaelis, »der Michel«, der im 17. Jahrhundert erbaut wurde. Gegenüber befindet sich der Großneumarkt, wo Hans Erich Nossack, der Kaufmannssohn und spätere Schriftsteller, eine ungeliebte Lehre bei der Commerzbank absolvierte. Nach seiner Rückkehr nach Hamburg 1974 erinnert er sich auf einem Spaziergang:

> Vormittags von der Bank durch die Wexstraße etc. zum Großneumarkt und von da durch kleine obskure Straßen zum Holstenwall usw. Nur um mit diesem Hamburg wieder etwas vertraut zu werden. Wie viele alte Häuser sieht man da, in denen

man wohnen möchte. Am Großneumarkt war ich in den Semesterferien 1920 oder 21 Banklehrling bei der Commerzbank.

Wir gehen weiter zum Gänsemarkt. Am 1. Februar 1767 schrieb Gotthold Ephraim Lessing in einem Brief: »Ja, in Hamburg bin ich gewesen; und in neun bis zehn Wochen denke ich wiederum hinzugehen, – wahrscheinlicher Weise, um auf immer da zu bleiben.« Lessing konnte zu diesem Zeitpunkt nicht ahnen, was ihn in Hamburg erwartete. Er wurde Berater und Dramaturg am Hamburger Nationaltheater, das, nach Worten Herders, »deutsche Nationalbühne werden wollte«. Allerdings blieb er nur recht kurze Zeit in Hamburg, denn das Theater musste 1769 schon wieder seine Pforten schließen. Das Hamburger Publikum wollte wohl lieber Klamauk sehen als ernstes Theater. Das Theatergebäude befand sich in dem 1765 errichteten Schauspielhaus am Gänsemarkt. Das prächtige Lessing-Denkmal von Friedrich Schaper auf dem Gänsemarkt wurde 1881 eingeweiht, wegen des großen Andrangs mussten sogar Eintrittskarten für die Einweihung ausgegeben werden. Heute schmückt Hamburg sich mit Lessing, etwa mit dem seit 1929 vergebenen »Lessing-Preis« für Dichter, Schriftsteller und Gelehrte, »deren Werke und Wirken unter dem hohen Anspruch, den der Namensgeber des Preises setzt, Auszeichnung verdienen«. Zu den Preisträgern gehören unter anderen Hans Henny Jahnn, Hannah Arendt, Jean Améry, Peter Weiss, Jan Philipp Reemtsma und Karl Schlögel.
Wo heute der Brunnen des Luxushotels Marriott steht, vom Gänsemarkt aus bergauf an der ABC-Straße 55, gleich gegenüber der Abzweigung der Poststraße und Hohe Bleichen, befand sich in den 1960er Jahren die Kellerkneipe »Palette«, der Treffpunkt der »Gammler«, Prostituierten und Strichjungen – oder, wie Michael Naura sie nannte: der »Nachteulen«. Der in Hamburg-Lokstedt

geborene Hubert Fichte hat der Kneipe in seinem Roman »Die Palette« 1968 ein literarisches Denkmal gesetzt, worüber wir noch lesen werden.

Auf dem Gänsemarkt begegnet Heinrich Heine in »Deutschland. Ein Wintermärchen« auch seinem Zensor: »Wie freute er sich, mich wieder zu sehn! Es war eine rührende Szene.« In der ABC-Straße 41a wohnte im 19. Jahrhundert einige Jahre lang Heines Freund, der Autor des »Jungen Deutschland«, Karl Gutzkow. Er war von 1838 bis 1842 Herausgeber der im Hoffmann und Campe Verlag erscheinenden Zeitschrift *Telegraph für Deutschland*.

> In einer der düstersten Gassen, der ABC-Straße, wohnend, mußte ich am Tage Licht brennen, um schreiben zu können. Aber mein »Telegraph« blühte auf. Es zeigt sich, was buchhändlerische Verwendung vermag.

Joachim Ringelnatz ließ einmal einen Privatdruck herstellen, den er einigen Hamburger Frauen widmete: »Das Fleisch ist billig, doch der Geist ist stark! In diesem Sinne und mit 1000 Grüßen, leg ich Dir dieses schlichte Buch zu Füßen, Am Gänsemarkt gekauft für 15 Mark.«

Der Jungfernstieg wurde bereits 1235 als Mühlendamm angelegt und nach dem Müller Reesedamm genannt. Seit 1648, als er hübsch bepflanzt wurde, hieß er offiziell Jungfernstieg. Aufgrund seiner hübschen Lage wurde der Alsterpavillon ab 1799 – und seitdem einige Nachfolgebauten – zum beliebten Ausflugsziel der Hamburger. In seinem »Wintermärchen« beschreibt Heinrich Heine, wie er mit seinem Verleger Julius Campe im Austernkeller am Jungfernstieg geschlemmt hat.

Als Republik war Hamburg nie
So groß wie Venedig und Florenz,
Doch Hamburg hat bessere Austern; man speist
Die besten im Keller von Lorenz.

Es war ein schöner Abend, als ich
Mich hinabbegab mit Campen;
Wir wollten mit einander dort
In Rheinwein und Austern schlampampen.

Im »Heine-Haus«, dem Jungfernstieg Nr. 34, wohnte sein Onkel, der Bankier Salomon Heine. Vor dem benachbarten Hotel Streit's – heute Kino – gab es 1841 auf dem Bürgersteig eine Uraufführung: Ein Männerchor sang die Vertonung des Gedichts »Deutschland, Deutschland über alles« von Hoffmann von Fallersleben, dem die heutige deutsche Nationalhymne entstammt.
Als Heine Hamburg 1819 verlassen hatte, um in Bonn Jura zu studieren, war er mit Wehmut geschieden:

Schöne Wiege meiner Leiden,
Schönes Grabmal meiner Ruh',
Schöne Stadt, wir müssen scheiden, –
Lebe wohl! ruf ich dir zu.

In dem Eckhaus zu den Großen Bleichen, im Haus Nr. 22, heute das Alsterhaus, wohnte der Buchhändler und Verleger Friedrich Christoph Perthes, der 1825 erster Vorsitzender des Börsenvereines des Deutschen Buchhandels wurde. Hier war 1815 der Dichter Matthias Claudius, Perthes' Schwiegervater, gestorben. Ein echt Hamburger Dichter lebte 1923 bis 1931 ein paar Häuser weiter am Jungfernstieg, und zwar in dem Eckhaus zum Neuen Wall, in dem von ihm so genannten »Atelier Himmelsecke«, das dem vornehmen Juwelier Wilckens gehörte, genannt »Muckelmann« – Hans Leip. Wilckens stellte das zur Wohnung ausgebaute Dachgeschoss gern seinen Dichterfreunden zur Verfügung. Auch Joachim Ringelnatz übernachtete häufiger bei »Muckelmann«, oft nach regelrechten Ringelnatz-Vortragsabenden. Er schrieb in seinen »Reisebriefen«:

> Um in dem originellen Erkerhaus ins Gästezimmer zu gelangen, mußte man über eine in einem leeren Kleiderschrank verborgene Leiter klettern, was bei nächtlicher Heimkehr nicht immer ganz einfach war.

Vom Jungfernstieg aus blickt man auf die Binnenalster. Eines der ersten Gedichte, die für die Lustbarkeiten auf der Alster schwärmten, stammt von dem Rokoko-Dichter Friedrich von Hagedorn:

> Der Elbe Schiffahrt macht uns reicher;
> Die Alster lehrt gesellig seyn!
> Durch jene füllen sich die Speicher;
> Auf dieser schmeckt der fremde Wein.

Von der beschaulichen Alster gehen wir durch die Bergstraße zur belebten Mönckebergstraße. In der Bergstraße 26 stand übrigens das Haus des Verlegers Otto Meißner, der am 12. April 1867 Besuch von Karl Marx erhielt, der mit ihm die Veröffentlichung von »Das Kapital« besprach. Anfang September 1867 erschien das Werk in drei Bänden – und veränderte die Welt.

Die Mönckebergstraße wurde 1907 gebaut, bis dahin hatten enge, kleine Gassen das Bild geprägt. Von hier aus hatte sich 1892 die Cholera in Hamburg ausgebreitet und achttausend Opfer gefordert. Edgar Maass schrieb:

Das Kirchspiel St. Jacobi war sehr dicht bevölkert; in keinem anderen Teile der Stadt gab es so viele enge Twieten und Gänge wie zwischen der Steinstraße, der Niedern Straße und der Spitaler Straße. In den schiefen Fenstern der Häuser, auf den dunklen Höfen drängten sich die Armen.

Bürgermeister Johann Georg Mönckeberg, der Vorsitzende der »Sanierungskommission«, setzte den Abriss des Gängeviertels durch, anschließend wurde die neue Straße nach ihm benannt. Neben etlichen bedeutenden Bauten entstand 1914 an der Kreuzung von Spitalerstraße zur Mönckebergstraße die öffentliche Bücherhalle, wo der Schriftsteller Friedo Lampe 1935 bis 1937 als Bibliothekar beschäftigt war. Heute befindet sich in dem Gebäude die Filiale eines Schnellfutterrestaurants.
Am nördlichen Ende von Spitaler- und Mönckebergstraße kommen wir zum Hauptbahnhof. Er verbindet nicht nur Hamburg mit der Welt, sondern auch die Innenstadt mit St. Georg. Er ist aber auch ein beeindruckendes Gebäude – vielleicht nicht schön, aber groß. Der Hauptbahnhof wurde 1906 eröffnet und befindet sich auf dem Gelände des einstigen Stadtwalls sowie der Friedhöfe »Vor dem Steintor«. Arno Schmidt beschreibt in »Aus dem Leben eines Fauns«, wie ein kleiner Beamter am Hauptbahnhof auf seine Rückreise in die Lüneburger Heide wartet.
Verlässt man den Hauptbahnhof in Richtung Norden, so begegnet man sogleich sechs Dichtergrößen: Goethe, Schiller, Lessing, Kleist, Shakespeare, Grillparzer – an der Fassade des 1900 erbauten Deutschen Schauspielhauses. Im Malersaal, einem Nebenraum des Schauspielhauses, treffen sich regelmäßig die Hamburger MACHT-Autoren zu Lesungen und Performances.
Gleichfalls gegenüber dem Hauptbahnhof liegt das Hotel Kronprinz, wo Gottfried Benn am 13./14. Dezember 1954 mit Ursula Ziebarth

zwei Tage und Nächte in den Zimmern 202 und 203 verbrachte. Sein Tagebucheintrag für den 13. lautet allerdings nur: »7:58 ab Zoo, 11:48 Hamburg, Hotel Zum Kronprinz. Nachm. Ruhe.«

Vom Schauspielhaus aus gelangt man in den Stadtteil St. Georg, der erst 1830 offizielle Vorstadt wurde – früher stand hier der Hamburger Galgen. Die Hauptstraße von St. Georg ist die Lange Reihe – im Haus Nr. 71 wurde 1891 Hans Albers geboren –, und nicht nur hier lässt Hans Fallada seine Helden im Roman »Wer einmal aus dem Blechnapf frißt« einen über den Durst trinken.

Auch heute noch gibt es sehr viele gute und gut besuchte Kneipen im bunten St. Georg und vor allem in der Langen Reihe. In einer Seitenstraße der Langen Reihe, der Freiligrathstraße Nr. 6, wurde 1893 Hans Leip geboren, dessen Vater in der Langen Reihe 91 Fettwaren und Bier verkaufte. Etwa auf halber Strecke der Langen Reihe befindet sich der Carl-von-Ossietzky-Platz, der 1989 den Namen des *Weltbühne*-Redakionsleiters erhielt.

Gehen wir nun von St. Georg über die Lombardsbrücke auf die westliche Alsterseite, dann sehen wir nicht nur die vielen Jogger, die um die Alster laufen, sondern denken auch an Wolf Biermann, der über die Alster und diese Brücke schöne Verse schrieb, die wir noch lesen werden.

Die Esplanade auf der westlichen Alsterseite ist ein literarisch und architektonisch bedeutsames Pflaster. Das Haus an der Esplanade 37 etwa war das Modell für das Wohnhaus des Großvaters von Hans Castorp in Thomas Manns »Zauberberg«.

In dem Haus Nr. 39, in dem sich heute die Evangelische Akademie befindet, wohnte Heinrich Heines Schwester Charlotte Embden. Gegenüber, in der Esplanade 19, wohnte Heine bei seinem letzten Hamburg-Besuch 1844. Und im »Cabaret Esplanade« trat Joachim Ringelnatz auf.

In einer Seitenstraße der Esplanade, den prächtigen Colonnaden, genauer der Nr. 5, wohnte bis 1933 der jüdische Autor Heinz Liepmann. Im Mai 1933 wurden seine Bücher verbrannt, er selbst wurde von der SA verhaftet. Doch er konnte fliehen und emigrierte 1937 in die USA. Die nationalsozialistische Machtübernahme hat Liepmann in seinen Exil-Romanen »Das Vaterland« und »... wird mit dem Tod bestraft« beschrieben. In der Nachkriegszeit gründeten Liepmann und seine Frau Ruth eine der erfolgreichsten Literaturagenturen im deutschsprachigen Raum.

Von der Esplanade wenden wir uns an der Kreuzung (im Weinhaus Doelle auf der Ecke trank Samuel Beckett im Oktober 1936 eine »excellent bottle Mosel«) mit der großen Post gegenüber nach rechts in Richtung Dammtorbahnhof. Er wurde 1903 eingeweiht, weil dem Kaiser Wilhelm II. nicht zuzumuten war, nach der Reise aus Berlin am Hauptbahnhof auszusteigen und zur Preußischen Gesandtschaft an der Alster zu Fuß zu laufen. In dem Bahnhofscafé hat Hans Erich Nossack, als er in der Brahmsallee in Harvestehude wohnte, regelmäßig Kaffee getrunken, wie er in seinen Tagebüchern immer wieder festhält, zum Beispiel am 21. April 1970: »Dann wie üblich im Dammtorbahnhof eine Tasse Kaffee. Das ist wie eine Erholung.«

Kennenlernen

Das alte Hamburger Kaufmannshaus hat sich auf den schmalen, aber tiefen Grundstücken der elbnahen Marschinseln zu seiner eigentümlichen Form und Anordnung entwickelt. Es besteht aus dem vorderen Wohn- und Kontorhaus, dem rückwärtig anschließenden Mittelbau oder Steinhof und dem dahinter am Fleet gelegenen Speicher. Wie lernt man etwas kennen? Indem man seine Einzelheiten auswendig lernt? Eine Stadt zum Beispiel. Man wohnt in ihr, erst in einem, dann in einem anderen Stadtteil. Man macht bestimmte regelmäßige Wege, zu Fuß, mit der U-Bahn, mit dem Wagen. Kennt man die Stadt? Verkehrsmittel, Straßen, Arbeitsplätze, Lokale, Kinos, Museen, Theater, Spaziergänge, kennt man die Stadt, wenn man das kennt? Vielleicht wenn man in Gedanken beliebige und beliebig viele Wege abgehen kann. Wenn man weiß, wie man sich zurechtfindet, wo man was einkaufen kann usw. Muß sich nicht noch außerdem etwas ansetzen? Was? Historisches zum Beispiel. Objektive geschichtliche Entwicklung, Veränderung und die Spuren davon. Persönliche Erinnerung.

Helmut Heißenbüttel

Eine gute Stadt

Die Stadt Hamburg ist eine gute Stadt; lauter solide Häuser. Hier herrscht nicht der schändliche Makbeth, sondern hier herrscht Banko. Der Geist Bankos herrscht überall in diesem kleinen Freystaate, dessen sichtbares Oberhaupt ein hoch- und wohlweiser Senath. In der That, es ist ein Freystaat und hier findet man die größte politische Freyheit. Die Bürger können hier thun was sie wollen und der hoch- und wohlweise Senat kann hier ebenfalls thun was er will; jeder ist hier freyer Herr seiner Handlungen. Es ist eine Republik. Hätte Lafayette nicht das Glück gehabt den Ludwig Philipp zu finden, so würde er gewiß seinen Franzosen die hamburgischen Senatoren und Oberalten empfohlen haben. Hamburg ist die beste Republik. Seine Sitten sind englisch und sein Essen ist himmlisch. Wahrlich, es gibt Gerichte zwischen den Wandrahmen und dem Dreckwall, wovon unsere Philosophen keine Ahnung haben. Die Hamburger sind gute Leute und essen gut. Ueber Religion, Politik und Wissenschaft sind ihre respektiven Meinungen sehr verschieden, aber in Betreff des Essens herrscht das schönste Einverständnis. Mögen die kristlichen Theologen dort noch so sehr streiten über die Bedeutung des Abendmahls; über die Bedeutung des Mittagmahls sind sie ganz einig. Mag es unter den Juden dort eine Parthey geben, die das Tischgebet auf Deutsch spricht, während eine andere es auf Hebräisch absingt; beide Parthey essen und essen gut und wissen das Essen gleich richtig zu beurtheilen.

Heinrich Heine

Übermächtige Größe

Die Wirkung Hamburgs auf mich überstieg, hauptsächlich durch den Eindruck seines Hafens, aber auch durch die Gegenden um die beiden Alsterbecken, die von Berlin.

So spazierte ich denn endlich mit Mary über den Jungfernstieg, dessen Namen in seiner idyllischen Harmlosigkeit, seltsam anziehend, besonders in Nieder-Salzbrunn aller Augenblicke über unsere Lippen sprang.

Die salzige Luft der Nordsee und der ozeanischen Gewässer darüber hinaus schlug in diese Stadt, wodurch etwas Wetterhartes, Haltbares, Unverwüstliches in ihre Bewohner kommt. Hier wehte die Luft von fernen Erdteilen. Die Berechtigung idealer seelischer Ballungen, geistiger Schicksale schien angesichts der gewaltigen Eisenkrane und ihrer mächtigen Ladearbeit und angesichts der massiven Schiffsrümpfe im Hafen und der Leistungen, die sie hinter sich und vor sich hatten, zweifelhaft.

Hier waren Format, Weltwacht, Schicksale von Erdteilen in verfrachteten Warenmassen aufgehäuft. Man spürte, daß hier mit erdumspannendem Kontakt eine Weltmaschinerie im Gange war und in lebendigen Gliedern in lebendigem Zusammenhang die alten, nur ein wenig gestauten Sintflutgewässer der Welt, sie bändigend, überbrückte.

Hier drang eine übermächtige Größe auf mich ein, gegen die gehalten zunächst das Ganze meiner bisherigen Lebenserfahrung klein werden mußte. Hier, nur hier hatte die heroische Kraft des Menschengeschlechtes ihre unwiderlegliche Selbstbestätigung.

Das Wort aus Erz: Navigare necesse est, vivere non necesse! preßte sich hier unwiderstehlich dem Geiste ein.

Gerhart Hauptmann

Der große Brand

Von Speicher zu Speicher sprangen die Flammen, und überall fanden sie frische Nahrung. Lumpen und Holz, Sammelpapier, Knochen, Getreide und Zucker. Das Feuer war nicht wählerisch. Hier steckte es sich hundert Fässer Smyrna-Rosinen in den glühenden Rachen, dort unter sprühendem Knacken zwei Millionen Pfund Kaffeebohnen. Hundert Kisten Souchong-Tee verschlang es mit demselben Genuß wie dreihundertvierzig Sack Pfeffer. Und es machte nicht halt vor Häuten und Leder, geteerten Tauen und Schellack. Dazu rauchte es ungeheure Mengen von Tabak. Vierhundert Fässer Kentucky waren das Werk von fünf Minuten. Aber erregt wurde es erst und tanzte wie ein heulender Derwisch, als es an die Weinvorräte geriet. Achttausend Oxhoft Wein gingen in einer einzigen gigantischen Flamme in die Luft, die spielend das Dach des Speichers abhob, und die Bouteillen edler Weine sausten wie Granaten in die Höhe und zerschellten an den brennenden Mauern. Dann kam es an die Rum- und Arrakfässer, die im schönsten Blau zu leuchten begannen, polternd durcheinanderfielen und wie Feuerräder zur Sonnenwende zu laufen begannen, auf die schreienden Männer an den Spritzen zu.

So brannten die Speicher von Bostelmann und Roß. Die Männer der Feuerwehr räumten mit versengten Haaren und Augenwimpern, taumelnd und nahezu blind die Deichstraße bis zur Steintwiete. Denn obgleich nun schon zwölf Landspritzen in der Straße und in den Speichern tätig waren und sieben Schiffsspritzen auf den benachbarten Fleeten, waren die Kräfte doch ungleich verteilt. Hier die Menschen und dort das Element. Die Räumung der Deichstraße ging unter Klagen und Jammergeschrei vor sich. Hier lief ein junges Mädchen und trug in einem Käfig einen laut und zornig schreienden Papagei, dort wankte eine Alte unter der Last ihrer Betten, ihres kostbarsten Besitzes. Mütter trugen weinende Kinder und Männer schwere eiserne Kassetten. Nur die Tischlergesellen aus dem Stuckenbergschen Haus, wohl fünfzig an der Zahl, verließen ihre Arbeitsstätte gleichmütig in langem Zuge; sie trugen ihre ganze Habe in ihren Ränzeln auf dem Rücken davon.

Als Overholt sich der Steintwiete näherte, war er plötzlich wieder nüchtern, und so ging es auch Oskar Kuhlenkampf, obwohl er noch ein wenig unsicher auf den Beinen war. Overholt sah voll Interesse, wie die Feuerwehrleute das Dach eines Speichers abhoben, um von dort aus das Flammenmeer zu bekämpfen. Er schüttelte den Kopf. »Es muß gesprengt werden«, flüsterte er Oskar zu. (...)

Draußen brannte die ganze Gebäudefront des Neuen Jungfernstiegs, die Möbelhaufen unter den Linden standen in Flammen wie Scheiterhaufen. Auf der Alster brannten Boote und treibendes Balkenwerk. So fürchterlich der Anblick war, die Prachtstraße der Stadt eine turmhohe Feuermauer, so atmeten die Menschen doch erleichtert auf, denn das Feuer hatte an dieser Seite sein natürliches Ende erreicht. Es stand vor der breiten Wasserfläche der Alster; und durch die letzten Sprengungen, denen die in der ganzen Welt berühmten Hotels zum Opfer fielen, war die Neustadt endgültig gerettet.

Schlimm aber sah es auf der rechten Flanke des Feuers aus. Hinter der hohen schlanken Spitze des Turms von Sankt Petri wälzten sich dicke Rauchwolken auf die Binnenalster zu. Gerüchte wurden laut, daß man das alte Eimbecksche Haus gesprengt habe, in dessen festem Keller, unter den Tonnengewölben, ein jugendlicher Bacchus die Hamburger seit Jahrhunderten zum Genuß seiner Gaben einlud, die in riesigen Fässern dort unten lagerten. Man erzählte sich leise, daß auch der neue Schulbau des Johanneums gefährdet sei, daß die Petrikirche kaum zu retten sei; denn der wütende Südwest trug immer neue Schwärme von Bränden und Funken auf den Turm zu.

Im Zuchthaus standen die Sträflinge hinter den Gitterfenstern, den ›eisernen Gardinen‹, in ihren gestreiften Drillich-

anzügen und blickten ängstlich auf Rauch und Flammen; sie befürchteten, daß man sie in ihren kahlen Zellen vergessen würde. Die Frauen im Spinnhaus am Raboisen waren kaum bei ihrer althergebrachten Arbeit zu halten, dem Zupfen und Spinnen von Wolle und Flachs. Wenn sie sich vor den Aufseherinnen sicher glaubten, flüsterten sie miteinander, denn viele von ihnen hatten Verwandte und Freunde in den Stadtteilen, die niedergebrannt waren.
Das Kirchspiel Sankt Jacobi war sehr dicht bevölkert; in keinem anderen Teile der Stadt gab es so viele enge Twieten und Gänge wie zwischen der Steinstraße, der Niedern Straße und der Spitaler Straße. In den schiefen Fenstern der Häuser, auf den dunklen Höfen drängten sich die Armen. Bleiche Frauen, ängstlich blickende Kinder an der Hand und das jüngste auf dem Arm, finster dreinsehende Männer, Halbwüchsige, Greise mit gebeugten Rücken und zitternden Händen, die kaum die Krücke halten konnten, und uralte Mütter mit zahnlosen Mündern. Überall roch es nach Armut, nach den Ausdünstungen selten gewaschener Leiber, niemals gereinigter Kleider, nach billigem, stinkendem Fett und nach dem Schwamm mittelalterlicher Mauern.

Edgar Maass

Diese verdammten Hamburger!

Ich lese bei Marissal in Hamburg – ein mir unvergeßlich bleibender Abend. Es kommen über hundert Menschen, die mich hören wollen; ich bin ja inzwischen so etwas wie ein Star geworden. Alle hängen buchstäblich an meinen Lippen, und ich bin eitel wie noch nie. Ich lese eine Stunde lang. Ich weiß, dies ist eine Zumutung – doch ein entzückendes Fräulein bittet mich weiterzulesen. Eine Zugabe nennt man das, und ich willige ein. Das Fräulein ist wirklich entzückend. Nach 90 Minuten steht jemand auf und geht nach Hause. Nach ein paar weiteren Minuten bemerke ich, daß ein Herr zu schnarchen beginnt. Jetzt lese ich um mein Leben. Die Veranstaltung ist im Eimer, aber ich kann nicht aufhören. Als ich endlich fertig bin, zollen mir die Anwesenden lang anhaltenden Beifall. Aus Erleichterung, nehme ich an. Diese verdammten Hamburger! Nie weiß man, was sie wirklich meinen.

André Kaminski

Lyrik auf dem Markt

Im Jahre 1966 – also etwa ein Jahr vor der sogenannten »Studentenbewegung« oder APO – hatte der Hamburger Schriftstellerverband zu einer Veranstaltung »Lyrik auf dem Markt« geladen, in der zum ersten Mal auch die arbeitsteilig geschiedenen Künste Poesie und Jazzmusik auf eine gemeinsame Bühne geführt werden sollten. Ich traf mich also ein paar Tage vorher mit meinen alten Jazzer-Freunden Michael Naura und Wolfgang Schlüter, mit denen zusammen ich gerade gestern wieder in Heide/Holstein musiziert habe. Wir besprachen in ziemlicher Eile ein gemeinsames Programm und einigten uns über Duktus, Tempo, Tonart und die musikalischen Charaktere unserer Piècen. Und als wir uns an einem schönen Augustabend auf einem Lastwagen auf dem Hamburger Adolphsplatz wieder fanden, sahen wir uns auf einmal einem Auditorium von 3000 meist recht jungen Menschen gegenüber, so viele aufmerksame Zuhörer/-innen hatten weder die Musiker noch gar der Sänger je zu ihren Fahnen rufen können. Es kam aber bald noch viel schöner. Von nun an wurde die musische Konspiration von Jazz und Lyrik gewissermaßen zum Dauerbrenner des linken Unterhaltungslebens. Von nun an begann man sich um das Mauerblümchen Poesie zu reißen und ihm überall öffentliche Planken vorzulegen und Vortragssäle zu erschließen. Und als ich Ende 66 zufällig in ein Kino ging, was flimmerte da als unerwartetes Highlight der Silvesterwochenschau vor die Augen? Unser gemeinsamer Marktplatzauftritt war es, genauer gesagt, eine längere Passage aus meiner Hölderlin-Variation, was u. a. wohl auch etwas über den Geist dieser seltsam bewegten und bewegenden Jahre aussagt.

Daß ich dem Marktplatz als sinnvoll erlebter Gegenöffentlichkeit ein bleibendes gutes Andenken bewahrt habe, können Sie sich wohl denken. Der Verfassungsauftrag, der sich dem Dichter mit jedem neuen Poem aufs neue stellt, scheint mir insofern auch nicht mehr nur auf das stille Schreibstubenprodukt beschränkt. Verfassung muß ausgerufen, verkündet, unter die Leute gebracht werden, und erst wo das als Beispiel verfaßte Gedicht zur Sammeladresse von anderen Einzelnen wird, können wir von einem praktisch gelösten Gesellungswerk sprechen. Das muß nun nicht gerade am Tag der Fertigstellung stattfinden, das kann sich vielleicht sogar erst mit leidigen Verspätungen einstellen, und schon gar nicht funktioniert es ohne den freundlichen Beistand der Fortuna. Wo ein Gedicht aber das genügende gesellige Wesen mitbringt und dann auch noch die Sterne günstig stehen, kann es schon mal passieren, daß sich von der Konkurrenzgesellschaft nicht mitgelieferte Solidarität im musikalisch beschwingten Genossenschaftszirkel wieder einstellt.

Peter Rühmkorf

Dünne und dicke Frauen

Heute dünn und morgen dick:
das ist das weibliche Geschick.

Dem kleinen Veilchen gleich,
das im Verborgnen blüht,
sei immer dick und weich, –
auch wenn dich niemand sieht.

Den Unterschied von dünn u. dick
erkennt man auf den ersten Blick.

Wer nur der dicken Frau vertraut,
der hat auf keine Braut gebaut.

Wenn dicke Frau'n schon merklich schwitzen,
dann soll man sie nicht noch erhitzen.

Die dünne Frau in der Hand
ist besser als die dicke auf dem Dache.

Im Gegensatz zu den sehr dicken
sind dünne Frau'n leicht zu verschicken.

Wenn man an dicken Frauen tastet,
dann spürt man erst, was sie belastet.

Wenn man die dünne Frau befühlt,
dann wird man bald recht abgekühlt.

Die dicken Frau'n der Eskimos,
die haben eisige Popos –.

Die dünnen Frau'n am Schwarzen Meere
benutzt man dort im Krieg als Speere.
(…) *Joachim Ringelnatz*

Jäcki geht über den Gänsemarkt

Jäcki geht über den Gänsemarkt: Die Palette ist neunundachtzig bis hundert Schritte vom Gänsemarkt entfernt.
Zwischen der Koppelstraße in Lokstedt und dem Gänsemarkt gibt es die Haltestellen Stephansplatz, Dammtor, Staatsbibliothek, Rentzelstraße, Schlump, Schlankreye, Eppendorferweg, Heußweg, Methfesselstraße, Eidelstedterweg, Brehmweg – früher Löwenstraße; jetzt hält die Bahn auch am Radrennplatz, Kolonie Maiglöckchen, wo im Krieg die Flak stand.
Eine Station nach Koppelstraße – Endstation: Hagenbecks Tierpark. Die Straßenbahn braucht zwanzig Minuten.
Fünf Minuten zu Fuß von der Palette entfernt – das hängt von der Schrittlänge ab und von dem Verkehr an den Übergängen: Axel Springer, der Botanische Garten, Brockstedts Galerie. Wenn man langsam geht, weil man zu viel getrunken hat, wenn man nödelt, weil man jemanden überreden will, weil man wartet, daß einer nachkommt, weil man gammelt, nur so langsam geht, weil man jemanden beobachtet, braucht man fünf Minuten von der Palette bis zum Gänsemarkt.
Von der Palette aus erreicht man in einer Viertelstunde zu Fuß – mit der Bahn dauert es genauso lange, Warten und Kartenkaufen und so weiter gerechnet: den Hauptbahnhof, den Freihafen, Fürst, Starclub, die Universität, die Außenalster.

In einer Stunde ist man mit der Deux-Chevaux an der Ostsee, am Falkensteiner Ufer mit der S-Bahn, im Sachsenwald mit der Vorortsbahn, mit der Straßenbahn und dann ein langes Stück zu Fuß – im Niendorfer Gehölz.
In zwei Tagen mit der Deux-Chevaux oder auf Stop nach München, nach Paris, nach Stockholm – wenn man Glück hat.
In vier bis fünf Tagen kommt man in Pierrevert an.
Jäcki geht über den Gänsemarkt.
In einer Woche kommt man ohne weiteres nach Saint Tropez.
Jäcki will nicht nach Pierrevert zurück.
Außerdem stehen noch Casablanca, Athen, Formentera in einer Beziehung zur Palette.
Sesimbra nicht. Sesimbra liegt in Portugal.

Hubert Fichte

Den merkwürdigsten Ort

Schrieb ich einen Brief nach Lubowitz. Darauf hatte unser Engländer die Gefälligkeit, uns zu den merkwürdigsten Orten der Stadt, als auf den Jungfernstieg, auf die Wälle, mit den herrlichen Aussichten u. zur Börse zu führen. Der Jungfernstieg verdient wegen seiner vorzüglichen Schönheit nähere Erinnerungs-Merkmale: Es ist eine große breite Straße, an der einen Seite von schönen Häusern, von der anderen von einem großen Teiche begrenzt, welcher wieder zu beiden Seiten von der Stadt u. im Hintergrunde von den trefflichen Wällen eingeschlossen wird. Auf dem Teiche befinden sich mehrere Schwanenhäuschen, u. schöne auf modernen niedlichen Schiffen schwimmende Coffeehäuser. Der Jungfernstieg selbst ist mit mehreren Reihen Alleen u. Pavillons (z. B.

Coffee chinois etc.) geziert, u. wimmelt durch alle Stunden des Tags von Spazierengehenden.

Joseph von Eichendorff

Zwei lustige Kaffeehäuslein

Für Leser denen die Stadt Hamburg nicht bekannt ist – und es giebt deren vielleicht in China und Ober-Bayern – für diese muß ich bemerken: daß der schönste Spaziergang der Söhne und Töchter Hammonias den rechtmäßigen Namen Jungfernsteeg führt; daß er aus einer Lindenallee besteht, die auf der einen Seite von einer Reihe Häuser, auf der anderen Seite von dem großen Alsterbasin begrenzt wird; und daß vor letzteren, ins Wasser hineingebaut, zwey zeltartige lustige Kaffeehäuslein stehen, die man Pavillons nennt. Besonders vor dem einen, dem sogenannten Schweitzerpavillion, läßt sich gut sitzen wenn es Sommer ist und die Nachmittagssonne nicht zu wild glüht, sondern nur heiter lächelt und mit ihrem Glanze die Linden, die Häuser, die Menschen, die Alster und die Schwäne, die sich darauf wiegen, fast märchenhaft lieblich übergießt. Da läßt sich gut sitzen, und da saß ich gut, gar manchen Sommernachmittag, und dachte, was ein junger Mensch zu denken pflegt, nemlich gar nichts, und betrachtete, was ein junger Mensch zu betrachten pflegt, nemlich die jungen Mädchen, die vorübergingen – und da flatterten sie vorüber jene holden Wesen mit ihren geflügelten Häubchen und ihren verdeckten Körbchen, worin nichts enthalten ist – da trippelten sie dahin, die bunten Vierlanderinnen, die ganz Hamburg mit Erdbeeren und eigener Milch versehen, und deren Röcke noch immer viel zu lang sind – da stolzierten die schönen Kaufmannstöchter, mit deren Liebe man auch so viel bares Geld bekömmt – da hüpft eine Amme, auf den Armen ein rosiges Knäbchen, das sie beständig küßt, während sie an ihren Geliebten denkt – da wandeln Priesterinnen der schaumentstiegenen Göttinn, hanseatische Vestalen, Dianen die auf die Jagd gehn, Nayaden, Dryaden, Hamadryaden und sonstige Predigerstöchter – ach! da wandelt auch Minka und Heloisa! Wie oft saß ich vor dem Pavillion und sah sie vorüberwandeln in ihren rosagestreiften Roben – die Elle kostet 4 Mark und 3 Schilling und Herr Seligman hat mir versichert, die Rosastreifen würden im Waschen die Farbe behalten – Prächtige Dirnen! riefen dann die tugendhaften Jünglinge, die neben mir saßen – Ich erinnere mich, ein großer Assekuradeur, der immer wie ein Pfingstochs geputzt ging, sagte einst: die Eine möcht ich mir mahl als Frühstück und die Andere als Abendbrod zu Gemüthe führen, und ich würde an solchem Tage gar nicht zu Mittag speisen – Sie ist ein Engel! sagte einst ein Seekapitän ganz laut, so daß sich beide Mädchen zu gleicher Zeit umsahen, und sich dann einander eifersüchtig anblickten – Ich selber sagte nie etwas, und ich dachte meine süßesten Garnichtsgedanken, und betrachtete die Mädchen, und den heiter sanften Himmel, und den langen Petrithurm mit der schlanken Taille, und die stille blaue Alster, worauf die Schwäne so stolz und so lieblich und so sicher umherschwammen. Die Schwäne! Stundenlang konnte ich sie betrachten, diese holden Geschöpfe mit ihren sanften langen Hälsen, wie sie sich üppig auf den weichen Fluthen wiegten, wie sie zuweilen seelig untertauchten und wieder auftauchten und übermüthig plätscherten, bis der Himmel dunkelte, und die goldnen Sterne hervortraten, verlangend, verheißend, wunderbar zärtlich, verklärt. Die Sterne! Sind es goldne Blumen am bräutlichen Busen des Himmels? Sind es verliebte Engelsaugen, die sich sehnsüchtig spiegeln in den blauen Gewässern der Erde und mit den Schwänen buhlen?

Heinrich Heine

Meine stille Bude

Zehn Jahre habe ich dort gewohnt, 1921–31, Ecke Jungfernstieg und Neuerwall, hoch über dem vornehmsten Hamburger Juwelengeschäft. (...) Anfangs besaß ich nichts als einen Teekessel, einen kleinen Gaskocher und eine Wolldecke, und auf der Holzwolle, in die der Gaskocher verpackt gewesen, schlief ich, und schlief betört und betrunken von meiner neugewonnenen Einsamkeit in dieser Himmelsecke, nicht, ohne anfangs auch nachts ab und an aufzuspringen und ans Fenster zu stürzen, den unerhörten Blick zu trinken über die Binnenalster und die Lombardsbrücke und die Außenalster bis zum Uhlenhorster Fährhaus, dessen Lichter erst spät zu verlöschen pflegten und so weit her bis zu mir, bis auf meine Wand herüberschienen in der Nacht. Bald wuchs mein Hausrat, wie es immer geschieht, wenn man sich danach umsieht. Als Tisch fand sich eine ausgediente lange und breite glatte Wandverschalung auf dem Hausboden und wurde auf zwei von der Kunstgewerbeschule entliehene Bökke gelegt und hat mir viele Jahre zum Schreiben und Zeichnen gedient und gelegentlich als bescheidene Festtafel. Aus den Rumpelkammern wohl gesonnener Bekannter verfügten sich ein eisernes Bett und Bettzeug, ein Stuhl und ein wenig Küchengeschirr zu mir. Den Kleiderschrank baute ich selber und den Küchentisch und die Küchenbank und viele Bücherregale, die sich langsam füllten. Die Heizung besorgte vorerst ein kleiner eiserner, qualmiger Ofen, und da das

Ofenrohr schief, ungeschlacht und häßlich eine halbe Wand entlanglief, führte ich es als schwarzen, bewegten Streifen malerisch um das ganze Zimmer und füllte die langen Felder darüber mit einem Fries vagantischer Figuren. Über die Tür aber schrieb ich den altbewährten Spruch: Scheu die Reu!, was manche Besucher als »Scher di rut!« zu entziffern vermeinten, und bei dieser Meinung habe ich einige auch gern belassen. Das und die Bemalung der abgetrennten »Tee-mit-Rum-Ecke« und der gemalte Reigen an der Decke über der selbstgezimmerten Hängelaterne und die zarten Fresken des Schlafraumes, das ging alles schon vor der Zerstörung des Hauses unter, als ich ausgezogen war, um von der Alster an die Elbe umzusiedeln. (…)

Viele der Namen, die dort geweilt, leuchteten damals und leuchten noch immer oder leuchten erst jetzt und immer mehr, andere sind vergangen wie dieses Haus. Hermann Horn, Willy Seidel, Hans Friedrich Blunck, Hans Much, Fritz Höger, Ringelnatz, Erika Mann, und einmal hat sogar Knut Hamsun vor meiner Tür gestanden, und ich war nicht da, und viele Maler und Musiker gingen dort aus und ein, und Weise und Narren und große Tänzerinnen, Mary Wigman, die Palukka, Ursula Falke, und große Schauspieler, Gustaf Gründgens, Wolf Beneckendorff, Paul Kemp. Und Elisabeth Flickenschild, achtzehnjährig, die rote Haarflamme übers linke Auge gewischt, las aus den Nächtezetteln der Sinsebal vor:

›Wie war es doch? …
Nun geht viel Zärtlichkeit und Säuseln von den dunkeln Vorhängen. Der Schimmer auf der Tapete zittert ein wenig, draußen knurrt ein Wagen vorbei, vorbei …‹

Ja vorbei! Ich sah das Haus nach dem zweiten Angriff von weitem, als ich mit Flüchtenden über die Lombardsbrücke kam. Der Aufbau war weggebrannt, es sah aus wie in den ersten Jahren, als ich dort wohnte, dort an der Himmelsecke; mein Fenster schien offen, und es war, als blicke ich dort wie einst über die Alster in den aufsteigenden Mond.

Hans Leip

Eine Fahrt auf der Alster

Wer die Quelle von Hamburgs Ansehen und Reichtum kennen lernen möchte, der möge sich den Hafen mit seinem regen Leben ansehen. Es ist aber nicht zu zweifeln, daß ein Fremder unter der Fülle des Geschauten ermüdet und sich nach einem ruhigen Betrachten sehnt. Da bietet nun Hamburg eine reizvolle Abwechslung: die Alster. Jedem ist sie lieb und wert – schon ihrer Lage halber. Welche Großstadt bietet wohl innerhalb ihres Weichbildes solche Schönheiten? Wie wohltuend wirkt nicht der Anblick der klaren Wasserfläche, wenn wir aus dem Häusermeer hinausgelangen! Versuchen wir es, eine Fahrt durch die schönsten Teile zu schildern!

Wir besteigen ein Dampfboot, nachdem wir den Jungfernstieg mit seinen herrlichen Gebäuden und Promenaden verlassen haben.

Bietet schon die Binnenalster ein ungemein reizvolles Bild, so sind doch alle freudig überrascht, wenn nach dem Passieren der Lombardsbrücke die Außenalster wie ein See vor ihnen liegt. Schöne grüne Ufer mit prunkvollen Häusern grüßen von beiden Seiten. Auf dem Wasser selbst, welch buntes Bild! Ruder- und Segelboote sind an jedem schönen Tage reichlich vertreten; weißleuchtende Schwäne ergötzen das Auge des Fahrenden. Dann verengt sich die Alster wieder etwas,

und wir können die Villen von Schwanenwiek, Uhlenhorst und Harvestehude anschauen. Hier sind die Wohnungen des Reichtums, Stätten der Erholung, der Annehmlichkeit. Wir können den Eingang zum idyllischen Feenteich sehen; das buntbewimpelte Uhlenhorster Fährhaus begrüßt uns.
Nach der Krugkoppelbrücke verliert sich allmählich der imposante Charakter. Der Fluß wird ganz schmal; wir können fast die Ufer mit den Händen erreichen. Wunderschön aber ist die Rückfahrt am Abend. Tausende bunte Lichter spiegeln sich im Wasser wider, und alles zusammen erweckt beim Verlassen des Schiffes den Eindruck, daß wir einen schönen Tag verlebt haben.

Carl von Ossietzky

Ein vorletztes Mal

Als Aussteiger fühlte sich Broschkus in seinem Brioni-Anzug ganz und gar nicht, Broschkus fühlte sich als Einsteiger – als Einsteiger in ein Leben, von dem er zwar nicht den leisesten Schimmer hatte, wohl aber eine honigfarbene Vision mit fahlen Einsprengseln; das ganze kubanische Drumherum war ihm herzlich, eigentlich unherzlich egal. Als er erfuhr, daß sein Gepäck auf irgendeiner Zwischenstation abhanden gekommen, wartete er nur widerwillig ab, bis man die Angelegenheit auch offiziell erfaßt haben würde. Ob der Koffer wiederauftauchte oder nicht, er enthielt ohnehin nur, was in den wenigen Stunden vorm Verschwinden wahllos zusammengekauft.
Wie lange hatte Broschkus auf diesen Moment hingearbeitet, die ersten Monate noch zwischen den wohlvertrauten englischen Spanntapeten der Hase & Hase KG! Fiel ihm der

Blick, vom Bildschirm mit den beständig vorbeiflimmernden Börsennotierungen befreit, in die Seidenrosen auf der Fensterbank, dann auf die Baumkronen draußen, die grauen Wasser dahinter, die geräuschlos gleitenden Schiffe der weißen Flotte und, vor allem, die riesige Fontäne, die aus der Alster empor- und in den Himmel schoß: so ertappte er sich regelmäßig dabei, wie er den Gestank der drei Pesoscheine inhalierte, darin eine unwiderstehliche Herbheit erahnend, wie er von arg gefleckten Körpern träumte oder seltsam vergebliche Ferngespräche tätigte, anstatt Verabredungen mit seinen Kunden beim Hamburger Derby wahrzunehmen oder im Übersee-Club.

Matthias Politycki

Selbst ist der Mann

Der direkte Weg von der Mönckebergstraße zu den Raboisen dauert kaum fünf Minuten. Aber Kufalt geht nicht den direkten Weg. Er hat zwei Tage, und die halben Nächte auch noch, getippt ohne aufzusehen. Nun hat er alle Zeit, die Gott werden läßt, er ist mal wieder ohne Arbeit, er kann ruhig spazierengehen. Wenn er aber auch keine Arbeit hat, so hat er dafür Geld, zehn Mark frisch eingenommen und eins zwanzig war noch Kassenbestand, elf zwanzig also. Ganz schönes Geld. Dicke Mauer zwischen ihm und dem Nichts, nicht wahr? Übrigens müßte er der Wirtin, der Dübel, mindestens drei Mark auf Abschlag geben, sonst würde sie ihn wohl rausschmeißen.

Schöner Morgen heute morgen zum Spazierengehen, o Gott!

Nein, Kufalt wohnte nicht mehr in der Marienthaler Straße,

jetzt wohnt er auf den Raboisen, in einem Loch, nach einem dunklen Hinterhof hinaus, außerdem ging er jetzt nicht dahin, sondern er ging spazieren an der Alster, am schönen Vormittag, wie ein Großkotz …

»Übrigens sind Sie zu teuer, Herr Kufalt. Andere machen das für drei Mark …«

So ein Affe! So ein langschwänziger Affe! Also diese Arbeit war er nun auch los, bloß weil er so nach der Kasse geschielt hatte, alle Arbeit war er los. Hatte man deswegen weniger Kohldampf? Schlecht konnte es einem immer noch werden von den schlechten Zeiten, lieber jetzt erst ein bißchen Lebeschön machen.

Und Kufalt kaufte sich vier Rundstücke und ein Viertel Leberwurst, fünfundzwanzig Pfennig, Rest zehnfünfundneunzig.

Na, was denn? So zum Picknick? Was denn?

Also, das schöne Zimmer in der Marienthaler war vorbei. Nichts mehr von wehenden Vorhängen, klirrenden Bahnen, obszönen Müttern, perversen Liesen, nichts mehr. Ein schlichter Abschied, ein englischer Abschied. Als Kufalt damals zurückkam aus der Untersuchungshaft, da war niemand von denen zu Hause. Und da niemand von ihnen zu Haus war, packte Kufalt still und stumm seine Sachen und verzog. Unbekannt wohin.

Ja, die Wahrheit zu reden, es hätte da vielleicht noch eine Chance gegeben, es war da ein Augenblick des Wartens vorgekommen, genauer gesagt, eine ganze reichliche halbe Stunde, Kufalt war auf und ab gegangen. Er hätte ja nun die Taxe holen können, Umzug ins Blaue, auf den Rat eines Chauffeurs hin – aber nein, er war auf und ab gelaufen und hatte gewartet.

Kam sie nicht?

Nein, sie kam nicht.
Es hat einmal eine schmähliche Nacht gegeben, wo wir vor der Tür ihres Zimmers lagen – also jetzt gehen wir mal rein. Ja, wir sind verrückt, wir sind rot im Hirn, Feuersbrunst, wir riechen an ihren Kleidern, wir schnuppern an ihrem Bett …
Aber dann geht eine Tür, und schon fliehen wir, schon stehen wir auf dem Vorplatz, unser Herz zittert vor Angst, daß sie es sein könnte. Dann war es nur die Tür bei den Nachbarn.
Damit war es aber auch genug, allzuviel halten wir nicht mehr aus, die letzten Tage kam es ein wenig dicke, mit Beerboom, mit Cito-Presto, mit Polizeihaft, mit den getreuen Freunden Maack und Jänsch – also her mit der Taxe und ab dafür!
Es genügt nicht, schließlich ein Zimmer in einem Hinterhof der Raboisen gefunden zu haben, ein dunkles, schmieriges, stinkendes Loch mit trüben Fenstern neben einer schwarzen Küche, so groß wie ein Handtuch, mit hunderttausend Schaben und einem verrückten alten Weib von Wirtin, das Dübel heißt – ach ja, es ist schon die rechte Wohnung für den geschlagenen, entmutigten, verzweifelten Kufalt, die dunkle Höhle, in deren knolligem Federbett man liegen und vor sich hindösen kann, Stunden und Stunden – aber es genügt nicht.

Hans Fallada

Vorm Hauptbahnhof

Vorm Hauptbahnhof (war erst 7 Uhr 52) : ein Auto hojahnte; von fern tahütahoten lustig Feuerwehren; die Luft schichtete sich zierlich von weiß nach blau; und die rotgelbe U-Bahn stürmte mit gesenktem Kopf durch ihre Kurve. (Die Antiquare sind auf der Königstraße drüben, oder Neuer Wall; Hauswedell iss zu teuer, hat kein' Zweck. Oder erst mal zu Woolworth rein). (...)

Ich erschien in dem weißgrauen vergitterten Fenster; der Aufseher büffelte blicklos entlang; mein Herz züngelte und schluckte. Unten pfiff sich ein endloser roter Güterzug aus dem Bahnhof in die staubige Sommerzeit : 15 Uhr 50 (und um 16 Uhr wurde geschlossen!). Also trat ich noch einmal verbissen vor die allzu anmutig Kauernde und versehrte sie süß mit meinen halbgreisenden Augen – – nein : jetzt raus; ganz unauffällig; da krieg ich vielleicht noch den Städteschnellverkehr nach Rotenburg. Aber n Foto davon; und die zwei Mädchen im Grünen : 4 Mark : da!)

Letzte Sonnenschräge den Glockengießerwall entlang, und die warme Luft drehte sich plötzlich, Strohholde, und legte mir die weichen Armgebinde um. Neben fließenden Straßenbahnwagen und trottenden Arbeitern. Auf offener Straße.

Im brikettschwarzen Eisen des Hauptbahnhofs : mein furchiges Gesicht neben gehörnten rasenden Lokomotiven; hinter grünstelzigen Mädchenhüften. Und der donnernde Dampf sackte uns beulig ein, mich Nebeltaster, und ihren runden goldbeschlagenen Koffer (und daneben die zarte braun umsponnene Wade).

»Achtung! : auf Bahnsteig 5 fährt sofort der Schnelltriebwagen nach Bremen ab : Bitte einsteigen und Türen schließen!«

Die Spitzhacke des Mondes arbeitete im reglosen Wolkengeröll : Rotenburg.

Ich will nicht nach Hause! : so blieb ich denn zur Nacht in Visselhövede : wär ohnedies Eins geworden, eh ich heimkam. – Die riesige Wirtin, ehemalige Masseuse : »Unter meiner

Hand hat sich noch jeder Mann gekrümmt«; Bratkartoffeln und Bauernwurst (unds Übernachten nur 2 Mark 50!).
Das ewige Hotelzimmer : von nebenan kicherte es wie Reisender und Magd; und dann die dumpfe Rhythmik : Du, du, du …

Arno Schmidt

Ausgang zur Stadt

Am späten Vormittag war niemand mehr in der Bahnhofsmission. Die gestrandeten Nachtgäste hatten sich bereits auf den Weg gemacht, auf den Erkundungsweg, den Beutepfad, das massive Frühstücksgeschirr war beinahe abgeräumt, und durch die weit geöffneten Fenster strömte kühle Luft herein. Henry schlenderte an dem langen fleckigen Tisch entlang, rief ein paarmal, öffnete eine Tür und stand vor einer geräumigen Küche. Eine Frau, die über grauer Uniform einen weißen Kittel trug, sah ihn freundlich an, ohne ihr Messer und ein aufgeschnittenes Brötchen aus der Hand zu legen, offenbar erinnerte sie sich an sein Gesicht.
»Sind Sie nicht …?« fragte sie, ohne den Satz zu beenden, und Henry bestätigte: »Von drüben, vom Fundbüro.«
»Das meine ich doch«, sagte die Frau.
Henry hob eine seltsame Tasche auf den Tisch, eine quadratische, anscheinend aus Fell gefertigte Tasche, über die er sanft hinstrich, bevor er das Schloß aufschnappen ließ. Er zog einen Schnellhefter heraus, legte ihn neben eine Platte mit belegten Brötchen, schlug ihn auf und deutete auf ein Foto, das einem Dokument vorgeheftet war.
»Vielleicht können Sie mir helfen, diesen Mann zu finden«, sagte Henry, »wir wissen nur, daß er einen Unfall hatte –

wollte wohl von einem fahrenden Zug abspringen – und daß Sie ihm Erste Hilfe leisteten; der Bahnpolizist sagte es, der uns seine Tasche brachte.«

»Aber ja«, sagte die Frau, »aber gewiß erkenne ich den Mann wieder, so wie der hat sich hier noch keiner bedankt, solche Höflichkeit gibt's heute nicht mehr.«

»War er schwer verletzt?« fragte Henry.

»Prellungen«, sagte die Frau, »Prellungen und Hautabschürfungen; als er vom Zug absprang, kam ihm gerade eine Gepäckkarre in die Quere; für kurze Zeit war er wohl auch besinnungslos, solch ein höflicher Mensch.«

»Wissen Sie, wohin er gegangen ist?« fragte Henry, »bei uns hat er sich nicht gemeldet und nach seiner Tasche gefragt.«

»›Adler‹«, sagte die Frau, »ja, er wollte in das Hotel ›Adler‹, ein kleines Hotel hier am Bahnhofsplatz, dort war etwas für ihn reserviert – so verstand ich ihn; er wollte sich zunächst eine Weile ausruhen, vermutlich hatte er auch Schmerzen.«

Henry packte den Schnellhefter ein, dankte der Frau mit Handschlag und bat sie mit einer Geste um Erlaubnis, sich eines der belegten Brötchen nehmen zu dürfen; sie nickte ihm aufmunternd zu. Rasch durchquerte er die Bahnhofshalle und strebte essend zum Stadtausgang. Vom Treppenabsatz musterte er die dunkle Häuserfront hinter dem gepflasterten Platz, er erkannte sogleich die Schriftzeichen der beiden großen Hotels, nicht aber den – wie er dachte – lächerlichen und hochtrabenden Namen »Adler«. Er stieg die Stufen hinab, schmutzige, verstruppte Tauben wichen ihm nur knapp aus, er warf ihnen einen Brocken vom Brötchen hin, warf auch eine Münze in das offene Holzkästchen des jungen Mannes, der auf einer Ziehharmonika ›Moskauer Nächte‹ spielte. Der Polizist, den er nach dem Hotel »Adler« fragte, schickte ihn in eine stille Nebenstraße, wo er in der Nachbarschaft von Kneipen und Reisebüros und bescheidenen Geschäften das Hotel »Adler« fand.

Henry linste durch die Scheibe, der Fußboden war mit gelbbraunem Marmor ausgelegt, neben dem schlichten Empfangstisch hing ein riesiger, mit Muscheln eingefaßter Spiegel. Halb verborgen hinter Gummipflanzen zeigte sich ein gläserner Rundtisch mit drei Stühlen, die wie zur Zierde dastanden; das Geländer der engen Wendeltreppe, die offenbar zu den Zimmern hinaufführte, bestand aus Schiffstau. Er trat durch die offenstehende Tür. Niemand antwortete auf sein Rufen, erst nachdem Henry mit flacher Hand auf eine Klingel geschlagen hatte, näherte sich mit harten tackenden Schritten ein knabenhaft wirkendes Mädchen, das, nach einem schnellen Blick auf die Tasche, ein frühzeitiges Bedauern signalisierte und, noch bevor Henry den Grund seines Erscheinens genannt hatte, freundlich sagte: »Unsere Zimmer sind leider alle besetzt.«

»Ich brauche kein Zimmer«, sagte Henry, »ich suche Herrn Lagutin, Fedor Lagutin, ich komme vom Fundbüro.«

»Doktor Lagutin wohnt bei uns, er ist Gast der Technischen Hochschule.«

»Kann ich ihn sprechen?«

»Er ist auf seinem Zimmer, ich glaube, es geht ihm nicht gut, er hatte einen Unfall auf dem Bahnhof.«

»Sagen Sie ihm, daß ein Mann vom Fundbüro hier ist, der ihm sein Eigentum zurückbringen möchte.«

Henry lenkte ihren Blick auf die Tasche, beklopfte sie leicht und wiederholte: »Vom Fundbüro.«

Grausiges Vergnügen

Waren die Ausflüge an den Elbstrand verlorengegangen, so blieb Roman Bertini noch Friedrichsruh, und das hieß *Lokomotiven sehen.* Sein atemloses Interesse an ihrer mechanischen Kraft hatte Vorgeschichte. Schon mit dem Fünfjährigen mußte Lea zum Hauptbahnhof ziehen, auf die Bahnsteige der Fernzüge, wo das Kind in grausigem Vergnügen auf die donnernden, fauchenden, zischenden Riesenmaschinen wartete. Bei ihrem Anblick schwoll Triumph in ihm an, stellte sich Genugtuung ein. Lokomotiven. Höhepunkt aller technischen Entwicklung, Geschosse von komprimierter Kraft, von den Puffern bis zum Tender eine Symphonie großartiger Überlegungen. Jahrelang in der Volksschule, und noch jetzt im Johanneum, hatte er vor allem Lokomotiven gezeichnet, eindrucksvolle Gebilde aus senkrechten und waagerechten Strichen, zunächst ohne jede Kenntnis der Funktionen von Kolben, Schieber und Pleueln, weitaus mehr Kultgegenstand als Kopie der Wirklichkeit.
Als seine Vorliebe sich mit dem stationären Zustand seiner Lieblinge im Hauptbahnhof nicht mehr begnügte, als Roman die stählernen Bestien in ihrem Element, der jagenden, stürmenden, brüllenden Geschwindigkeit erleben wollte, war der Vater mit ihm hinausgefahren nach Bergedorf, wo sie ganze Tage auf kalten Bahnsteigen zubrachten. Das Entzücken hielt so lange vor, bis Roman bemerkte, daß die D-Züge in Richtung Berlin noch mit gedrosselter Geschwindigkeit fuhren, die aus entgegengesetzter Richtung aber hier, an der Peripherie Hamburgs, schon bremsten. So drang er in seinen Vater, weiter draußen nach freien Strecken zu forschen, wo die Ungetüme sich kilome-

terfressend austoben und ihrer Gewalttätigkeit vollen Lauf lassen konnten.

Ralph Giordano

Ein Busen, vielbefahren

Von Büchen bis nach Hamburg ists
Nur noch ein Katzensprung
Drei Jahre war ich nicht zu Haus
Der Zug kam gut in Schwung

Ich roch schon meine Vaterstadt
Die herrlichen Gerüche
Gemisch aus Hafen, Rauch, Benzin
Und guter Bürgerküche

Bei Hamburg riecht der Elbefluß
Schon sehr verführerisch
Nach Nordsee und nach Engelland
Nach Teer und Hochseefisch

Da weht der herbe Wind vom Meer
Der so das Fernweh reizt.
Dort, wo die Elbe von Natur
Die strammen Schenkel spreizt

Liegt Hamburgs Hafen, herrlich breit
Ein toller Liebesgarten
Wo Tanker ankern, sich entleern
Und fülln für neue Fahrten

Im Riesenschoß der Schutzgöttin
Hammonia, der guten
Da schlafen Schiffskolosse und
Viel tausend kleine Schuten

Ein Liebesgarten für die Welt und
Fruchtbar ohnemaßen
Von Kränen dicht bewachsen, tief
Durchfurcht von Wasserstraßen

Und weiter oben in der Stadt
– Was man noch sagen müßte –
Die Alster, lieblich zweigeteilt
In ungleich große Brüste

Die Lombards-Brücke zwischendurch:
Ein Busen, vielbefahren
Ach Schutzgöttin Hammonia
Wir sahn uns nicht seit Jahren!

Hammonia! Hammonia!
O öffne mir die Beine
Wie, Göttin, gnädig du es tatst
Damals mit Heinrich Heine

Wolf Biermann

Nachtgespräch auf der Lombardsbrücke

Eines Tages kam ein Engel nach Hamburg. Man sollte es nicht für möglich halten. Aber die Frauen hatten sich seiner angenommen, die aus St. Pauli und die aus Pöseldorf oder

Klein-Flottbek, darin waren sie sich einig. »So kannst du hier nicht herumlaufen«, sagten sie, »die Leute denken ja, du bist aus Ohlsdorf entsprungen.« Und sie führten ihn zu einem Herrengeschäft in den Alsterarkaden oder in den Großen Bleichen, damit er sich einen vernünftigen Anzug kaufte. Echt Hamburger Börsenstoff, unverwüstlich. Sie machten sich auch Sorge, ob er genug zu essen hätte. So erkannte ich ihn nicht sofort und hielt ihn für einen Hamburger. Es war nämlich spät nachts, er lehnte bei einem der schönen Kandelaber an der Balustrade der alten Lombardsbrücke und blickte auf das Wasser der Binnenalster, in dem die Lichter des Jungfernstiegs tanzten. Er wird schlechter Laune sein, dachte ich, das passiert einem in Hamburg leicht, denn auch ich war schlechter Laune. Ich war im Schauspielhaus gewesen und ging zu Fuß nach Haus, um mich auszulüften, das ist immer noch das beste Mittel; denn wenn man im Theaterkeller hocken bleibt und über das Stück schwatzen muß, ist einem kaum mehr zu helfen.

Um ihn nicht allein zu lassen, stellte ich mich neben ihn und sagte nach einer Weile – das heißt, ich glaubte, er würde es nicht hören, denn hinter uns brausten die Autos über die Lombardsbrücke, und auch ein Vorortszug ratterte zum Dammtorbahnhof. Oder war es der Nachtzug nach Basel, der schon aus Kopenhagen kommt und dem in Altona die Schlafwagen angehängt werden, bei denen man sich immer fragt: Wer liegt da wohl in den Betten? Wie gut haben sie es, daß sie morgens woanders aufwachen dürfen. Nicht in Basel, denn was ist schon Basel, aber der Zug fährt ja noch weiter, irgendwohin bis ans Mittelmeer –, ich sagte und wies auf die Binnenalster: »Dafür kann man Hamburg manches verzeihen.« Doch er hatte gute Ohren und sah mich tadelnd an. Da erkannte ich ihn und rief erschrocken: »Was willst du denn hier?« »Sollten Sie nicht endlich aufhören, schlecht über Ihre Mutterstadt zu reden?«

»Über was?«

»Einer gut aussehenden, eleganten Dame, die noch dazu über mehr praktische Vernunft verfügt als wir, vorzuwerfen, daß sie nicht musisch sei, halten Sie das etwa für geistreich? Da ist doch die Dame viel geistreicher, wenn sie über die Städte, die sich Theaterstadt nennen oder sich mit sonst irgendeinem protzigen Titel behängen, meint: Die da in der Provinz müssen es wohl sehr nötig haben, weil sie keinen Hafen haben und die Fremden nicht von selbst zu ihnen kommen. Aber ihrem Teint nützt es auch nichts, wenn sie sich musisch nennen.«

»Ihrem Teint?«

»Stellen Sie sich doch einmal auf die Landungsbrücken. Nicht wegen des bleigrünen Wassers und der Schiffe, die ein- und ausfahren, das sind Selbstverständlichkeiten. Auch nicht wegen der Helgenaufbauten auf der andern Seite und nicht wegen des Mennigrots der in den Werften aufgedockten Dampfer, das kann man sich auch in Reiseprospekten ansehen. Aber die Luft darüber, die Atmosphäre, die zarten Aquarellfarben und die sanft streichelnden Schatten, das wagt man doch kaum zu träumen. Und so etwas nennen Sie amusisch?«

»Das liegt am Feuchtigkeitsgehalt der Luft.«

»Na, sehen Sie.«

»Was geht uns der Teint der Weiber an! Ich kann dir ohne erst nachzudenken ein Dutzend Leute aus meiner Generation nennen, die von der Vergangenheit gar nicht zu reden, die sich hier von deiner Mütterlichkeit wie gelähmt fühlten und darum fortgingen, um sich woanders einen Namen zu machen.«

»Sollen sie doch, wenn es ausreicht, ein Hamburger Mädchen zu heiraten.«

Da schlug ich mit der Faust auf die Balustrade und tat mir weh dabei. »Du redest ja wie die Alte, die neben mir im Schauspielhaus saß. Eine Geborene, wenn du weißt, was das ist. Eine von deinen Müttern aus den fünfzig oder hundert Familien, die hier allein zählen, ja, immer noch, trotz zweier Kriege und Inflation und was sonst noch alles, und obwohl die Mädchen heute ohne Korsett und dergleichen herumspringen, aber aus Mädchen werden Mütter, und alles bleibt beim alten, so verflucht stark ist diese Stadt …«

»Na, sehen Sie.«

»Hör endlich mit deinem *Sehen Sie* auf. Sogar Erzberliner, die nach Kriegsende hierherflohen, brachten kein Leben in die Bude, sondern benahmen sich nach zwei, drei Jahren kariert hamburgisch. Es ist zum Kotzen. (…)

Wollen wir nicht irgendwo noch einen Schnaps trinken?«

»Ist denn noch ein Lokal offen?«

»Wenigstens der Wartesaal im Dammtorbahnhof wird noch offen sein, das ist nicht weit.«

»Vielen Dank, aber ich muß fort, vielleicht um mir woanders einen Namen zu machen«, sagte er lächelnd – denn er war ein Engel mit Humor, ein sehr hamburgischer Engel.

Hans Erich Nossack

Das Haus an der Esplanade

Hans Castorp bewahrte an sein eigentliches Elternhaus nur blasse Erinnerungen; er hatte Vater und Mutter kaum recht gekannt. Sie starben weg in der kurzen Frist zwischen seinem fünften und siebenten Lebensjahr, zuerst die Mutter, vollkommen überraschend und in Erwartung ihrer Niederkunft, an einer Gefäßverstopfung infolge von Nervenentzündung, einer Embolie, wie Dr. Heidekind es bezeichnete, die augenblicklich Herzlähmung verursachte, – sie lachte eben, im Bette sitzend, es sah so aus, als ob sie vor Lachen umfiele, und dennoch tat sie es nur, weil sie tot war. Das war nicht leicht zu verstehen für Hans Hermann Castorp, den Vater, und da er sehr innig an seiner Frau gehangen hatte, auch seinerseits nicht der Stärkste war, so wußte er nicht darüber hinwegzukommen. Sein Geist war verstört und geschmälert seitdem; in seiner Benommenheit beging er geschäftliche Fehler, so daß die Firma Castorp & Sohn empfindliche Verluste erlitt; im übernächsten Frühjahr holte er sich bei einer Speicherinspektion am windigen Hafen die Lungenentzündung, und da sein erschüttertes Herz das hohe Fieber nicht aushielt, so starb er trotz aller Sorgfalt, die Dr. Heidekind an ihn wandte, binnen fünf Tagen und folgte seiner Frau unter ansehnlicher Beteiligung der Bürgerschaft ins Castorpsche Erbbegräbnis nach, das auf dem St.-Katharinen-Kirchhof sehr schön, mit Blick auf den Botanischen Garten, gelegen war.

Sein Vater, der Senator, überlebte ihn, wenn auch nur um ein weniges, und die kurze Zeitspanne, bis er auch starb – übrigens gleichfalls an einer Lungenentzündung, und zwar unter großen Kämpfen und Qualen, denn zum Unterschiede von seinem Sohn war Hans Lorenz Castorp eine schwer zu fällende, im Leben zäh wurzelnde Natur –, diese Zeitspanne also, es waren nur anderthalb Jahre, verlebte der verwaiste Hans Castorp in seines Großvaters Hause, einem zu Anfang des abgelaufenen Jahrhunderts auf schmalem Grundstück im Geschmack des nordischen Klassizismus erbauten, in einer trüben Wetterfarbe gestrichenen Haus an der Esplanade, mit Halbsäulen zu beiden Seiten der Eingangstür, in der Mitte des um fünf Stufen aufgetreppten Erdgeschosses, und zwei Obergeschossen außer der Beletage, wo die Fenster bis zu den Fußböden hinuntergezogen und mit gegossenen Eisengittern versehen waren.

Hier lagen ausschließlich Repräsentationsräume, eingerechnet das helle, mit Stuck verzierte Eßzimmer, dessen drei weinrot verhangene Fenster auf das rückwärtige Gärtchen blickten, und wo während der achtzehn Monate Großvater und Enkel alltäglich um vier Uhr allein miteinander zu Mittag aßen, bedient von dem alten Fiete mit den Ohrringen und silbernen Knöpfen am Frack, der zu diesem Frack eine ebensolche batistene Halsbinde trug, wie der Hausherr selbst, auch auf ganz ähnliche Art das rasierte Kinn darin barg, und den der Großvater duzte, indem er plattdeutsch mit ihm sprach; nicht scherzender Weise – er war ohne humoristischen Zug –, sondern in aller Sachlichkeit und weil er es überhaupt mit Leuten aus dem Volk, mit Speicherarbeitern, Postboten, Kutschern und Dienstboten so hielt. Hans Castorp hörte es gern, und sehr gern hörte er auch, wie Fiete antwortete, ebenfalls platt, indem er sich beim Servieren von links hinter seinem Herrn herumbeugte, um ihm in das rechte Ohr zu sprechen, auf dem der Senator bedeutend besser hörte als auf dem linken. Der Alte verstand und nickte und aß weiter, sehr aufrecht zwischen der hohen Mahagonilehne des Stuhles und dem Tisch, kaum über den Teller gebeugt, und der Enkel, ihm gegenüber, betrachtete still, mit tiefer und unbewußter Aufmerksamkeit, die knappen, gepflegten Bewegungen, mit denen die schönen, weißen, mageren alten Hände des Großvaters mit den gewölbten, spitz zulaufenden Nägeln und dem grünen Wappenring auf dem rechten Zeigefinger einen Bissen aus Fleisch, Gemüse und Kartoffeln auf der Gabelspitze anordneten und unter einem leichten Entgegenneigen des Kopfes zum Munde führten. Hans Castorp sah auf seine eigenen, noch ungeschickten Hände und fühlte darin die Möglichkeit vorgebildet, späterhin ebenso wie der Großvater Messer und Gabel zu halten und zu bewegen

Thomas Mann

ROTHERBAUM, HARVESTEHUDE, EIMSBÜTTEL

Für seinen Roman »Dschungel mit Kunstrasen« gewinnt Klaus Richter seine Perspektive aus dem Flugzeug. Er kreist im Anflug über Hamburg und macht sich Gedanken über die protzigen Bank- und Versicherungsgebäude im Zentrum, die so tun, als hätten sie schon immer neben Rathaus und Petrikirche gestanden.

Mit der Landung taucht er ein in Erinnerungen an seine Kindheit und Jugend in den fünfziger Jahren in der Straße Durchschnitt/Ecke Bundesstraße. Das Zentrum seines Universums war eine Kneipe. Hier, nicht zu Hause oder in der Schule, bekommt er die Grundlagen seiner Erziehung verpasst. Ein skurriler, kleinbürgerlicher und liebenswürdiger Kosmos, der scharf mit den bürgerlichen Lebensformen des vornehmen Harvestehude kontrastiert.

Verengt und auf die benötigten Drogen fokussiert, dabei glücklicherweise für den Leser mit einer Portion Humor ausgestattet, ist der Blick des Erzählers in Sven Amtsbergs Text.

Noch verengter schließlich ist die Perspektive in Claudia Erdheims Text. Er zeigt uns, wie psychische Probleme Denken und Wahrnehmungen so bestimmen, dass die städtische Umgebung, der Lebensraum, vollkommen ignoriert werden.

Aus pathologischer Perspektive ist bedeutende Literatur entstanden, erinnert sei nur an Heinar Kipphardts »März« und Caroline Muhrs »Ruhm«. Auch Hamburger Analytiker und Psychiater sind wichtige Literaten. Der Lyriker Farhad Showghi und der dänische Literaturwissenschaftler und Schriftsteller Peer Hultberg zählen zu ihnen. Hultberg ist als Analytiker C. G. Jung verpflichtet und hat seine Kenntnisse in »Präludien«, in denen er mittels des analytischen Instrumentariums exemplarisch die Kindheit des musikalischen

Genies Frédéric Chopin erzählt, angewendet. Auch in seinem Roman »Die Stadt und die Welt« werden die Lebensabgründe von Bewohnern der dänischen Kleinstadt Viborg vor dem Hintergrund der analytischen Kenntnisse des Autors lakonisch und beklemmend erzählt.

Aber weiten wir unseren Blick wieder, dann wird uns eine große literarische Vielfalt in diesen Stadtteilen geboten. Bewegen wir uns gedanklich von Norden aus in Richtung Dammtor. In der Heilwigstraße 116 finden wir das in den zwanziger Jahren gebaute Warburghaus. Die »Kulturwissenschaftliche Bibliothek« des Kunsthistorikers Aby M. Warburg wurde 1933 nach London gebracht, so dass wir auf Toni Cassirer angewiesen sind, die in ihrem Buch »Mein Leben mit Ernst Cassirer« die Bedeutung der Warburg-Bibliothek für die wissenschaftliche Arbeit ihres Mannes betont. Das Gebäude wird heute für wissenschaftliche Veranstaltungen, Vorträge und Lesungen genutzt.

Jüdisches Leben war traditionell in diesem Bereich Hamburgs zu Hause. Viola Roggenkamps und Ulla Hahns Texte zeugen davon. Ganz in der Nähe wohnt Hamburgs Homme de lettres, Fritz J. Raddatz. Er war nicht nur Professor für deutsche Literatur, sondern auch Kulturkorrespondent der Wochenzeitung *Die Zeit* und Cheflektor des Rowohlt Verlags und verfasste literaturwissenschaftliche und essayistische Arbeiten wie »Heine, ein deutsches Märchen« und »Revolte und Melancholie. Essays zur Literaturtheorie«. Nicht zuletzt ist er mit »Kuhauge« und »Der Wolkentrinker« selbst anerkannter Romancier.

Der von Peter Rühmkorf geschätzte Friedrich von Hagedorn beschrieb das klösterliche Leben und die Besitzungen des St.-Johannis-Klosters. Im Damenstift in der Heilwigstraße wohnen heute alte Menschen.

Gleich um die Ecke, Tarpenbekstraße 82, wurde der tragische

und auch für dieses Buch mit seinen schönen und emphatischen Hamburg-Texten so wichtige Wolfgang Borchert geboren. In derselben Straße ist außerdem die Ernst-Thälmann-Gedenkstätte zu finden.

Werner Riegel, Freund und literarischer Mitstreiter von Peter Rühmkorf, ebenfalls jung gestorben wie Borchert, wurde in der benachbarten Haynstraße geboren.

Kehren wir an die Alster zurück, holen tief Luft und führen unseren Spaziergang Richtung Dammtor in einer winterlichen Landschaft fort.

Ulla Hahns Gedicht »Fest auf der Alster« evoziert brueghelsche Landschaften und lässt uns ahnen, wie schön Hamburg ist, wenn Tausende von Menschen auf Schlittschuhen über die Alster gleiten. Der Zeichner Horst Janssen, der in seiner Jugend in der Warburgstraße wohnte, war immer schon viel früher als die anderen auf dem Eis. In »Hinkepott« erzählt er, dass er das bereits wagte, wenn seine Chance, ins Eis einzubrechen, neunzig zu zehn gegen ihn stand. In derselben Straße – sie hieß damals natürlich anders – hatte Klopstock vor dem Dammtor sein Gartenhaus. Von hier aus startete er seine morgendlichen Ausritte Richtung Hamm.

Wir befinden uns aber noch am Alsterufer und machen schnell einen Abstecher zum Hoffmann und Campe Verlag, bei dem Heinrich Heine und Siegfried Lenz verlegt werden, am Harvestehuder Weg 42.

Von dort machen wir einen Schlenker in den Mittelweg, wo wir bei der Nummer 36 anhalten. Hier forschen und publizieren die Mitarbeiter des Hamburger Instituts für Sozialforschung, gefördert durch den Mäzen Jan Philipp Reemtsma, zu Themen wie Faschismus, Gewalt, Naziherrschaft und ihre traumatischen Folgen sowie zu soziologischen Fragen der bundesdeutschen Gegenwart. Jan Philipp Reemtsma ist selbst Literaturwissenschaftler und Essayist

(»Mehr als ein Champion. Über den Stil des Boxers Muhammad Ali« und »Über Arno Schmidt. Vermessungen eines poetischen Terrains«) und hätte Harry Rowohlt bei dessen Besuch im Literaturhaus Nachhilfe in Sachen Arno Schmidt geben können.

Vom Hamburger Institut für Sozialforschung, von dem aus auch die heftig umstrittene Wehrmachtsausstellung durch die Republik reiste, ist es nicht weit zur Universität und der Staatsbibliothek, die nach dem *Weltbühne*-Herausgeber, Friedensnobelpreisträger und von den Nazis ermordeten Carl von Ossietzky benannt ist. Hier befinden sich neben unzähligen Autographen die literarischen Nachlässe von Friedrich Gottlieb Klopstock, Detlev von Liliencron, Hans Henny Jahnn und Hubert Fichte.

Wichtig als Ort des Umgangs mit Literatur war und ist immer noch der Norddeutsche Rundfunk. Hier wurden, früher noch unter seiner einstigen Bezeichnung »Nordwestdeutscher Rundfunk«, Hörspiele nach Texten von Heinrich Böll, Ingeborg Bachmann, Siegfried Lenz und Günter Eich produziert. Axel Eggebrecht, Alfred Andersch und Arno Schmidt waren mit ihren Radiofeatures zu hören. Heute ist die Einnahmequelle Rundfunk für literarische Autoren nicht mehr so lukrativ wie damals, aber qualitätvolle Literaturbeiträge bekommt der Hörer von dort immer noch zu Ohren.

In der nahen Feldbrunnenstraße residiert die ZEIT-Stiftung, die mit dem Kapital, das der Verleger Gerd Bucerius mit seiner Wochenzeitung und Zeitschriften erwirtschaftete, wichtige Kultur- und Hochschularbeit leistet. Die Hamburger Literatur profitierte zum Beispiel von einer hochkarätigen Vortragsreihe über Kant, Schiller und zuletzt Heine im Forum der Bucerius Law School und nicht zuletzt dadurch, dass die ZEIT-Stiftung dem Literaturhaus am Schwanenwik die stiftungseigene Immobilie kostenlos überlässt.

Auf seine Mäzene kann Hamburg sich etwas einbilden! Deshalb seien hier stellvertretend auch Mara Cassens und Karl-Heinz Zillmer genannt. Mara Cassens' Preis für den besten ersten Roman kann eine Preisträgerliste aufweisen, die nicht nur lang ist, sondern auch bedeutende Namen enthält wie André Kaminski und Ralf Rothmann. Der Kaufmann Zillmer stiftete einen Preis für einen engagierten und qualitätvollen Kleinverleger, dessen erste Trägerin Katharina Wagenbach-Wolff mit ihrer Friedenauer Presse war. Danach wurden unter anderen Josef Kleinheinrich, Urs Engeler und Johann Tammen ausgezeichnet.

Nicht zu vergessen der Italo-Svevo-Preis des Finanzdienstleistungsunternehmens Blue Capital, der ein umfangreiches, hochkarätiges Prosawerk eines Autors auszeichnet, der dafür nicht die angemessene öffentliche Wahrnehmung erhält. Glückliches Hamburg!

Es regnet

Bodo hieb abwechselnd keuchend und laut fluchend mit den feuchten Füßen in die Pedale seines Fahrrads, trieb es die flache Steigung zur Quickbornstraße hoch. Hamburgs Kuppel war grau, es regnete in ungleichmäßig prasselnden Strömen, vom Wind hin- und hergeschleudert. Klitschnass am ganzen Körper, trat er hinter einem Range Rover her, der – ihn gleichzeitig abdrängend – eine einzige fürchterliche Fontänenschleife Pfützenwassers auf seinen Schoß geklatscht hatte, und kam dabei erheblich ins Schlingern. Die Brille war tropfenbesprenkelt, die Fahrradkette knackte, die Glatze fühlte sich an wie seine Füße, und es war Dienstagmorgen, zehn Uhr. Er bog in die ruhigere Lutterothstraße, versuchte, eine flugbehinderte Taube zu überfahren, und hielt schließlich vor dem großen, exkrementbraun gestrichenen Mietshaus von 1911 am Ende der Schwenckestraße. Das verrostete Fahrradschloß klemmte, und der schmale Schlüssel verbog. Bodo versetzte dem Rad einen Tritt und traf das Schutzblech. Während das Gefährt scheppernd zwischen den an der Baumkrampe aufgehäuften Mülltüten versank, stolperte sein Besitzer von der Wucht des Fußhiebs rückwärts. Der Boden unterm rechten Schuh fühlte sich weicher an als unter dem linken. Bevor er gefasst den Blick nach unten wandte, schickte Bodo mit den Augen ein Stoßgebet durch die triefenden Brillengläser schräg nach oben, dass es sich um ein Stück Banane, eine Schlammspur, eine Kugel Stracciatella handeln möge. Anschließend versuchte er, unter sauertöpfischen Verwünschungen den breiigen Schmand auf Asphalt und Gras aus dem Profil zu scheuern. Ohne durchschlagenden Erfolg.

Schließlich winkte er ab, stierte haßerfüllt zu einem Grüppchen Verwaltungsschülerinnen, die wie geklont an ihren Zigaretten zogen, stapfte mit hochgezogenen Schultern zur Haustür und klingelte. Fast im gleichen Moment hörte es auf zu regnen. Bodo stierte fluchend in den niedrigen Himmel. Klingelte nochmals. Nichts. Mit der flachen Hand fuhr er über beide Knopfleisten. Es summte, er drückte die Tür auf. Es stank nach Kohl, am frühen Morgen. Zwei bis drei Türen öffneten sich.

Frank Schulz

Dieter und Uwe Seeler

Wie jeden Dienstag, sah ich beim HSV-Training zu. Als ich hinterher am »Hallereck« vorbeikam, schlug Jonny Schlüter mit der flachen Hand an die Scheibe und winkte mich herein. Mit einer vagen Geste wies er mich an, mich zu setzen. »Elke!« lallte er, und es hörte sich an, als sei es das einzige Wort, das er noch rauskriegte. Er wiederholte: »Elke!« Ich erklärte ihm, daß ich nicht Elke war, sondern ihr Sohn, und Schularbeiten zu machen hatte. Das war ihm egal. Er begann, einen Monolog an mich hinzublubbern. Merkwürdigerweise war sein Quieken ab einem gewissen Grad von Volltrunkenheit weg. Henny Ziegenfuß, die mit Erwin Seeler, Uwes Vater, am Stammtisch saß, rief: »Mensch, Jonny, laß den Jungen zufrieden! Komm mal her, Peter!« Aber Jonny Schlüter hielt mich mit eisernem Griff am Arm fest. »Nee, nee, nee, jetzt hör mal zu!« Erwin Seeler war mit Henny Ziegenfuß bei seinem Lieblingsthema. Ich verstand nur plattdeutsche Brocken. »Un denn schickt se em Locken, de Deerns! De sün doch verrückt, sün de doch! Immer nur Uwe, Uwe! Dieter is ok 'n goden Jung!« Dieter war Uwes Bruder und spielte auch beim HSV.

Jonny Schlüter blubberte und blubberte. Mir wurde fast übel von seinem Alkoholatem. Louis Dusenschön, der Kellner, stellte ihm einen Korn hin und versuchte, die Lage mit der Anekdote zu entspannen, wie er im letzten Urlaub auf Capri Soraya zum Tanzen aufgefordert und von einem Leibwächter des Schahs eine Ohrfeige kassiert hatte. »Schade. Soraya kriegt kein Kind«, sang er nach der Melodie des River-Kwai-Marsches, »schade, der Schah hat Luft im Pint!« – »Nee, nee, nee!« lallte Jonny, »jetzt hör mal zu!« Er sei das allerletzte Arschloch, das war das Leitmotiv seines Gestammels. »Lüge. Kein Leben. Und im Bett: Fehlanzeige, Schluß, aus, dein treuer Vater! Will mich nicht ranlassen, verstehstu? Diese Frau is keine Frau, aber ich bin'n Mann. Arbeiten, ja, dafür bin ich gut genug!« Und so weiter, und so fort. Ich begriff allmählich, dass Renate und Jonny sich schon im Sandkasten kennengelernt hatten, daß sie sich ihrem Mann »verweigerte«, weil sie nichts empfand »dabei«, daß »die Russen« schuld waren, die sie vergewaltigt hatten, daß er, Jonny, sich seine »ehelichen Rechte« ab und zu gewaltsam nahm und dabei in der Furcht lebte, er sei schuld an der Gemütskrankheit seiner Frau, und die Kinder könnten etwas von den nächtlichen Kämpfen zwischen den Eltern merken; im wahrsten Sinne des Wortes mußten sie unter der Decke gehalten werden. »Was soll ich'n machen?« fragte Jonny und stierte mich an, »in'n Puff gehen? *Das* Geld hab ich nich!« Er sprach, plötzlich pathetisch werdend, vom »Tod der Liebe« und lallte: »Vorarbeiter, letzter Dreck!« Ich wußte, dass er mal Ingenieur gewesen war. »Flucht. Alles verloren.« Die Schlüters waren aus Ostpreußen gekommen, Oma Wenkes Mann, Renates Vater, war unterwegs erfroren. »Schicksale, verstehstu? Schicksale!« – »Ja, ja.« – »Sag nicht immer ja, ja. Warum trinkst du nichts? Tabak und Rum braucht ein Cowboy.« Ich versuchte, ihm klarzumachen, dass ich Peter Schrammel sei, der minderjährige Freund seines Sohnes Jürgen. »Schrammel!« lallte er. »Elke! Tolle Frau! Aber un-be-friedigt, verstehstu? Total unbefriedigt!« Sein verklärter Blick wurde mir unheimlich. Was hatte dieser Säufer mit meiner Mutter zu schaffen? »Blaue Nacht, oh blaue Nacht im Hafen, und Elke wollt nicht mit mir schlafen ...« sang Jonny Schlüter und kicherte. Ich starrte ihn fassungslos an. Louis Dusenschön packte ihn am Hemd. »Ein Wort noch, und ich hau dir eine rein!« Jonny schrie: »Noch'n Doppelten!« und begann zu singen: »Schön ist die Liebe im Hafen«. Erwin Seeler, der früher Stauervize im Hamburger Hafen gewesen war, sang mit.

Ich lief den dicken Jürgen holen. Zu zweit schafften wir seinen Alten nach Hause, der mich anpöbelte: »Denks' wohl, biss' was Besseres, weil du Latein lerns'!« Im Schlafzimmer wollte er auf seine Frau losgehen. Jürgen gab ihm eine Ohrfeige, dass er aufs Bett flog. Sofort schlief er ein. Kopfwackelnd stand Mama Wenke daneben. »Dieses versoffene Schwein!« rief Jürgen erbittert. »Oh, Jonny!« seufzte Renate Schlüter und zog ihm die Schuhe aus.

Klaus Richter

Harvestehuder Passanten

20.45: Aus Alibi-do- und Unterhaltungsgründen Richtung Ise (Erich) eingeschlagen, anderthalb km im Geschwindmarsch, um die Beine mal wieder richtig grenadiermäßig aus der Hüfte raus vom Leib zu schmeißen. Bei allmählich ablaufendem Licht – zusehends zentimeterweise an den graugelben Gründerfassaden emporrutschend – an diversen Harvestehuder Dreimal-ums-Karree-Passanten vorbei, auch gefährlich leuchtfeuernden Frauenaugen, was man um Hanf- und Himmelswillen aber nicht für ein Angebot nehmen darf. Unberechenbar ist in diesen über die normale Gewöhnlichkeitswelt erhabenen Zuständen sowieso alles. Mitten im Gehen unvermittelt in sich selbst versacken oder beim Anschaun einer Rhododendronblüte einfach daran kleben bleiben. Um dann ähnlich impulsgelenkt plötzlich wieder zu einer Art von Zielstrebigkeit zu erwachen und sich Straßenecke für Ecke seines eigentlichen Wegs zu vergewissern: Dort das Funkhaus – alles klar – Michel Naura. Dann die Oberstraße, rechterhand auf den Mittelweg 90 zuführend, Elsbeth Wolffheim. Abzweigung Abteistraße, früher Onkel Rudi, heute Klaus und Erika Hegewisch und beim Klosterstern unvermittelt auf die andere Straßenseite übergewechselt, um – ? – ja eigentlich nur, um die wundersam verschont durch den Krieg gekommene Bauhausleuchtschrift zu betrachten, anzustaunen, anzuhimmeln: ein Unfaßlichkeitsphänomen!

Praktisch zum erstenmal in meinem öffentlichen Verkehrsteilnehmerleben mich verleiten lassen, ein paar Schritte nach unten zu wagen, wo das wahre Wunder erst losging. Absolut unverfälschte Art-Deco-Seitenverkleidungen, teils gelbgrün verfliest, teils mit torfballendicken rotbraunen Ziegelornamenten gekachelt, und da mußt du dir schon einen ziemlichen Ruck geben; um in der kühnsten aller Hamburger Bahnsteigkurven nicht in den nächsten Zug zu steigen und in ein unbestimmtes utopisches Nitschewo abzurauschen.

Peter Rühmkorf

Kann ja nicht angehn

Eine spiegelblanke Alsterfläche. Zufällige Erinnerung zufällig aufgefüllt mit dem Geräusch der Radiostimme von Hans Mayer und dem Fernsehgesicht von Hubert Fichte. Kann ja nicht angehn.

Schwanenwikufer vom gegenüberliegenden Ufer aus gesehn. Ein Bild und das Bild von einem Bild. Dies und dies nicht. Das Abgeleitete, das wahrer ist als das, was tatsächlich ist. Ein Rapport aus Begrenzungslinien, dick und mit stetiger Hand ausgezogen, irgendwo auf der rechten Hälfte abgebrochen. Zehn Zentimeter darüber neu angesetzt. Vertauschte Farbwerte. Übereinandergestapelte Gegenstände, Landungsbrücken, Bootsstege, Uferwege. Spiegelverkehrt wiederholt. Er ist er. Er ist der der er ist. Der der er ist. Ist er. Kann ja nicht angehn.

Er ist sechsundzwanzig Jahre alt. Wer die Wahrheit sagen will, muß nicht die Wahrheit sagen. Wer etwas erreichen will, darf es nicht so genau nehmen. Apos Opa und Maos Oma. Man and his environment are indeed in a cyclic relationship, each altering between cause and effect. Kann ja nicht angehn.

Die Mundsburgerbrücke als ein doppelter Rückspiegel. Ein Knotenpunkt, von dem aus nach allen Seiten etwas weggeht und auf den von allen Seiten etwas zukommt. Ein Knoten aus Überquerungen und Erinnerungen. Ein Mittelpunkt von Überquerungen und Erinnerungen. Papenhuderstraße Mundsburgerdamm Hartwicusstraße. Bündel von Richtungen. Ich bin da immerzu überall herumgelaufen. Der Milchladen in der Papenhuderstraße, Hammonia in der Papenhuderstraße. Nur hier in der Papenhuderstraße. Der Friseur, der auf dem Foto aussah wie Göring, der Göring rasiert.

Helmut Heißenbüttel

Wir haben ein Recht darauf

Vor der Schule steht der Türkischhonigmann. Ich höre ihn rufen, ich sehe seinen runden Rücken im weißen Kittel und auf seinem Glatzkopf die runde weiße Mütze. Er ruft seine Ware aus. Türkischhonig, Türkischhonig. Sein breites Messer schabt und kratzt die klebrige Masse vom Zuckerblock, eine Schicht rosa, eine Schicht weiß. Zehn Pfennig für eine Hand voll klebriger Späne. Den ganzen Weg zur Schule bin ich gegangen, ohne aufzusehen, vorbei an den Vorgärten, ich kenne die Häuser, die am Ende der Gärten weiß gekalkt auf ihren Kellern sitzen mit vorgebauten Veranden, manche tragen ein Türmchen auf dem Dach, und unter dem Dach leben seit Generationen Hamburger Kaufleute mit ihren Frauen und Kindern, Reeder, Exporteure, Finanzmakler, Senatoren. Sie kaufen ihre Kartoffeln und ihr Brot, ihren Sonntagsbraten und ihr Obst nicht selbst ein. Frau Kupsch macht das für sie oder Frau Kupschs Tochter, Elisabeth, oder ihr Sohn Wolfram muß loslaufen, und dafür bekommt er zehn Pfennig Botenlohn. Nicht immer.

Es gibt Reederfrauen, Exporteursfrauen, Finanzmaklerfrauen, Senatorenfrauen, die nicht zurückgrüßten, als meine Mutter sie grüßte. Und nun geht meine Mutter an ihnen vorbei, ihre blutrot geschminkten Lippen fest aufeinandergepreßt, ihre Schritte sind schnell, ihre Absätze punktieren unseren Weg. Komm, Fania, sie faßt nach meinem Arm, sie reißt mich an ihre Seite, ich stolpere, wir strömen vorbei. Das ist noch einmal gut gegangen. Die kennst du doch.

Ja.

Doch ich frage, wer war das. Weil ihr Gesicht flammt. Und sie hält den Atem an: Frau Blechmann. Frau Schlenk. Frau

Schulze-Edel. Wenn sie die Namen ausspricht, geht es ihr besser. Sie spricht sie aus mit Verachtung, und sie bekommt Luft.

Bin ich allein, grüße ich Frau Blechmann, ich grüße Frau Schlenk, ich grüße Frau Schulze-Edel. Leise, ohne den Namen zu sagen, guten Tag, flüstere ich, den Knicks lasse ich, für einen Knicks bleibt keine Zeit, ich eile vorüber, und sie wollen gar nicht von mir gegrüßt werden, sie wollen nur überprüfen, ob ich sie sehe. Mehr nicht. Wir gehören hier nicht dazu. Aber weil die Straße und der Stadtteil so schön sind, gehören gerade wir hierher, findet mein Vater, gerade wir haben ein Recht darauf, es so schön zu haben.

Viola Roggenkamp

Stolpersteine

Das alte Viertel war kaum verändert. Nach dem Referendariat hatte Musbach nicht gezögert, die Lehrerstelle in Hamburg anzunehmen. In Berlin, mit all den Uniformen der Alliierten, den Vorschriften und Beeinträchtigungen, war der Krieg für ihn nie richtig zu Ende gewesen. Hier fühlte er sich frei, und der kühle Ton der Hanseaten kam seiner Abneigung gegen jeglichen Überschwang entgegen. Hier in Hamburg war Katja geboren. Hier hatte er als Familienvater und Lehrer ein Leben nach Maßstäben geführt, die er aus seinen Antiken auf sich zugeschnitten hatte: die Stoiker, Seneca, Marc Aurel, hin und wieder ein Schuß Epikur. Ein beherrschtes Glück. Glück aus der Beherrschung des Unglücks. Gerdas Grab in Niendorf besuchte er selten; Musbach liebte Friedhöfe nicht. Hatte er am Totensonntag sein immergrünes Gebinde niedergelegt, fühlte er sich jedesmal dem eigenen Tod ein Stück näher. Hugos Stein ließ er pflegen, hatte aber die Stätte nie wieder besucht.

Scheinbar ziellos war Musbach umhergeschlendert und stand plötzlich vor seiner alten Wohnung. (...)

Musbach wollte schon weiter, als ein Windstoß durch die Bäume fuhr und ihm eine Kastanie vor die Füße rollte. Seine erste in diesem Jahr. Musbach bückte sich begierig – ganz Vorfreude auf die seidige Glätte der Frucht an seinen Fingerspitzen – und schob sie beiseite. Griff nach dem gelben, glänzenden Metallstück, nicht größer als eine Diskette, wie sie Katja für ihren PC brauchte. Doch die Platte war in das Pflaster eingelassen, saß fest auf einem Kopfstein. Musbach ging in die Knie. Und entzifferte:

HIER WOHNTE	HIER WOHNTE
HELENE HERZ	SALOMON HERZ
GEB. HEYMANN	JG. 1870
JG. 1881	DEPORTIERT 1941
DEPORTIERT 1941	MINSK
MINSK	???
???	

»Stolpersteine«. Musbach hatte davon gelesen; auch daß in einem Hamburger Vorort die konservative Partei gegen das Verlegen solcher Steine zunächst protestiert hatte. Er fand diese Aktion des Kölner Künstlers hervorragend, weit bedeutsamer als das Labyrinth von Betonstelen in Berlin. Günther Demnig gab den Opfern ihre Namen zurück, Schrift, unauslöschlich in Messing geprägt, und er machte keinen Unterschied zwischen Juden, politisch Ver-

folgten, Zigeunern, Homosexuellen, Zeugen Jehovas oder Euthanasieopfern.
Musbach sah diese Steine zum ersten Mal. Vor seinem alten Haus. Hier waren sie also auch abgeholt worden. Hier, die sechzigjährige Frau und ihr einundsiebzigjähriger Mann, aus ihrem gutbürgerlichen, so lange sicheren Leben – jedenfalls bis dreiunddreißig. Hatten sie Kinder gehabt? Enkel? Was war aus denen geworden? Musbach kannte die Bilder: gutgekleidete Menschen, kluge sensible Gesichter mit gepflegtem Handgepäck auf dem Weg in den Tod. Jetzt sah er sie herauskommen aus diesem Haus, aus seiner Wohnung, den dunklen, engen Korridor entlang, im Überzieher er, sie, den Pelz zusammenhaltend, mit eingenähtem Schmuck im Saum. Noch kann der Mann ihr den Koffer abnehmen, ihren Ellbogen stützen, wenn er ihr den Vortritt läßt. Dann fällt die Wohnungstür ins Schloß. Das konnte man doch hören. Dann die Treppe hinunter, Stiefel und Poltern. Das hatten doch alle gehört. Dann kracht die Haustür. Dann die Kommandos. Das hatten doch alle gehört! Der laufende Motor, das Fallen der Ladeklappe: Einsteigen, Hopphopp! Das hatten doch alle gehört! Jetzt zerrt man den alten Mann die hohe Ladefläche hinauf. Sie hinterher. Jetzt kann er seine Gefährtin nicht mehr beschützen. Nie mehr. Dann knallt die Klappe zu. Der Motor heult auf. Abfahrt. Das hatten doch alle gehört. Und wenn dann die Möbel abgeholt wurden, die Wohnung leerstand: das hatten doch alle gesehen! Davon gewußt.
Wie viele solcher Steine Musbach an diesem Nachmittag noch entdeckte, er zählte sie nicht. Viele waren es, eine bedrückende Spur, eine Spur der Steine, Spur der Sterne Davids; die Stadt, das Land wurden neu vermessen, eine neue Landkarte, Wegweiser zu lebendigem Erinnern.

Eine Patenschaft für einen solchen Stolperstein wäre eine gute Sache, dachte Musbach; er würde das mit Katja besprechen.

Ulla Hahn

Keine Ahnung

Am nächsten Tag treff ich mich mit der Pastorengattin. Die will mir Hamburg zeigen. Die ist ja wie die Tante Erna. Von Hamburg hat sie keine Ahnung. Sie weiß gar nicht, wohin wir gehen könnten. Das einzige, was *ich* in Hamburg kenn, ist die Galerie Brockstedt. Die kenn ich nur wegen dem Janssen. Die kennt sie aber gar nicht. No, wenn ihr nichts einfällt, gehn wir halt dorthin. Eine Arik-Brauer-Ausstellung ist gerade dort. Ich mag ihn nicht. Kitschiges Zeug. Ist ja wurscht. Mir geht's wahnsinnig schlecht. Im Café schwätzt mir die Tante die Ohren voll, daß sie schlimmer dran ist als ich. Ich denke, wenn man gar keinen Vater gehabt hat, ist das weniger schlimm, als wenn man einen gehabt hat, den man mit 13 verloren hat. Denk nur deinen Scheißdreck. Blödes Geschwätz. Ich bin unruhig. Ich kann's kaum aushalten. Red nur. Fade Tante. Blöder Kommentar zum Brauer. Sie muß eh bald wieder gehn, weil ihre Tochter am Abend ausgehn will. Wahrscheinlich muß sie ihr vorher den Keuschheitsgürtel anlegen. Am Abend hält die Susi im Balint-Institut einen Vortrag über Psychoanalyse und Nationalsozialismus. Ich treff sie beim Fuchs. Das ist eine Erlösung. Sie ist sehr aufgeregt. Trotzdem platz ich raus mit dem Harms. Ein paar Tränen. Ich genier mich. Ich erzähl ganz kurz alles. Sie ist furchtbar lieb. In solchen Situationen kann sie unheimlich beruhigend sein. Du hast dich entschuldigt? Das findet sie auch stark. Der Vortrag ist gut. Ich beruhig mich ein bisserl. Am Wochenende dreh ich fast durch. Am Montag fängt die Pastorengattin wieder mit ihren viktorianischen Sexgeschichten an. Völlig verstimmt und gekränkt sitz ich da und dreh Zigaretten. Männer haben die Sexualität und Frauen den Anstand. Ich sterb fast vor Lachen. Ich fall fast vom Sessel. Das ist ja das Beste, was je in der Gruppe gesagt worden ist. Wie wär's mit einem feschen Punker mit rotgrünen Haaren. Ich pflanz sie ununterbrochen. Wenn ich geladen bin, bin ich ganz gut. Der Harms muß auch lachen. Er ist wieder nett. Frau Erdheim fühlt sich von mir vernachlässigt. Wieder mit sonor-sanfter Stimme. Stimmt ja. Im Stich gelassen fühl ich mich.

Claudia Erdheim

Umdiealstergehen

Als der Regen wieder aufhört, gehen wir wieder um die Alster. Kurz habe ich das Gefühl, dass wir gar nicht weitergehen, sondern zurück. Aber ich sage nichts, weil ich nicht dumm erscheinen will. Und nach einiger Zeit merke ich, dass wir doch weiter um die Alster gehen und nicht wieder zurück. Und ich freue mich, dass es jetzt nicht mehr so weit ist. Meine Füße tun weh, und ich habe keine Lust mehr, mit ihr um die Alster zu gehen. Ich wäre jetzt lieber alleine und würde gerne kiffen. Richtig kiffen.

Ich sage, ich würde jetzt gerne kiffen. Richtig kiffen.

Sie sagt nichts, weil ihr Telefon in diesem Moment klingelt. Und dann sagt sie doch was, aber das geht mich nichts an, und ich tue so, als wenn ich weghöre, und überlege, wer Tom ist. Ob Tom ihr Verlobter ist. Aber ich frage sie nicht, als sie das

Telefon zurück in ihre Sporttasche gesteckt hat. Ich möchte gleichgültig erscheinen. Sie soll nicht denken, dass ich was von ihr will. Außerdem ist die Alster gleich zu Ende, da möchte ich nicht noch solche Gespräche anzetteln. Dann dauert es ja noch länger, als es das eh schon tut. Und dann dauert es auch noch länger bis zum Kiffen. Und man kann weniger kiffen, weil die Nacht dann schneller beginnt. Und wenn die Nacht schneller beginnt, dann hört sie auch schneller auf, und dann beginnt der Tag auch wieder schneller. Und der Tag beginnt mit dem Morgen. Und morgens kiffe ich nicht, weil ich davon müde werde, und dann ist der Tag so schnell rum, und es ist gleich wieder Nacht.

Gleich ist wieder Nacht, sage ich.

Ja, sagt sie. Schön, nicht. Es wird Sterne geben.

Wir gehen unter einer Brücke durch, die die Binnenalster von der Außenalster trennt. Und dann sieht man auch schon das Ende von der Alster, und ich weiß, dass es jetzt auch bald gut ist mit dem Umdiealstergehen. Ich endlich nach Hause komme und kiffen kann. Und ich überlege kurz, ob ich nicht auch noch ein paar Beutel Kokain nehmen sollte. Und vielleicht auch etwas Heroin. Und ich halte es für eine gute Idee.

Kurz vor dem Punkt, wo wir losgegangen sind, fängt es noch einmal an zu regnen, und sie will sich schon wieder unterstellen. Aber ich habe keine Lust mehr dazu. Der Regen ist mir egal.

Der Regen ist mir egal, schreie ich ihr noch zu, als ich loslaufe.

Ich laufe, so schnell ich kann, durch den Regen, der mir nichts mehr anhaben kann. Scheiß auf die Krankheiten, denke ich.

Scheiß auf die Krankheiten, rufe ich einigen Passanten zu, die sich untergestellt haben.

Sven Amtsberg

Fest auf der Alster

All das Eis wir schwelgen
im Winter unter der Sonne
Laufen auf Kufen im Kreis
und gradaus mit und gegen
und durch Licht und Wind.
Alte Ehepaare ziehn sich
noch enger zusammen
Vater und Mutter kreisen
in hohem Bogen ums Kind.
Wippende Mädchen im heiratsfähigen Alter
lächeln aus der Hüfte heraus gutaus
staffierte Lilien in kühnen Kurven
kreuzen ihre Herzensmänner das Feld.
Sogar silbrige Herren und Damen geraten
ins Schleudern der Hut fliegt vom Kopf
der Hund rutscht hinterdrein
wittert Glühwein auf Eis.
Übermütig lächeln wir alle verschworene
Kinder die vom selben Süßen genascht
Werfen Lächeln wie Bälle uns zu
durch die lächelnde Luft. Lächeln
als gäbe es nichts zu bestehn
als den nächsten Schritt als geschähe
nur was wir im voraus schon sehn
bis an den Horizont von

Brücken Kirchen und Banken.
Lächelnd vergibt ein jeder von uns
seinem Nächsten und sich
diesen Nachmittag lang
all das Eis
unter der Sonne.

Ulla Hahn

UHLENHORST, WINTERHUDE, EPPENDORF

Rafael Chirbes blickt in seinem Hamburg-Porträt von der Lombardsbrücke Richtung Innenstadt auf die Binnenalster und wendet sich dann zur Außenalster, um einen wohlgefälligen Blick auf diese Stadtlandschaft zu werfen, wo mit Geld und Geschmack eine Szenerie geschaffen wurde, in der die Einheimischen mit Lebensart das Geld verleben, das sie unten an der Elbe und mit dem Hafen verdient haben.

Chirbes darf nicht zu sehr darauf hoffen, dass ihm die Sonne seinen Blick verschönt. Vielmehr muss er einem Aspekt Rechnung tragen, dem Friedrich Christian Delius seine literaturwissenschaftliche Doktorarbeit mit dem Titel »Der Held und sein Wetter« widmete: der Meteorologie. Und die meint es in Hamburg mit den Menschen nicht immer gut. Hamburg hat in seiner Innenstadt mehr Brücken als Venedig und mit seinem Alstersee, seinen Kanälen, Flussläufen und der Elbe ebenso viel Wasser. Aber das Wasser von oben, der Regen, ist in Quantität und Qualität kaum zu überbieten.

So ist es fast überraschend, wie uns Joachim Maass in seinem stark autobiografisch gefärbten Roman »Die unwiederbringliche Zeit« die Brüchigkeit einer vermeintlich heilen bürgerlichen Welt um 1900 stimmungsmäßig stark durch Wetter und Jahreszeit grundiert und dabei häufig auf diese trockenen, heißen Tage eines scheinbar nie enden wollenden Sommers zurückgreift, untermalt durch das Kindergeschrei an der Alsterbadeanstalt am Schwanenwik. Maass skizziert mit feinem Ton diesen bürgerlichen Rahmen, die Konventionen, nicht nur den öffentlichen Raum, die Stadtlandschaft, sondern auch den privaten Raum, die Interieurs. Er gewährt Einblicke in das private bürgerliche Hamburger Leben. Dabei fehlen im Haushalt des Hamburger Kaufmanns, der schließlich nur durch Spekulation überlebt, auch die Bediensteten nicht, auch wenn wir »nur« in eine Familie eingeführt werden, die in der dem gegenüberliegenden Harvestehude sozial deutlich unterlegenen Uhlenhorst lebt.

Wie an der Elbchaussee gibt es auch an der Alster die »gute« und die »schlechte« Seite, wobei die zweite den unleugbaren Vorteil des schönen Blicks hat auf die bessere Seite mit ihren herrschaftlichen Villen und das schöne Licht der Nachmittags- und Abendsonne.

Joachim Maass, dessen Erzählkunst von Thomas Mann und Hermann Hesse geschätzt wurde, musste vor den Nazis in die USA flüchten. 1935 war sein Roman erstmals von Peter Suhrkamp bei S. Fischer veröffentlicht worden. Erst durch die Wiederveröffentlichung in den achtziger Jahren wurde er ins Bewusstsein einiger weniger Leser zurückgeholt.

Gleich neben der von Maass geschilderten Wohnung im Schwanenwik befindet sich heute das Literaturhaus, einst Wohnhaus eines Hamburger Kaufmanns. Der große Ballsaal wird abwechselnd als Café und als Lesungssaal genutzt. Die Initiatoren des Literaturhauses hatten sich 1989 vielleicht gedacht, dass die Damen und Herren Autoren in der wunderbaren Caféhausatmosphäre sitzen, ihren Milchkaffee oder Espresso trinken und dabei die internationale Presse studieren oder stundenlang vor dem einen Kaffee schreiben würden, wie man das von den Caféhausliteraten der zwanziger Jahre des letzten Jahrhunderts kannte. So ist es nicht gekommen; die Literaten müssen fleißig schreiben und sitzen einsam in ihrem Schreibzimmer vor dem Laptop. Stattdessen erfreuen sich Studenten, Professoren, Medienleute und andere, die nicht wegen der Literatur gekommen sind, am schönen Ambiente des Cafés.

Abends finden im Literaturhaus regelmäßig Lesungen statt, und viele Autoren haben den Hamburgern das Zuhören (wieder) nahe gebracht. Hamburg galt als unliterarisch, als Stadt der Pfeffersäcke. Das Literaturhaus hat bewiesen, dass dieser Eindruck falsch ist. Die seit fast zwanzig Jahren im Literaturhaus stattfindenden Lesungen und Podien sind eine Erfolgsgeschichte. Ein Autor, eine Geschichte, ein Gedicht und ein Publikum reichen vollkommen aus. Es muss nicht immer Event und Spektakel sein. Das haben die Hamburger Theater und andere Veranstalter nach dem Beispiel des Literaturhauses auch begriffen, und so gibt es eine fruchtbare Konkurrenz literarischer Angebote von Lesung, Podiumsdiskussion zu literarischen Themen, literarischem Salon, szenischer Lesung oder Poetry Slam an den verschiedensten Orten in Hamburg.
Das Spektrum der Lesungen im Literaturhaus wird durch die Texte von Regula Venske, Uwe Kolbe und Harry Rowohlt nicht erfasst, und wenn Rowohlt über den Ort spöttelt, dann soll er sich an seine eigene erste Lesung an diesem Ort mit Texten von Flann O'Brien erinnern. Zur Lesung aus Texten dieses irischen Autors, der »übrigens so geschrieben hat wie Joyce geschrieben hätte, wenn der nicht so bescheuert gewesen wäre«, kamen über fünfhundert Hörwillige, die sich in guter irischer Manier vor dem Literaturhaus wegen Platzmangels eine ordentliche Keilerei lieferten. Noch heute ist Rowohlt stolz darauf, dass die wartenden Fans ihn zwar ins Literaturhaus ließen, er aber an der Kasse scheiterte, wo man den wilden Kerl mit dem Hinweis, die heute Abend stattfindende Dichterlesung sei ausverkauft, abblitzen ließ.
Vom Literaturhaus winken wir in Gedanken hinüber zu zwei anderen literarischen Orten, dem Hotel Wedina in St. Georg, in dem die Autoren, die im Literaturhaus lesen, für ein signiertes Buch übernachten dürfen, und in die Klosterschule am Berliner Tor, wo junge und etablierte Autoren seit nunmehr sieben Jahren

auf Privatinitiative eines dortigen Kunsterziehers feine Lesungen bieten, oft begleitet durch Ausstellungen von Malern und Musik von Beatbox und Rap bis zu Schostakowitsch. Elisabeth Borchers, Ulla Hahn, Kathrin Röggla, Peter Urban, Schuldt, Peer Hultberg, Joachim Schädlich und Oskar Pastior haben dort gelesen.

Öffentliches Rezitieren außerhalb von geschlossenen Räumen gibt es eigentlich nicht mehr. Das haben früher noch emphatische Kaufleute getan, die auf der Lombardsbrücke ihren verehrten Klopstock deklamierten. Dieses Schauspiel gab es an der Alster bis vor kurzem fast täglich, wenn, auch bei Wind und Wetter, ein grauhaariger, gebeugter alter Mann im schwarzen Mantel von der Uhlenhorst aufbrach, um an der Alster entlang und durch die Lange Reihe, zu seinen Proben ins Schauspielhaus zu marschieren und dabei laut seine Texte memorierte: der inzwischen verstorbene Schauspieler Ulrich Wildgruber, der legendär ist für seine Interpretation von Shakespeares »Othello« unter der Regie von Peter Zadek.

Verweilen wir noch einmal an der Alster. Wenn man aus dem Literaturhaus nach links schaut, sieht man an der Alsterpromenade ein monumentales steinernes Denkmal. Es ist Wolfgang Borchert gewidmet und mahnt mit dessen Sätzen: »Wir sind die Generation ohne Bindung und ohne Tiefe. Unsere Tiefe ist der Abgrund« und »Wir sind eine Generation ohne Abschied, aber wir wissen, dass alle Ankunft uns gehört«.

Der Blick von diesem Ort auf die Alster offenbart ein beschauliches Treiben mit Dampfern, Segel- und Ruderbooten und unzähligen Kanus. Wer sich ein genaues Hinschauen erhalten hat, erkennt, dass vollkommen zeituntypisch alle potenziellen Werbeflächen wie zum Beispiel Segel makellos sind. Die Stadt achtet mit Argusaugen darauf, dass die Alster werbefrei bleibt.

Der unbefangene Betrachter könnte sich so an einer ungebrochenen Idylle erfreuen; dem ist aber doch nicht ganz so. Beschwerte

Anna Brenken sich bei ihrer Alsterpromenade vor knapp zwanzig Jahren noch über den einen oder anderen Hundehaufen, würde ihr heute sicher das unhanseatische Gerenne tausender fitnessgewillter junger und alter Menschen rund um die Alster tags wie nachts, ein richtiges Perpetuum mobile, ihre Suche nach Muße verhageln.

Die hanseatische Gentlemansportart dagegen ist und bleibt das Rudern. Elegant werden die langen, schmalen Boote in perfektem Gleichtakt von vier oder gar acht Ruderern über das Wasser getrieben, sogar im Winter, solange die Alster eisfrei ist.

Aber auch dieses Bild täuscht und nicht alles ist interesseloser Sport, was danach aussieht. Hamburg ist Deutschlands heimliche Krimihauptstadt, und die Alster und ihre Kanäle bieten das perfekte Szenario für verfilmte und geschriebene Krimis.

Wie gern würde man zum Abschluss über die beiden eigenwilligen Hamburger Solitäre Ginka Steinwachs (Marilynparis) und Schuldt berichten. Während aber die eine meint, das Leben sei nur in Berlin anzutreffen und dort ihre sprachakrobatischen Performances zelebriert, mutiert der andere vom Spezialisten für etymologische Spitzfindigkeiten im Deutsch fremder Zungen zum bildenden Künstler in China. Vielleicht konsequent für einen Hamburger Reederssohn, aber schade für die Hamburger Literaturlandschaft. Das literarische Erbe Helmut Heißenbüttels kann er so nicht antreten – ohne dass ihm das viel auszumachen schiene.

Heißenbüttels Textauszug ist seinem »Projekt Nr. 1. D'Alemberts Ende« entnommen, einer »epischen Großcollage« ausschließlich aus montierten Zitaten aus literarischen, wissenschaftlichen, theoretischen und Werbetexten. Heißenbüttel versucht mit seinem Text der Frage auf den Grund zu gehen, wie man eine Stadt kennen lerne, wie man eine Stadt zu lesen habe.

Günther Lange schließlich ist ein Hamburger Autor mit umfassender Bildung und einem feinen, sich hinter norddeutscher Trockenheit versteckenden Humor. Er bringt uns die Alster als ein hässliches Entlein nahe. Frank Schulz findet in seinem schrägen Roman »Morbus fonticuli« ein schönes Bild für Hamburg: »Big Blue City«. Welchem Autor sich der Leser anschließt, das möge er selber finden, und dazu muss er flanieren, die Augen öffnen und lesen.

Aruwimigummi

Borbe kehrte vom Rodeln heim; ihn schmerzten die Füße und die Finger wie versengt, denn mit der Dunkelheit war über das Johlen und Kreischen der schlittenfahrenden Kinder am Alsterhang die Kälte grimmig hergekommen, und nun war er froh, daß Minna ihm den flachen Bobsleigh aus den versteiften Händen nahm. Er knöpfte ungeschickt an seiner kurzen dicken Jacke, doch Minna half ihm, und er sah, dass vom Herrenzimmer her durch die Milchglastür des Salons strahlendes Licht fiel. Jetzt hörte er auch die altgewohnte laute und selbstgewisse Stimme, und also war der Vater schon aus Antwerpen zurück, obgleich er erst vor ein paar Tagen fortgereist war.

Borbe trat in den Salon und schloß die Türe hinter sich. Nebenan saß die Mutter, die Hände im Schoß, auf dem tiefen Sofa des Umbaus, in dem sich der Gobelin mit den fetten musizierenden Engeln spannte, und der Vater schritt redend auf und ab, dass der Rauch, den er zuweilen aus seiner Zigarre sog und von sich blies, in langen bläulichen Fahnen hinter ihm hergezogen wurde.

»Der alte Runge sagt, was wir in Francs bezahlen, müssen wir in Mark wiederhaben, und das ist auch vollkommen meine Meinung.«

Die Mutter schüttelte wie ungläubig den Kopf.

»Na ja«, sagte der Vater, »wo doch Runges den ganzen Aruwimigummi in den Händen haben – das wäre ja noch besser!«

Er bemerkte Borbe, der näher getreten war.

»Ach, der junge Herr!« sagte er und tätschelte ihm über den Kopf, fuhr aber gleich in seinen Darlegungen fort: »Du mußt dir das so vorstellen, dass Runges ja schließlich die Auktion machen und daß wir dadurch natürlich genau wissen, was auf dem Markt ist. Was was taugt, kaufen wir drei jetzt eben zusammen, mal macht Messerschmidt, mal machen wir oder Runges das Geschäft, der Gewinn geht in drei Teile.«

»Werden das nicht andere auch versuchen?« fragte die Mutter und zog Borbe, der herangekommen war, mit einem Arm an sich, doch sah sie dabei den Vater mit einem Lächeln voll Bewunderung und leichten Erstaunens an.

»Versuchen – ja«, antwortete der Vater.

»Aber nicht können«, ergänzte sie.

»Ach wo!« sagte er. »Du mußt bedenken, daß das alles dem König von Belgien gehört, und bei dem hat der alte Runge einen großen Stein im Brett – nein, das kommt einer völligen Vertrustung des Gummimarktes gleich.«

Borbe sah auf der Schmalseite des Tisches ein dickes Buch aufgeschlagen liegen, er löste sich, da ihn die Gummiauktionen des Königs von Belgien nicht fesselten, ein wenig von der Mutter und lugte auf das Bild, das die eine Seite einnahm.

»Natürlich«, redete der Vater zugebend weiter, »der Amazonas und auch Pará spielen eine gewisse Rolle. Aber das werden wir schon sehen.«

Das Bild zeigte eine Waldlichtung; in einen astarmen Baum war ein Zapfbolzen eingeschlagen, und daran hing ein Töpfchen am glatten Stamm; mitten in der Lichtung brannte ein Feuer unter einem bauchigen Topf am Dreigestell, der Rauch stieg schräg daraus auf, und ein paar Schwarze mit Lendenschurzen waren darum beschäftigt.

»Jedenfalls«, sagte der Vater, blieb stehen und beklopfte den Aufschlag seines Jacketts, »fürs erste bin ich mit den Aruwimi-Wäldern ganz zufrieden.«

Er trat hinter Borbe, legte die Hände auf seine Schultern und betrachtete ebenfalls das Bild.

»Ja«, sagte er, »da zapfen sie gerade deine Rüstung aus dem Baum.«
Borbe verstand diese Bemerkung nicht.
»Kochen die Männer Essen?« fragte er.
»Nein«, antwortete der Vater, »Gummi.«
Er guckte auf das Bild, nach einer Weile sagte er:
»Und wenn sie nicht genug bringen, wird ihnen eine Hand abgehackt.«
»Aber Friedrich, erzähl doch dem Kind nicht solche Schauergeschichten!« sagte die Mutter empört.
»Schauergeschichten? Du bist gut!« sagte der Vater mit einem Lachen. »Das ist so. – Ja, mein Sohn«, setzte er hinzu und tippte Borbe mit der Spitze des gekrümmten Zeigefingers auf die Schädeldecke, »da hast du es besser; wenn du etwas ausfrißt, kommst du mit einer Tracht Prügel davon.«
Schlagartig fiel Borbe das Zeugnis ein, das er versteckt hatte, statt es unterschreiben zu lassen, und daß der Tag nicht ferne war und unbedingt kommen mußte, an dem man es ihm abfordern würde, und die Kehle schnürte sich ihm zu.
Wie um abzulenken, fragte die Mutter:
»Und wann ist die nächste Auktion in Antwerpen?«
»Am fünften«, antwortete der Vater kurz und nahm seine Wanderung wieder auf.
Die Mutter sah hoch.
»Was, schon?« fragte sie. »Mußt du denn dann schon wieder fort?«
»Ja«, entgegnete er etwas ungeduldig, »der König von Belgien trägt mir den Gummi nicht her, ich muß schon hinfahren, wenn ich ihn kaufen und etwas dran verdienen will.«

Joachim Maass

Die Hoffnungslosigkeit dieser Welt

Nachdem Borbe sich vor Jerumins Hause von seinen Gastgebern verabschiedet hatte, ging er über die Lombardsbrücke, und indem er die Treppe zum Anlegesteg hinabstieg, beschlich ihn zuerst von ungefähr und mit einemmal schlagartig bewußt die Bedrückung, die ihn der Nachmittag auf der sommerlichen Veranda und der abendliche Ausflug hatten vergessen lassen, ja, es fiel ihn an, daß er in die ausgestorbenen und durchstöhnten Räume zurückmußte, in diese allzu stille Wohnung, die wie jenseits des Lebens lag. Er stand mit belastetem Herzen auf dem Steg; der Tag war schon erloschen, hinten wartete verdüstert die Stadt, das Wasser stand schwarz und so still, daß es nicht einmal an den Pfosten plätscherte, und auch der Dampfer, der ohne Licht auf ihn zustrebte, hatte etwas stygisch Erloschenes, und das Fenster, hinter dem unsichtbar der Steuermann stand, glotzte ihm offen und leer entgegen.

Der Dampfer hatte außer ihm keine Fahrgäste, der Schaffner sprang nicht einmal heraus, er wartete nur, daß Borbe einsteige, und riß die Geländertür wieder zu, daß es laut und weh in der Stille aufkreischte. Der Dampfer stampfte weiter, in die Brückennacht hinein und hinaus in die große Dämmerung; inzwischen fertigte der Schaffner Borbe ab, der dann durch die Kajüte ging und auf dem Heck Platz nahm.

Das Schiff war tief ins schwarze morastige Wasser gesunken, als hätte es sich mit seiner unermüdlichen Schraubenkraft hineingesogen, und die Spur, die es mahlend hinter sich herzog, blieb als etwas hellerer, langer und geschwungener Schweif in der unbewegten Flut stehen. Manchmal blubberten hohl Dampfblasen unterm Heck auf; die Ufer lagen weit und verstummt und rückten kaum wahrnehmbar zurück, obgleich der Eifer der Maschine nicht eine Sekunde nachließ, sondern sich dann und wann sogar zu einem hölzernen Rollen zu verstärken schien, um freilich gleich darauf in die alte dumpfe Unablässigkeit zurückzufallen. Der halbhohe Fahnenmast lehnte schräg, zitternd und leer hinaus. Allmählich tauchte hinter der gedrückten Lombardsbrücke wieder die verdüsterte Stadt mit ihren Türmen und Dächern auf; Rauch starrte um die Türme, und es war, als hätten alle Menschen diesen Ort geflohen und ihn der Hoffnungslosigkeit dieser Welt überlassen.

Joachim Maass

Erst eine Bootsfahrt

Die Villenviertel der Uhlenhorst und Winterhudes gehören zu Hamburgs ruhigsten und teuersten Wohngegenden, deren besonderer Reiz eigentlich erst durch eine Bootsfahrt auf den Kanälen, die sich hier hindurchziehen, erfaßt werden kann. Ich selber sagte nie etwas und betrachtete die Mädchen und den heiter sanften Himmel und den langen Petriturm mit der schlanken Taille und die stille blaue Alster, worauf die Schwäne so stolz und so lieblich und so sicher umherschwammen. Krugkoppelbrücke 12 Uhr 10: Streifen von Windrippen. Geschwader von Enten. Vom eisernen Poller hängen Wassertropfen. Der Klinker der Brücke grauviolett und feucht. Rotes Gebüsch vor grünem Gras. Mövenfeld auf der Fläche des Eichenparks. Feuchte Fußspur im Wartehaus. Gleichmäßiges Geräusch des Autoverkehrs auf der Brücke. Zwei Kinder durch den Eichenpark sich entfernend zwischen den Möven. Spiegelbilder im Wasser. Blaugrau. Verschiedene Helligkeitsgrade. Grünrostige Flecke. Geschwader von Enten. Eine Viertelstunde bis Klosterstern. Einzelne Möve schräg um eine Pappel. Wind unter den Brückenbögen, plötzlich Rippelung, plötzlich abflachend, Schatten in Schatten. Autoverkehr in beiden Richtungen.

Helmut Heißenbüttel

Laue Hamburger Nächte

Der Weg vom Grenzgebiet Eimsbüttels nach Winterhude führte die beiden Frauen halbrund um den kleinen Innocentia-Park herum, durch kurze Querstraßen mit reich restaurierten Harvestehuder Patrizierhäusern, deren Gediegenheit an volle Pfeffersäcke der Hanse und Hammonia gemahnt, und schließlich über die Krugkoppelbrücke, die eine Klemme zwischen dem verzweigten Kanalsystem des Alsterflusses und der Balgblase des Alstersees bildet, der sich zwischen Uhlenhorst und Rotherbaum bläht, bevor er sein Wasser durch die Fleetkatheter der City ins Hafenbecken läßt.
Conny betrachtete den gleisnerischen Abglanz der urbanen Illumination auf dem Wasserspiegel – wie die zahlreichen Flaneure, die sich über die Brüstung der Brücke lehnten und den Panoramablick genossen. Sie liebte Hamburg mit einer sentimentalen Innigkeit – anders als ihre Kölner Heimat –, seit sie hier studiert hatte und mit einem schönen, klugen Mann zwei Jahre lang glücklich gewesen, bis sie mit Anita 1987 auf die USA-Reise gegangen, während welcher der häßliche, dämliche Kerl schwul geworden war. Autofahrten bei heruntergekurbelten Fenstern durch laue Hamburger Nächte erlebte sie viel zu selten, als daß es ihr mißlingen durfte, vom Anlaß der jetzigen wenigstens diese paar Minuten abzu-

sehen. Und weil ihre Wut auf mich – da Anita nun ihre eigene hatte – verraucht war, gelang es ihr tatsächlich.
Nachdem sie zum fünften Mal an einer offenkundig seit Winter 1991 auf die Fassade eines Bunkers gesprühten Aufschrift – ALLE MÄNNER IN DEN IRAK – vorbeigefahren waren, ohne einen Parkplatz zu finden, beschlossen sie, den Wagen an der Alster abzustellen und die zehn Minuten zu Fuß zu gehen.

Frank Schulz

Big Blue City

Wäre ich zu Wort gekommen, ich hätte schon Eugen das alles erzählt, als ich ihn wiedersah, nach mehr als drei Jahren, im *Hansecafé.* Ich hatte meinen Lieblingsplatz ergattert und 'n gewaltiges Veltins geordert und 'n dreistöckigen Obstbrand und 'ne Magnumzigarre und qualmend auf die Außenalster gestarrt. Diese alberne Wasserfontäne auf der Binnenalster war zu sehen, hinter Kennedy- und Lombardsbrücke, wo die Autos und ein Güterzug gleichzeitig drüberfuhren, Segelboote und Alsterdampfer davor, und der Wind rauschte und ließ die Lindenblätter flimmern, das Wasser kabbelte leise, daß sich meine Hoden sacht bewegten ... Big Blue City! Mein Atem ging ein bißchen schwer, aber regelmäßig, ein Rhythmus, der das Leben in Gang hält und die Zeit und die Atmosphäre gliedert. Der Wind schwoll und hauchte mich an, und das Fieber in Bauch und Drüsen ahmte diese aufsteigende, anschwellende Sirenenbewegung nach. Es war alles klar. Alles gut. Alles ganz richtig, wie es war. Der Alsterdampfer, der wie ein weißer Wurm vorbeiglitt, ich mußte beinah lachen. Über die Leute, die wie freundliche Affen von ihrem Platz am Heck aus herübergafften; über den Gassigeher am Ufer, der geistesabwesend an seiner Hundeleine zog, wobei der Köter machte, was er wollte; über die Spätgebärende am linken Nebentisch und die alte Dame am rechten Nebentisch, die 'ne ›Portion Schwarztee‹ bestellte ... Schön ... Lange nicht gehört, den Ausdruck, ›Portion‹ Tee ...

Frank Schulz

Dichterlesung, hamburgische

Und als auch ich in Hamburg angekommen,
und auch, dem Biermann nach, schon dreißig war,
da fand ich wie erwartet einen Narr
vor mir im Spiegel, den ich mitgenommen

aus Preußen, wo wir beide losgeschwommen.
Hier wär, daß alles gleich gilt, die Gefahr
für einen Dichter, kommt er gerad von da,
ist er dem Mauersyndrom erst entronnen.

So hörte ich es gleich von schicken Damen,
als ich hochfahrend das Wort Freiheit meinte
und auch das Unvergleichliche zugab
der beiden Welten mit dem Deutsch im Namen.

Recht wär, daß wohlgesetzt man hier vorweinte
und zöge ohne Forderungen wieder ab.

Uwe Kolbe

Ich und Schmidt-Bargfeld

Ich bin gestern dermaßen mit Klugheiten zugeschüttet worden. Mal sehen, ob ich das so wiedergeben kann, daß man was davon hat.

Im Literaturhaus Hamburg hatte mein Freund Bernd Rauschenbach, Herauschgeber des Rausch-RABEn (Wenn Sie sich sehr beeilen, hat Ihr Buchhändler vielleicht noch vierzig Exemplare für Sie), Erster Secretär der Arno-Schmidt-Stiftung und myopischer Zecher, ein Referat angekündigt: »Arno Schmidt und Design«.

»Na«, dachte ich, »Etikettenschwindel«, dachte ich. »Die Pusche«, dachte ich, »im Wandel der Zeiten«, dachte ich, »unter besonderer Berücksichtigung der dunkelbraunen Blechschließe. So was kennt man ja.«

Nichts kennt man. Es ist viel schlimmer.

Und fing natürlich mit einem Hörfehler an. Ohne Hörfehler gäbe es keine Sprachen. Nichts gegen Hörfehler. Ohne Hörfehler hieße der Fels des Nordens, der Dschebel al-Tarik, nicht Gibraltar; ohne Hörfehler hieße Sherry nicht Sherry; ohne Hörfehler gäbe es keine Affäre Dreyfus, sondern bestenfalls eine Affäre Trier, und ohne Hörfehler hätte der Elefant von Sulawesi hinten nichts Gelebes. Und es gäbe keine Hamburger Aalsuppe.

»Arno Schmidt und die Seinen?« fragte man unter müder Mäzenatenbraue hervor.

»Genau: Arno Schmidt und Design!« erwärmte sich Bernd Rauschenbach.

»Genehmigt!« schnappten die Mäzene. »Nun gehe Er ans Werk!«

Ich will nicht die Highlights aus diesem Referat wegzitieren, denn es ist ja auch ein Buch geworden. Kostet nur 48 Mark, dafür ist es auch nicht allzu dick, sogar eher dünn, und man kann es sich schenken, sich gegenseitig; der Autor, Bernd Rauschenbach (er heißt übrigens Rauschenbach, Bernd Rauschenbach, falls Sie sich gefragt haben sollten, wie er heißt), verdient keine müde Mark daran, erst bei der zweiten Auflage; nicht, dass ich hier *product placement* treiben wollte, aber es ist ein schönes, dünnes Buch, mit vielen Abbildungen. Und danach weiß man alles über Arno Schmidt und sein Design, was man nicht von den allermeisten anderen Büchern sagen kann.

Nach dem Referat saßen wir alle völlig geplättet da, von des deutschen Spießers Wunderhorn – streng konisch! – umgemangelt. »Noch Fragen?« fragte Bernd Rauschenbach mit einer Nonchalance, die vom Beben seines Schlipsknotens Lügen gestraft wurde.

»Ich bin ja schon spießig genug«, dachten wir, »aber der Herr Schmidt –: Au Backe.«

Keine Frage? Keine Frage. Julia, noch 'ne Lage.

Aber wozu haben wir unsere Frau Else, Frau Else mit ihrem neuen Pullover in sämtlichen Farben der edition suhrkamp.

»Ich hätte da noch eine Frage«, sagte Frau Else.

»?«

»Ist das nicht alles sehr spießig?«

»Doch.«

Erschöpft, aber überglücklich ließ Frau Else sich auf ihren Stuhl zurücksinken; mit eigens mitgebrachten Frottiertüchern fächelte man ihr Kühlung zu; die Glückwünsche wehrte sie ab wie lästige Schmeißfliegen. Was wären wir ohne das freie Wort. Die Streitkultur. Den Kippschalter.

Harry Rowohlt

Singen und Steppen an der Alster

Um sechzehn Uhr lädt Regina in ihre Residenz im Hamburger Quartier auf der Uhlenhorst. »Trinkt nun alle mit mir auf meinen ungewöhnlichen Text!« fordert sie ihre Gäste umsichtig auf, darunter endlich auch die geschätzte Poetin Charlotte Ueckert, darunter die uns schon bekannten sensiblen Blankeneser Bürger und der urige Barmbeker Bürgermeister. Und Rosemarie. Und Richmodis. Und Rita.

»Unsere Autorin, sie lebe hoch!« skandiert die Gästeschar im Salon. Stephan Samtleben singt und steppt: eine umwerfende Solonummer. Diese Buchhändler, die auch Radrennsportler sind, sind einfach unverwüstlich. Um Mitternacht gehen sie alle gemeinsam an die Alster, Unterwassertauchen steht auf dem Programm. Das sind eben so die Usancen der feinen und freien hanseatischen Gesellschaft.

Im Mondlicht sieht die Autorin den Schwanz ihres Ehemannes stehen. Er schlägt sogar leicht (das finden Sie doch nicht etwa unanständig?) in Richtung ihres Unterleibs (ihres Uterus?) aus. Das ist das Gebot der schwarz-samtenen mitternächtlichen Stunde! Seit jeher, das sei hier gestanden, hat die Autorin besonders das Ur-Teil ihres Liebsten geschätzt.

Regula Venske

Die Alster, das langweilige Provinzmädchen

»Das waren die Pinnau, die Krückau und die Wedeler Au, drei von meinen netten, etwas langweiligen Mädchen, die dich gern sehen wollten.«

»Mich?« fragte ich.

»Ja«, nickte die Elbe, »keinen andern als dich, weil die Alster angegeben hat, typisch hamburgisch, mit dem, was auf der Lombardsbrücke los war und auf dem Rathausmarkt. Sie kommt sich im Vergleich zu ihren ländlichen Schwestern nämlich mächtig schön vor.«

»Das ist sie auch!« verteidigte ich die Alster.

»Aber nicht allein!« konterte die Elbe. »Ihr habt sie so hübsch gemacht, wunderhübsch. In Wirklichkeit war sie nur ein langweiliges Provinzmädchen aus Henstedt-Ulzburg. Ohne die Mühlen vom Domkapitel und vom Grafen, ohne den alten Reesendamm wäre sie nur eine ein bißchen größere Beke gewesen als Eilbek und Osterbek. Aber nun, wo schließlich Außenalster, Binnenalster und die kleine Alster vor der Schleusenbrücke zustande gekommen sind, macht sie Hamburg, um mit Fritz Schumacher zu sprechen, zum ›Kunstwerk‹. Sie schmückt sich mit Hamburg, und Hamburg schmückt sich mit ihr.«

Ich bewunderte die neben mir sitzende Frau.

»Du bist klug, Königin«, sagte ich, »es stimmt genau, was du sagst. Ich meine, daß beide sich mit dem andern schmücken. Es handelt sich da um eine Art Jil-Sander-Effekt. Nur eines möchte ich dich noch über unsere Schöne fragen: Stimmt es, daß sie am liebsten an der Schleusenbrücke hockt, mitten unter ihren Schwänen?«

»Ja«, sagte die Elbe, »da kannst du sie fast immer treffen. Sie liebt ihre Arkaden, unterhält sich mit dem Buchhändler und versteht inzwischen, seit einhundertfünfzig Jahren, solange Ladage und Oelke existiert, etwas von Hamburger Börsentuch, unverwüstlich. Der Hauptgrund allerdings, weswegen sie an der Schleusenbrücke sitzt, ist der, daß sie von da aus, über den Springbrunnenhof, einen direkten Zugang zu Senat und Bürgerschaft hat.«

»Jetzt verstehe ich vieles«, antwortete ich. »Denen schmeichelt deine Tochter, diese Sirene, mit ihren Liedern à la Hagedorn, so daß sie alle, ohne es zu merken, ihren Gesang im Ohr haben und meinen, daß sie als die Angehörigen der Stadtregierung einen weiten Blick haben. Bis zur Krugkoppelbrücke.«

»Ja, ja«, bestätigte mich die Elbe, »mein Töchterchen hat's in sich. Da kommt so einiges zusammen, wenn es nämlich nach ihr ginge, würde alles, Außen-, Binnen- und kleine Alster, zum Feenteich.«

»Du meinst wegen der vielen Feen, die sich rings um die Außenalster angesiedelt haben?« fragte ich.

Sie nickte.

»Du meinst mit den Feen die vielen ›Geborenen‹, nicht wahr«, sagte ich, »die sich mit der Alster schmücken, auch wenn sie in den seltensten Fällen so schmuck sind wie deine Tochter? Weißt du, Königin, die ›Geborenen‹ sind das Thema meines Freundes Nossack. Der brachte den Mut auf, über diese an der Alster heimische Angelegenheit zu sprechen. Alle anderen verhielten sich, wie die Männer der ›Geborenen‹ sich zu verhalten haben: Sie arbeiteten und schwiegen.«

»Ich kenne deinen Freund vom Zollkanal«, sagte die Elbe. »Da hat er viele Stunden im Kontor verbracht, als hamburgischer Kaufmann, hat ab und an auf mein Wasser geblickt und auf Katharinas schönen Turm. Ich hoffe, daß er heute noch herkommt. Jedenfalls war es so verabredet. Ich hatte mir nur genügend Zeit für unser Gespräch erbeten, damit wir – du und ich – miteinander klarkommen und du nicht an meiner langweiligen hübschen Tochter hängenbleibst. Die anderen kommen erst, wenn ich sie rufe.«

Sie sah mich an, verbesserte sich und sagte: »Wenn wir sie rufen.«

Ich fühlte mich von ihr akzeptiert, denn durch das »Wir« bezog sie mich ein in den Kreis der nächtlichen Gestalten, die auf Brücken und am fließenden Wasser miteinander sprechen, Dichter und Maler, Heilige und Nixen, griechische Göttergestalten und nicht zu vergessen: Hammonia, die Unvergleichliche, Tochter Karls des Großen und der Schellfischkönigin »von der Elbe Mündung«. Ich beschloß jedoch, meine Neugier zu zügeln und beim Thema Elbe zu bleiben.

Günther Lange

Der Panther aus Stein

Dafür nahmen sie allmählich Dinge wahr, die ihnen näherstanden: die prachtvollen Bäume zu beiden Seiten der Fahrbahn in der Lindenallee, die riesigen Fronten der vier- und fünfstöckigen Häuser, und bald auch eine himmelhohe Brükke, über die kleine gelbe Wagen fuhren. Das war auf dem Wege zum Stadtpark. Nach einigem Drängen hatte Lea Alf die Erlaubnis dazu gegeben, nicht ohne ihm jedesmal wieder nachdrücklich einzuschärfen, Cesar und Roman unterwegs an der Hand zu halten und sie außerdem noch keine Sekunde aus den Augen zu lassen.

Die beiden Kinder sahen aus wie Puppen. Ihre weichen Gesichter waren von langen mädchenhaften Locken umwallt, sie sprachen zu Beginn ihres dritten Lebensjahres klar, ohne Fehler. Die Leute blieben stehen und schauten sich nach ihnen um. Alf Bertini straffte sich – das war die richtige Promenade für seinen Geltungstrieb!

Cesar und Roman sahen den Ausflügen in den Stadtpark mit gespannter Erwartung entgegen. Der Vater hatte sich angewöhnt, sie in die Nähe des *Planschbeckens* zu führen, in das

Herz der riesigen Anlage im Norden Hamburgs, vor einen Panther aus Stein, eine ruhende Majestät mit mächtigem, glattem Schädel, tiefliegenden, dreieckigen Augenhöhlen und dickem Schweif. Unter ihrer atemlosen Anteilnahme begann Alf, den Stein zu streicheln, »Ei du liebes, ei du gutes Tier« zu raunen, und den Panther immer sanfter zu tätscheln. Plötzlich aber versetzte er ihm mit der flachen Hand eine derbe Ohrfeige, sprang, wie um sich vor der Wut des getäuschten Raubtieres zu schützen, weit zurück, packte seine jubelnden, bebenden Söhne und lief mit ihnen in die Sicherheit eines beträchtlichen Abstandes. Für Cesar und Roman gab es kein größeres Vergnügen als diese väterlichen Vorstellungen. Wie die Mutter waren auch sie verrückt nach Tieren. Wann und wo immer sie Hunden und Katzen begegneten, brachen sie aus in Schreie des Entzückens und der Wonne, zupften, streichelten sie und schmiegten, wenn möglich, ihre kleinen Gesichter ins Fell.

Ein Denkmal in der Nähe des Panthers, den Dichter Heinrich Heine in nachdenklicher Pose darstellend, fand bei den Bertinis kaum Beachtung.

Aus dem Stadtpark zurückgekehrt, hatte Alf gerade noch Zeit, sich umzuziehen und in irgendeines der Barmbeker Kinos zu eilen, wo er hinter einem Verschlag unter der Leinwand stumme Filme auf dem Klavier begleitete.

Ralph Giordano

Kontemplative Stimmung

Irgendwann hatte ich schlicht genug vom süderelbischen Sextourismus. Erstaunlicherweise folgte Bärbel meinem Plädoyer auf Kündigung unserer *amour fou* zum dritten Quartal

'89, unter der Bedingung sozusagen eines neuneinhalbtägigen letzten Walzers. Mit kindischer Eigensinnigkeit bestand sie auf »Gebirge«. Das Versprechen dazu leierte sie mir auf einer regenfeuchten Bank irgendwo im Park zwischen Övelgönne und Blankenese aus dem Kreuz, und die Schlepper bliesen Posaune dazu. Am Vorabend unserer Abreise nach Walchsee – Bärbel hatte eigens ihren zweiten Mallorca-Urlaub mit Blondie verschoben – saßen sie, noch feucht hinter Ohr- und Schamläppchen, und ich auf den Planken des *Café Sommerterrassen,* einem der schönsten Plätze Hamburgs, würden die Betreiber die kontemplative Wasser-und-Grün-Stimmung hier, am Rande des Stadtparks, nicht mit zackiger Muzak für ihre gelverschmierte Klientel besudeln.
Bärbel plapperte ununterbrochen von ihrem Gärtner. Sie verachtete ihn – vielleicht, weil er so dumm war, für sie zu arbeiten –, und ihre Erzählungen entstammten immer demselben Genre: Sie begannen mit der Floskel »Heude hadda …« dies und das getan oder gemacht, jedenfalls irgendwas Falsches, Dummes oder zumindest Verachtenswertes, und endeten mit der Formel »Dahaddada …«, um das, was er da verbrochen hatte, durch verächtlich zusammenfassende Wiederholung noch einmal verächtlich zu machen. Dieses Hadda und Dahaddada ging mir auch schon seit Tagen auf die vor universellem Überdruß ohnehin überreizten Nerven. Gerade hatte ich, auf den Schlußsatz »Dahaddada die ganzen Stiefmütterchen kaputtgegossen, dorr«, ein zumindest verständig belächelnswertes Aperçu von mir gegeben – »Der Mörder ist immer der Gärtner!« –, das Bärbel jedoch einfach überging, da entdeckte ich, in einiger Entfernung, einen blassen Rotschopf in einem Kanu.
»Gib mir mal das Fernglas rüber«, sagte ich. »Spanner«, sagte

Bärbel. Die hatte 's gerade nötig, schließlich hatte *sie* sich das Fernglas »geholt« (sie »kaufte« nie, sie »holte«), um »mal zu kucken«, ob wir eigentlich die einzigen Sexaficionados waren, die zu derlei Pficknicks loszogen und Mückenstiche riskierten und Käfer und Getier in den Unterhosen, und heute hatte sie es speziell deshalb dabei, weil sie neugierig war, was die Jungs in der verzauberten Ecke des Stadtparks eigentlich immer so trieben.

Ich lehnte mich auf die Holzbrüstung des Stegs und justierte die Linsen. Tatsächlich. Die rote Zitrone. Sie hatte die Paddel eingezogen und las in einem Buch.

Frank Schulz

Herr Lehmann

Nichts gegen Leipzig. Und nichts gegen Dassel beziehungsweise Flecken Markoldendorf, und gegen München, Wien, Mainz und Köln schon gar nichts, aber in Hamburg ist es natürlich am allerschönsten. Auf dem Dienstags- und Freitagsmarkt unter der Hochbahn Eppendorfer Baum–Hoheluftchaussee (Sogar die Spanische Hofreitschule in Wien läßt ihre Zossen zu den Klängen von »Hoheluft, Hoheluft, Hoheluftchaussee« tanzen; »Radetzkymarsch« nennen sie das da unten.) sagt Siggi von »Siggi's Imbiß« zu Herrn Lehmann, unserem Kontaktbereichsbeamten: »Na, Herr Lehmann, heute ganz in Grün? Tja, wer's *tragen* kann ...«

Harry Rowohlt

Der Fürst von Eppendorf

Angeblich sagen ihm seine Feinde nach, er gebrauche zu viele Phraseolexeme, aber das ist nicht wahr, er kann bloß Deutsch. Mit einem kerndeutschen Wort hat er mich vor Stücker zwanzig Jahren einmal zu blamieren versucht. Da wurde ich vom Norddeutschen Rundfunk mit einem Uher-Tonband über der Schulter zum Comic-Salon in Erlangen geschickt und sollte einen dieser bei Funk & Fernsehen so beliebten O-Töne mitbringen, am besten gleich mehrere. In Erlangen weilte auch der Übersetzer von Robert Crumb, den ich also kühn um diesen O-Ton anhaute. Und so frug ich kreuz und brav, ob er, der Crumb-Übersetzer Harry Rowohlt, eigentlich auch selber Comics lese, privat quasi. Und Rowohlt, gemein und direkt ins Mikro und für die hochkulturelle Sendung »texte + zeichen« des NDR, versicherte, dass er selbstverständlich auch Comics kaufe, wenn er den Zeitschriftenladen aufsucht, um sich dort seine »Wichsvorlagen« zu holen.
Harry Rowohlt wollte eine Kassette der Sendung zugeschickt haben, was ich versprach, aber ich weiß gar nicht, ob dieser O-Ton je über den fastewiggrünen Wiesen Niedersachsens erscholl.
Und dann las ich wieder, dass er doch ein guter Mensch ist, oder jedenfalls einer hätte werden sollen. In dem unbekannten Meisterwerk »Fünf Finger sind keine Faust« von Klaus Rainer Röhl heißt es, Ernst Rowohlt habe einmal ihn, den Röhl, sowie Peter Rühmkorf, den anderen Mitbegründer von *konkret*, zu sich gerufen und gesagt: »Passt ein bisschen auf meinen Jungen auf, dass er sein Abitur macht und ein guter Kommunist wird.« Ist er einer geworden? Eher doch Bakunin, oder noch lieber ein Fürst Kropotkin ist es, der mir manch-

mal morgens, wenn ich von der Schule komme, anarchistisch silhouttiert begegnet, die Faust heraus zum 1. Mai! gereckt, seine Frau im Arm (im andern), die er, fürsorglich und courtois zugleich, zur U-Bahn bringt. So früh am Morgen passt er ausnahmsweise sogar ins Eppendorf, denn ein Fürst braucht Fassaden, und sei's, um sie abzuschreiten: Alles seins.
Das ist morgens, wenn der Safeway aufmacht und die Post noch zu hat, aber schon die ersten Frauen wie extra reingefahren vom Land vor der Innentür drauf warten, dass die Horizontaljalousie endlich weggeht, und es auch sonst kalt ist. (…)
Harry Rowohlt ist natürlich ein Scheusal, wenn er will. Kann einen anfahren, wenn er in Stimmung ist, und noch schlimmer, wenn nicht. Manchmal hat er ja Recht: Auf seine Freunde lässt er nichts kommen und wird da schnell böse. Er verkehrt in seltsamen Kreisen, aber dafür kann er dann erzählen, wie er am Heiligabend in der Konsumhölle Eppendorf den Literaturkritiker Volker Hage traf, der noch nach einem Ständer suchte. (…)
Ich glaube, er ist, wenn keiner zuschaut, richtig sentimental, aber er darf das, er kann das. Dass er einmal ein Kopfgeld auf Kai Diekmanns Vor- und Vorgänger Peter Boenisch ausgesetzt hat, »und zwar, der Bedeutung dieses Mannes angemessen, in Höhe von 35 Öschis beziehungsweise 5 Mark«, diese Freude werde ich ihm nie vergessen. Manchmal denke ich, wir sollten zusammenlegen, dann kämen vielleicht die zwei Euro und das Fuchzgerl zusammen, die Kai Diekmann auch nicht wert ist. Alle schröben gern so wie Harry Rowohlt, es kann aber keiner. Harry Rowohlt ist nicht bloß der Größte, er ist ein Fürst.

Willi Winkler

BARMBEK, OHLSDORF, HAMM

Barmbek ist seit jeher ein Wohnviertel. Bis 1830 stand das alte Dorf unter der Herrschaft der »Oberalten« des riesigen Kirchspiels St. Georg beziehungsweise St. Jacobi. Wichtig für Hamburg wurde Barmbek, als die Bewohner des Freihafens aufgrund der Errichtung der Speicherstadt ab 1888 weichen mussten: Viele Hafenarbeiter zogen nach Barmbek – das 1894 eingemeindet wurde. 1914 war der Stadtteil mit über 100 000 Einwohnern Hamburgs größtes Arbeiterwohnquartier.
Ralph Giordano schildert die Barmbeker Wohnwelt in seinem Roman »Die Bertinis«. Die Lindenallee aus dem Roman ist in Wirklichkeit die Hufnerstraße. Hier wohnten die Bertinis ab 1921 in Haus Nr. 113, und im Haus Nr. 110 (dem Eckhaus zur Drögestraße) wohnten Recha und Rudolf Lehmberg, die Großeltern mütterlicherseits. Die »Sandkiste« – der Lieblingsspielplatz von Roman Bertini – lag an der Kreuzung zum Rübenkamp, und die »Wohle«, die Zahlstelle der Wohlfahrt, lag im Eckhaus der Hufnerstraße vor dem Osterbekkanal.
Die Barmbeker Arbeiter waren sehr lesehungrig, was aus der Tatsache zu ersehen ist, dass im Jahr 1930 auf die im Bartholomäusbad eingerichtete Bücherhalle ein Drittel der gesamten Hamburger Buchausleihe entfiel.
Nicht weit davon entfernt, in der Emil-Janssen-Straße 4, wohnte 1953 bis 1961 der Journalist Willy Haas, der 1925 die *Literarische Welt* gegründet hatte. Nach dem Krieg arbeitete er bei der *Welt* und anderen Medien in Hamburg.
Das heutige Kulturzentrum Kampnagel an der Ecke Barmbeker Straße/Jarrestraße war zwischen 1865 und 1981 das Eisenwerk Nagel & Kaemp, in dem vor allem Kräne und Industriegüter für den

Hafen produziert wurden. Willi Bredel beschreibt in seinem Roman »Maschinenfabrik N & K« von 1929 den Alltag der Arbeiter.

Am 21. September 1805 fährt Joseph von Eichendorff, der Verfasser von »Aus dem Leben eines Taugenichts«, mit seinem Bruder in einer Kutsche von Hamburg nach Lübeck, wobei er durch Wandsbek kommt, das er als »eigentlich nur ein Garten voll schöner Landhäuser« beschreibt. Das Dorf Wandsbek hatte sich nach dem Erwerb durch den Kaufmann Heinrich Carl Schimmelmann 1762 sehr schnell zum Fabrikstandort entwickelt. Heute ist Wandsbek mit 400 000 Einwohnern der größte Bezirk Hamburgs. Wandsbek spielte für die Hamburger Literaturszene früher eine wichtige Rolle, als nämlich der Dichter Matthias Claudius 1771 Redakteur der neuen, von Schimmelmann gegründeten Volkszeitung *Wandsbecker Bothe* wurde, bei der auch Klopstock, Lessing und Herder mitarbeiteten. Claudius blieb auch in Wandsbek wohnen, nachdem der *Wandsbecker Bothe* eingestellt worden war. Hier hatte er seine Frau Rebekka, die Tochter eines Zimmermanns, kennen gelernt. Der Dichter und Übersetzer Johann Heinrich Voß berichtete über einen Besuch bei Claudius:

> Vorgestern war ich mit Bode und Cramer bei Claudius in Wandsbek und blieb die Nacht daselbst. Wir gingen in dem kleinen Holze spazieren, wo es überaus angenehm ist. Die Nachtigallen sangen wunderschön. Wir lagerten uns im Grase und hörten ihnen eine halbe Stunde zu. Claudius war von der Nachtigall gerührt und erzählte mir die Geschichte mit seiner Frau. Er hat ein vortreffliches Herz und verdiente glücklicher zu sein. Seine Frau ist wirklich sehr artig, und sie lieben sich beide auf's äußerste. Aber heiraten hätte er noch nicht sollen. Die Zeitung trägt nicht so viel, daß eine Familie davon leben kann.

1815 starb Matthias Claudius im Haus seines Schwiegersohns, des Buchhändlers Friedrich Christoph Perthes, am Jungfernstieg, sein Grab befindet sich auf dem Friedhof der Wandsbeker Christuskirche am Wandsbeker Markt. Und im Gehölz steht ein Denkmal, das an ihn erinnern soll.
In der Wandsbeker Zollstraße 8 befand sich übrigens der erste Arbeitsplatz von Alfred Andersch, der Angestellter bei der Fotopapierfirma Leonar war. Heute steht an dieser Stelle ein Fitness-Center.

Der Stadtteil Ohlsdorf ist vor allem wegen seines Friedhofs bekannt, wenn nicht gar berühmt. Denn hier befindet sich immerhin der größte Friedhof der Welt. 1,4 Millionen Tote wurden hier seit der feierlichen Eröffnung am 1. Juli 1877 begraben, heute liegen etwa 320 000 Tote in der Ohlsdorfer Erde. 17 Kilometer Straßennetz durchqueren den als Park angelegten Friedhof. In vielfältiger Weise spiegelt sich auf diesem Friedhof auch die Geschichte Hamburgs wider wie auch die Geschichte der Hamburger Literatur, denn zahlreiche Schriftsteller und etliche Verleger haben hier ihre letzte Ruhestätte gefunden.
Der Verleger Benjamin Gottlob Hoffmann (Gedächtnisfriedhof, 53) liegt hier ebenso wie sein berühmterer Schwiegersohn und Nachfolger August Campe mit seiner Frau Elise (Gedächtnisfriedhof, 53) sowie dem großen Vormärz-Verleger Julius Campe (Y 13, 266–279). Ferner der Berliner Theaterkritiker Alfred Kerr, der 1948 während seiner ersten Deutschlandreise nach der Emigration in Hamburg starb, die Dichterin Alice-Maria Ekert-Rotholz (Bl. 68, 497) und der Verleger Henry Goverts (V 24, 207–214), ein heute fast vergessener Verleger von ehemaligem Weltrang. Hans Erich Nossack, der in seiner Erzählung »Der Untergang« die Hamburger Bombennacht vom Juli 1943 beschrieben hat, liegt hier begraben

(U 22, 8–27) wie auch Ben Witter (D 13, 279) und Alexander Zinn (Z 27, 140–142).

Der niederdeutsche Dichter Fritz Stavenhagen hat seine letzte Ruhestätte in der »Dichterecke« im »Heideloch« gefunden (AC 5, 14), nicht weit von Wolfgang Borchert (AC 5, 6), dem früh verstorbenen Dichter der »Stunde Null«, der einen Tag vor der Premiere seines Stücks »Draußen vor der Tür« in Ida Ehres Hamburger Kammerspielen am 20. November 1947 starb. Ida Ehre selbst (O 6, 6) liegt übrigens ebenso wie Gustaf Gründgens (O 6, 5) ebenfalls hier in Ohlsdorf.

Hamm ist heute nicht gerade ein beliebter Stadtteil zum Wohnen. Doch das war früher einmal anders. Im 18. und 19. Jahrhundert hatten zahlreiche Hamburger Kaufleute und Senatoren hier ihre Landhäuser, darunter Georg Heinrich Sieveking, der Eigentümer des Hammer Hofes. Und auf dem Hammer Friedhof von 1793 sind zahlreiche prominente Hamburger beerdigt, unter anderem die Senatoren Johann Arnold Günther, einer der Begründer der Hamburger Armenanstalt 1788, und Amandus Augustus Abendroth, der Begründer der Hamburger Sparkasse von 1827. Außerdem befinden sich hier die Mausoleen der Familien Sieveking und Chapeaurouge. Denn kirchlich gesehen gehörte Hamm zu St. Georg und das wiederum zum Kirchspiel von St. Jacobi in der Innenstadt. Die in Hamburg bekannte Lehrerin Elise Averdieck, die zahlreiche Kinderbücher schrieb, liegt ebenfalls auf dem Hammer Friedhof begraben. An der Rathausdiele im Stadtzentrum hängt übrigens ein Medaillon mit ihrem Porträt (Nr. 63).

Aber mehr aus der nahen Vergangenheit: Arno Schmidt etwa stammt direkt aus Hamm, und man kann hier auch auf seinen Spuren wandeln. Über seine Herkunft schrieb er: »In dem Haus auf der Süd-Ostecke der Kreuzung RUMPFFSWEG-DOBBELERWEG, bin ich am 18. 1. 1914, nachmittags zwischen 14 und 15 Uhr an einem kalten Wintersonnentag, geboren worden.« Sein Geburtsort befand sich, in seinen Worten, »auf rund 10 Grad Länge; und – laß sehen – 53 ½ Grad Breite«. Und er befand weiter:

> Die Ödnis dieser Gebiete war erschreckend! Keine Blätter tanztn nach der Pfeife des Windes; höchstens etwas Staub. Die wenijen Menschen grüßten einander nicht. Vom Pflaster sah man in die Hinterhöfe: die grau-dreck'jen Fassadn mit riesijen schwarzen Flekken.

Ganz in der Nähe des Rumpffswegs wohnte auch der junge Alfred Andersch, im Horner Weg 1, unweit der Dreifaltigkeitskirche. Ab 1938 wohnte er im Horner Weg 29, gemeinsam mit seiner ersten Frau Angelika und der Tochter Susanne, die 1937 geboren worden war. Überhaupt wohnten in Hamm einige Schriftsteller in jungen Jahren, so auch Gorch Fock – er wohnte zunächst im Grevenweg 31, später, nach seinen ersten literarischen Erfolgen, im Dobbelersweg 37. Seine beiden Wohnsitze in Hamm hatten absolut nichts mit der von ihm beschriebenen, verloren gegangenen Finkenwerder Elbromantik zu tun – vielleicht gelangen ihm seine Bücher auch deswegen so eindrücklich.

Heute macht hier eine junge Literaturszene Furore, die sich Kaffee. Satz.Lesen nennt und in der Baderanstalt am Hammer Steindamm 62, im 5. Stock des Hinterhofs, regelmäßig sonntags nachmittags Lesungen veranstaltet. Hier lesen seit dem Mai 2003 junge Hamburger Autoren wie Sven Amtsberg, Sigrid Behrens, Ina Bruchlos, Benjamin Maack, Andreas Münzner, Stevan Paul und Michael Weins. Das »Hamburger Abendblatt« bezeichnete Kaffee.Satz. Lesen als »wahre Subkultur«.

Wie kommt man da bloß hin?

Versprach ihr, sie gleich in den nächsten Tagen einmal anzurufen – kleinen Planten-und-Blomen-Bummel: vielleicht oder richtig große Hafenrundfahrt – alles so Dinge, wie man sie als Berufshamburger oft ein Leben lang vor sich herschiebt, um sich allerletzten Endes sagen zu müssen, daß man noch nie auf dem Michel, in der Sternwarte oder auf dem Fischmarkt war. Leider erfahren, daß sie bereits in der kommenden Woche nach Barmbek umzöge und auch die Schule wechseln müsse, was meine ganzen Frühlingsblütenträume auf einen einzigen unliebsamen Windstoß hin zerblies, weil: Baaambek, Gotteswillen, beinah schon außer der Welt und mit sonem unverfänglichen Eppendorf-Schlenker überhaupt nicht zu vergleichen. Erzählte mir etwas verschämt, obwohl nicht ganz ohne Außenseiter- und Seefahrerstolz, daß bei ihnen zuhause Platt gesprochen würde, weil ihr Papa doch Kümo-Kapitän mit sogar richtig großem Patent, und da solle ich mal keinen Schreck kriegen. Schrecken meinerseits eher andererseits, weil es in meinem eben noch zu allem entschlossenen Kopf nur noch rummüllerte, Barmbek, o Barmbek, wie kommt man denn da bloß hin und anschließend ohne große Entschuldigungen wieder nachhaus. *Peter Rühmkorf*

Verkehrsknoten

Alf und Lea Bertini zogen in die Nähe des Barmbeker Bahnhofs, mit seinen zahlreichen Schienensträngen der Vorort- und Hochbahn schon damals der große Verkehrsknoten des Hamburger Nordens.

Die Lindenallee war eine breite, von Mietshäusern unterschiedlicher Höhe gesäumte Straße, die ihrem Namen alle Ehre machte. Es duftete herrlich, als der offene Möbelwagen von der Fuhlsbüttler Straße über die kurze Verbindung des Trockenwegs in die Allee einbog und vor der Nummer 113 hielt – die Linde am Rande des Trottoirs reichte hinauf bis zum zweiten Stockwerk.

Es war eine geräumige Wohnung, mit zwei hellen Zimmern nach vorn, während das dritte und die Küche auf den Hinterhof wiesen. Die Möbel waren gebraucht erstanden, aber, wie das schwarze Büfett oder der Bücherschrank und die Notentruhe aus Birnbaumholz, gut erhalten. Mitgeschleppt und auf dem Flur unter die Garderobe gestellt wurde eine riesige graue Kiste, in die Lea alles noch irgendwie Verwertbare hineingestopft hatte, eine Gewohnheit, die sich früh an ihr gezeigt hatte und von der sie nicht ablassen sollte. Wahrscheinlich war der Kiste diese noch nach Jahrzehnten in Lea lebendige Erinnerung zu verdanken: ein unbekanntes Individuum habe sich am Tage des Einzugs hinter dem Baum vor dem Hause versteckt gehalten und, in der eindeutigen Absicht, bei den Bertinis einzubrechen, dort auf die Dunkelheit gewartet – es habe wohl Schätze in der Kiste vermutet. Es sei eine lange Nachtwache geworden.

Tatsächlich aber wurde weder eingebrochen noch Reichtum in die Wohnung transportiert, ausgenommen jener breite, schwergoldene Reif, den Ahab Seelmann seiner Enkelin vor dem Auszug vermacht hatte, mit der Weisung, das kostbare Stück, komme was da kommen mochte, bei sich zu behalten und niemals herzugeben. Selbstverständlich machte auch das Klavier den Umzug in die Lindenallee mit. Es wurde im Wohnzimmer aufgestellt, neben der Flügeltür, die in den anderen Raum, das sogenannte Eßzimmer, führte.

Alf Bertinis erste eheliche Handlung bestand darin, das künstlerische Selbstbewußtsein seiner Frau restlos zu zertrümmern. Er entschied, daß Leas Talent durchschnittlich sei und betont sentimental. Sobald sie eine Taste anrührte, begann er ihr Spiel herabzusetzen, aber nicht etwa böse oder heftig, sondern gönnerhaft und mit großer Überlegenheit. Die unablässigen Berufungen und Korrekturen, das ganze wohlwollend-mitleidige Gebaren Alfs stürzten Lea bald in schwere Selbstzweifel, so daß sie immer häufiger beschämt und unglücklich den Deckel zuklappte und schließlich zur Pflege ihrer Begabung und zur eigenen Erbauung nur noch in Alfs Abwesenheit spielte. Die Fähigkeit, Anfänger in die Technik der Klaviatur einzuweihen, gestand er ihr allerdings gerade noch zu, konnte übrigens auch schlecht umhin, denn in dieser Ehe mußte Lea von Anfang an mitverdienen.

Ralph Giordano

Unser geliebtes Viertel

Langsam, als erwachten wir aus einem Alptraum, stiegen wir aus dem Keller – eine lange Reihe von Menschen, denen das Leben noch einmal geschenkt worden war. Oben erwarteten uns die Leute vom Luftschutz, die uns befreit hatten. Auf ihre Anweisung hin legten wir uns Decken oder Handtücher über den Kopf, zum Schutz vor dem Funkenflug, der die Luft erfüllte.

Die Rettungshelfer beschworen uns, ruhig zu bleiben, egal, was wir sehen würden, und das war gut so, denn uns erwartete einer der entsetzlichsten und traurigsten Anblicke unseres Lebens. Die Stückenstraße – nein, ganz Barmbek – unser geliebtes Viertel – war praktisch dem Erdboden gleichgemacht.

So weit das Auge reichte, nichts als totale Zerstörung. Im Gegensatz zu dem ohrenbetäubenden Krach der letzten Nacht lag nun gedämpfte Stille über der schaurigen Szenerie. Hier und da waren mumienartige, verkohlte Leichen zu sehen. Offenbar hatten diese Menschen sich zu spät entschlossen, ihre Wohnungen zu verlassen, um noch einen Schutzraum zu erreichen. Die meisten Häuser waren bis auf die Grundmauern niedergebrannt. Andere standen noch in Flammen, und wieder andere waren nur noch ausgebrannte Ruinen. Einer dieser noch rauchenden Trümmerhaufen war von Kindheit an mein Zuhause gewesen. Als wir mit den vier Koffern, in denen sich nun unsere ganze Habe befand, daran vorbeigingen, beobachtete ich meine Mutter aus den Augenwinkeln, um zu sehen, wie sie damit fertig wurde, all das verloren zu haben, für das sie jahrelang so hart gearbeitet hatte. Zu meiner Überraschung blieb sie ruhig und gefaßt. »Wichtig ist nur, daß wir leben und unverletzt sind«, versicherte sie mir und sich selbst, »alles andere können wir irgendwann ersetzen.«

Hans J. Massaquoi

Die Flucht

Dann begann die Flucht der Sippe.
In der Mitte der Straße, zwischen den Fackeln der brennenden Linden, den glühenden, knallenden, zerberstenden Häusern, vom Feuersturm, dem Druck der explodierenden Bomben und Minen immer wieder auf die stöhnenden Pflastersteine geschmettert, erreichten sie die *Sandkiste,* in dessen Löschbecken sie sich rollen ließen – von der Mauer ringsum standen nur noch Reste. Plötzlich hob sich Alf Bertini aus dem flachen Wasser und warf seine Mutter wie eine Puppe

über die Schulter, stolperte, fiel, erhob sich wieder und wankte, von den anderen gefolgt, davon. Der unermeßliche Lärm; das Brüllen der Geschütze; das Pfeifen der fallenden und die Detonationen der krepierenden Bomben; das saugende, hohle Geheul des Feuers ließen keine Verständigung zu. Dabei schrieen sie alle ohne Unterbrechung. Ihre Münder waren aufgerissen, ihre Haare versengt, ihre Kleider zerrissen und die Gesichter rauchverschmiert.

Als sie die große Hochbahnbrücke erreicht hatten, legte Recha Lehmberg sich wie zum Sterben nieder. Sie brach nach vorn zusammen und fiel dann auf die Seite, vom Feuer der brennenden Häuser Ecke Rübenkamp/Hellbrookstraße so behaucht, daß ihr hier am Boden noch das Haupthaar wegschmorte. Neben ihr glitt der Schlosser nieder, während Lea röchelnd zusammenklappte, Cesar und Ludwig an dem riesigen Brückenträger hinabrutschten, langsam, als würden sie sich nie wieder erheben können, und Roman auf den Knien, die *Manuskripte* mit dem Patronenumschlag eng an sich gepreßt, schwankend am Schluß der verendenden Schar mit der Stirn gegen den steinernen Sockel schlug.

Als der flüssige Phosphor herüberleckte, immer näher kam, begannen Alf und seine Mutter zu kriechen, eine wurmhafte, schneckengleiche Fortbewegung, der wie auf Verabredung alle anderen folgten.

Vom Himmel dröhnend bedroht, vom Feuer ringsum an der entsetzten Erde gehalten, krächzend, wimmernd, stammelnd, so rutschten sie Meter um Meter heraus aus dem zerfallenden, krachenden, platzenden Barmbeker Häusermeer an den Rand des Stadtparks, wo der Phosphor weniger Nahrung fand, aber die Erde von unzähligen Bombeneinschlägen wie eine von unten hochgedrückte Haut bebte.

An der Spitze Alf Bertini, seine Mutter vor sich herrollend; gefolgt von Recha und Rudolph Lehmberg, deren Gesichter bei jedem Ruck über den Boden schleiften; dahinter nebeneinander Cesar, Ludwig und Lea, deren Schuhfetzen Roman an Kopf und Schultern trafen – so stießen sie sich mit der Langsamkeit von Faultieren schreiend, flehend und ohne jede Kontrolle des Bewußtseins vorwärts.

Als der Himmel endlich verstummte, als sich gelb, schwadig und verhangen der Morgen über Barmbek meldete, lagen auf der Brücke über den Kanal am großen Güterbahnhof seltsam schuppig, schimmlig, acht menschliche Raupen auf der Erde.

Von Überlebenden des dritten Großangriffs auf das nächtliche Hamburg wurden sie für tot gehalten, niemand kümmerte sich um sie. Gegen Mittag lehnten sie mit dem Rücken aneinander und entdeckten sich von einer schwefeligen Eitersonne hinter tiefen Rauchnebeln grauenhaft angeblinzelt, verständnislos am Leben.

In der Reihenfolge ihrer langen Kriechspur brachen sie schließlich taumelnd auf, durch den Stadtpark hoch zum Borgweg. Als sie die Gelehrtenschule des Johanneums in der Maria-Louisen-Straße passierten, blieb Roman eine Weile stehen – aus der Ersten Anstalt der sterbenden Stadt schlug Feuer.

Für die Durchquerung von Winterhude und Eppendorf bis zur schwerverwüsteten Hoheluftchaussee benötigte die Sippe etwa fünf Stunden. Dann bog sie in die Roonstraße ein – Emma Bertinis Haus stand unbeschädigt da!

Ralph Giordano

Arbeitertrupps

In der Morgendämmerung des 23. Oktober drangen unbewaffnete Arbeitertrupps in den Vororten Hamburgs, in Barmbeck, Uhlenhorst, Winterhude, Eimsbüttel, Schiffbeck, Hamm und Bramfeld in die Polizeiwachen ein und überrumpelten und entwaffneten die anwesenden Polizisten. Als der Tag anbrach, waren in diesen Arbeitervierteln die nunmehr bewaffneten Arbeiter die Herren der Lage. Begeistert nahmen Tausende Männer, Frauen und Jugendliche an dem Kampf teil. Barrikaden wurden gebaut. Verborgen gehaltene Waffen herangeholt. Mannschaftsverpflegung für die Kämpfer vorbereitet. Arbeitersamariter meldeten sich und stellten sich den kämpfenden Arbeitern zur Verfügung …
Zum ersten Male in der Geschichte revolutionärer Aufstände gingen die Arbeiter Hamburgs in ihrem Abwehrkampf gegen einen mit modernen Kampfmitteln ausgerüsteten Gegner zu neuen Kampfmethoden über. Sie kämpften nicht mehr nur auf Barrikade, sondern verteidigten ihre Arbeiterviertel von den Dächern aus. So wurden Handgranaten und Panzer, über die Polizei und Militär verfügten, unwirksam. Doch nicht nur das. Glaubten die Polizeitruppen einen Wohnbezirk eingekesselt, und gingen sie nun vor, diesen Aufstandsherd zu liquidieren, fanden sie zu ihrem größten Erstaunen nicht einen einzigen kämpfenden Arbeiter mehr vor. Und ehe sie überhaupt begriffen, was geschehen war, sahen sie sich selbst eingeschlossen und von allen Seiten unter Feuer genommen. Die Arbeiter hatten auf den unterirdischen Wegen der städtischen Kanalisation ihre alten Stellungen verlassen und im Rücken der Polizei neue Kampfpositionen bezogen. So zog sich der Kampf mit wechselnden Fronten

hin; verstummte er an der einen Seite, flammte er an einer anderen wieder auf.
Drei Tage und drei Nächte wurde in den Arbeiterstraßen gekämpft, und es gelang den vereinigten Kräften der Polizei, der Reichswehr und Marine nicht, den Aufstand zu unterdrükken. Die von Ernst Thälmann gefundene, den Erfordernissen und Umständen angepaßte bewegliche Kampftaktik brachte Unsicherheit und Verwirrung in die Reihen des Gegners und machte es ihm unmöglich, seine überlegenen Kräfte konzentrisch einzusetzen.

Willi Bredel

Das Äußere ist sehr hübsch

Wandsbeck. – Ein bloßes Dorf des Grafen Schimmelmann. Das Äußere davon ist sehr hübsch. Das ländliche Ansehn, das der spitze Kirchthurm, den man von fern aus Bäumen hervorragen sieht, schon von weitem verkündigt, bleibt auch, wenn man mitten im Ort ist. Die Hauptstraße ist mit zwei Alleen Bäumen besetzt, zwischen welchen ein sehr großer Platz ist. Die Häuser sind klein, aber reinlich, niedlich und in gutem Stand erhalten. Das Schloß und die Kirche, die eben neu gebaut wird, vermehren das zierliche Ansehen. Sonntags wimmelt alles von Menschen und Wagen aus Hamburg und der umliegenden Gegend. Um das Schloß herum ist ein sehr angenehmes Hölzchen, das hübsche Aussichten nach Hamburg hin hat. Ein beträchtlicher Nahrungszweig des Örtchens sind die Cattundruckereien, die aber zugleich Armuth und Liederlichkeit sehr befördern, da die Drucker im Sommer, wo sie arbeiten, sehr viel, im Winter aber nichts verdienen, und das leicht gewonnene Geld so schnell verzehren, daß die meisten regelmäßig im Winter ihre Sachen versetzen, und im Sommer wieder einlösen. Wir wohnten bei einem Wirth Brandt, etwa der Kirche gegenüber, mußten aber für Eine Stube mit 2 Betten, und kleiner Kammer für unsre Leute 6 Mark täglich bezahlen.

Wilhelm von Humboldt

Ein Garten voller Landhäuser

21. September: Mietheten uns eine Lohnkutsche bis Lübeck, und verließen endlich um 7 Uhr des Morgens das schöne Hamburg, das so lange das Ziel unserer Wünsche u. Erwartungen war, die es auch alle nicht nur erfüllte, sondern übertraf. Bey jeder Schönheit Hamburgs dachten wir jedesmal: hier hat auch unser Vater gestanden, dieß hat auch er angestaunt, und dieser Gedanke verdoppelte unseren Genuß … Fuhren an Wandsbek vorbei, welches eigentlich nur Ein Garten voll schöner Landhäuser ist. Hier wohnt der Dichter Claudius, mit dem wir uns in einer Entfernung von 120 Meilen so oft, so traulich unterhalten hatten, der uns so manche seelige Stunde schuf.

Joseph von Eichendorff

Die Welt der Dächer

Die Waschfrau Geesche Barfey bewohnte mit ihrem Sohn Tom einen Raum im Giebel des Vorderhauses, der eigentlich nicht mehr hätte vermietet werden dürfen. Er war nur über das Dach des Seitenflügels zugänglich, seit der Entrümpelung, die den Obergeschossen der Häuser größere Sicherung gegen Brandgefahr bei Luftangriffen verleihen sollte. Obwohl man den tiefsten Frieden genoß – Kriege spielten sich nur in Ostasien und Spanien ab – und Adolf Hitler immer wieder beteuerte, wie sehr er als Frontsoldat den Krieg verabscheue, hatte die Reichsregierung doch als guter Vater Vorsorge getroffen und die Böden von altem Plunder räumen lassen. Daß da oben noch jemand wohnte, wurde geduldet. Die Witwe des Unteroffiziers Barfey vom 76. Infanterieregiment, jetzt Waschfrau, und ihr im Frühling 1919 geborener Sohn Tom hausten eben von jeher »da oben«. Sie gehörten dazu. Daß der Knabe Tom verkrüppelt zur Welt gekommen war, mit viel zu kleinen, viel zu schwachen Beinchen, hatten die einen dem Kummer der jungen Kriegerwitwe zugeschrieben, die anderen der Tatsache, daß sie sich bis in die letzten Tage ihrer Schwangerschaft den Leib am Waschfaß des ganzen Viertels wund gedrückt hatte. (…)

Das ganze Viertel kannte den kleinen Tom und strahlte, als er bei zwei Gelegenheiten Schulpreise für gute Leistungen heimbrachte. Damals regte die Schulleitung bei der Mutter an, für Tom unentgeltlichen Besuch der hamburgischen Oberrealschule einzukommen; ja, man wollte ihre Hinterbliebenen-Unterstützung erhöhen, um sie zu entschädigen für die Zuschüsse, die ihr dadurch verlorengingen, daß der Junge nun keine Muße haben würde, sie durch einen Erlös aus Schreibarbeiten zu unterstützen. Dieser Zeitpunkt trat im Frühjahr 33 ein, zugleich mit jener Machtergreifung der Nationalsozialistischen Deutschen Arbeiterpartei, die mit dem Fanal des Reichstagsbrandes aufleuchtete. Sie ließ den Knaben Tom noch ein vorzügliches Abgangszeugnis empfangen. Zunächst gelang es der Lehrerschaft, der Sozialpflegerin Dr. Käte Neumeier und den Eltern der meisten Kinder, auch noch etwas von der alten Atmosphäre des Wohlwollens und des Schutzes um den Knaben Tom zu erhalten, wenn er sich, ein kleiner Invalide ohne Beine, durch die Straßen auf einer Plattform ruderte, die er mittels geschenkter Rollschuhe und zweier selbstgesägter Handstützen angefertigt. Aber seitdem der Judenboykott des Jahres 1933 auch zwischen unpolitischen Teilen der Bewohnerschaft eine Kluft aufgerissen hatte, die Reichsregierung aber durch ihren Propagandaminister einen fast hellenischen Kult der Jugend, Schönheit und Gesundheit proklamieren ließ, jeder Verhätschelung des Kranken, Zukurzgekommenen den Kampf ansagend, ward für Tom Barfey die Straße ein immer unangenehmerer, bald aber ein unmöglicher Aufenthalt. Aus mehreren Gefechten mit Altersgenossen rettete er sich dank seiner unvergleichlich kräftigen Arme und Steinwürfe; gegen erwachsene SA-Burschen aber half ihm auch nicht, daß er nur noch um Mitternacht die Wagnerstraße und die Wandsbeker Chaussee hinunterrollte; wenn sie in der frühen Dämmerung ihre Überfälle auf Republikaner, Juden und Sozialisten unternahmen, war es immer weniger geraten, den jungen Helden und Volksgenossen zu begegnen. Tom Barfey aber half sich durch. Er entdeckte die Welt der Dächer, der flachen wie der steilen. Ihm war mit der Republik und ihren Behörden, ihren humanitären und demokratischen Einrichtungen eine Jugendwelt gestohlen worden, das Leben selbst. Er war jung, er sah scharf aus seinen beiden Augen; da er seine Beine nicht gebrauchen konnte, gebrauchte er seinen Verstand. Es war schon recht, wenn Albert Teetjen vermutete, Tom Barfey sei kein Freund des Dritten Reiches.

Arnold Zweig

Ich zog Ohlsdorf bei weitem vor

Und mit ein wenig Glück stößt man auf eine richtige Beerdigung mit trauernden Lebenden und zuweilen einer Witwe, die sich ins Grab stürzen will, und fast immer hört man die schöne Geschichte von dem Staub, obgleich mir aufgefallen ist, daß nichts weniger staubig ist als solche Löcher, es ist fast immer recht fette Erde, und der Verstorbene droht auch noch nicht gleich zu zerstieben, wenn es sich nicht gerade um einen Verkohlten handelt. Es ist trotzdem ganz schön, das kurze Theater mit dem Staub. Aber an dem Friedhof meines Vaters lag mir nicht soviel. Er war zu weit weg, ganz weit draußen, am Hang eines Hügels, und auch zu klein, viel zu klein. Er war übrigens sozusagen voll, noch ein paar Witwen und er würde ganz ausverkauft sein. Ich zog Ohlsdorf bei weitem vor, besonders das Linnesche Friedhofsgelände, auf preußischem Boden, mit seinen vierhundert Hektar dicht übereinander geschichteter Leichen, obgleich ich dort niemand kannte, außer dem Tierbändiger Hagenbeck, nur vom Hörensagen. Auf seinem Grabmal sieht man, glaube ich, einen aus Stein gehauenen Löwen. Der Tod mußte wohl das Gesicht eines Löwen haben, für Hagenbeck. Autobusse kommen an und fahren ab; sie sind zum Bersten voll mit Witwern, Witwen und Waisen. Wäldchen, Grotten und Teiche mit Schwänen spenden den Betrübten Trost. Es war im Dezember, ich habe nie so arg gefroren, die Aalsuppe war mir nicht bekommen, ich hatte Angst vor dem Tod, ich blieb stehen, um mich zu übergeben, ich beneidete sie.

Samuel Beckett

Besser, man geht in den Hammer Park

Kufalt bummelt langsam daneben her. In den Lauben vor den Cafés sitzen die Leute, trinken und essen. Man hört Musik. Löffelchen klappern gegen Teller. Die beiden anderen überlegen, ob man sich in ein Café setzen soll. Aber es wird zu teuer. Besser, man geht in den Hammer Park, wo gratis Musik zu hören ist.

Beerboom beweist jetzt dem Petersen, daß sein Leben völlig verpfuscht ist, daß es ebensogut wäre, gleich heute Schluß zu machen, Petersen beweist dem Beerboom das Gegenteil.

Nun taucht es dunkel und massig vor ihnen auf, die Luft wird kühler und feuchter, Bäume, viele, hohe Bäume, der Hammer Park.

Erst gehen sie einmal rundum durch die schwach beleuchteten Wege voller Pärchen. Dann landen sie in der Mitte bei einem strahlend beleuchteten Kaffeehaus. Dort musiziert in einem muschelförmigen Pavillon eine Kapelle, Tische sind aufgestellt und viele Menschen sitzen daran. Die nichts verzehren, sind abgesperrt durch Seile.

Auch die drei bleiben eine Weile unter dem Volk stehen und lauschen. Das Hören hat man nicht absperren können, so gerne man es wohl getan hätte. Es geht fröhlich zu bei den Zaungästen, ganze Büschel junger Mädchen hängen dort herum, Jungens jagen sich mit Mädchen, viele lachen. Kufalt wird von einer Kette junger Leute beinahe umgelaufen.

Er drängt in die dunklen Wege zurück, die anderen wollen im Licht bleiben. So zeigt er auf einen Weg: »Da sitze ich irgendwo. Holen Sie mich dann.«

Er findet im Dunkeln eine Bank, auf der nur ein Paar sitzt.

Hockt sich auf eine Ecke, dreht sich eine Zigarette, lehnt sich bequem zurück und sieht vor sich hin.

Manchmal bewegt der Nachtwind ein wenig die Zweige, das rauscht ferne an, kommt näher mit tausend einzelnen Geräuschen und verliert sich wieder fern mit einem allgemeinen Rauschen.

Der Mann und die Frau auf der Bank reden miteinander. Kufalt hört halb hin. Es wird von einem Garten geredet, von einer alten Mutter, die immer schwieriger wird … ›Verliebte sind es nicht‹, denkt Kufalt. Er hätte gerne ein Mädchen, mit dem er sitzen und schwatzen könnte. Über was aber könnte er mit ihr schwatzen –?

Es gehen viele Menschen vorüber, manche halten sich an den Händen. Nein, nicht einmal im Gefängnis hat Willi Kufalt das Gefühl gehabt, wie sehr er sich außerhalb von all dem gestellt hat. Er ist draußen aus all diesem Leben – kommt er je wieder hinein? Von all dem, was ihm in den letzten fünf Jahren geschehen ist, wird er nie reden dürfen.

Das Mädchen ist aufgestanden und macht ein paar Schritte auf und ab. »Es ist doch kühl. Mir wird fröstelig«, sagt sie. Der Mann antwortet nicht. Sie spricht das spitze ›S‹ der Hamburger, nun kommt sie in den Lichtschein der Laterne – eine zierliche, rasche Figur, ein Herzgesicht, blondes Haar. Wieder im Schatten.

»Gehen wir«, sagt das Mädchen.

Der Mann steht auf.

Petersen und Beerboom kommen. »Gehen wir dort entlang«, sagt Kufalt und folgt dem Paar. »War die Musik noch nett?«

Die beiden erzählen, Kufalt behält sein Paar im Auge. »Nein, wir wollen hier entlanggehen. Sie haben ja keine Ahnung, was ich für einen Ortssinn habe. Ich führe Sie glatt nach Haus.«

»Aber wir gehen in der falschen Richtung!«

»Gar nicht. Wir gehen nachher rum. Wetten, daß ich Sie richtig führe?«

»Um was?«

»Zehn Zigaretten.«

»Abgemacht. Hauen Sie durch, Beerboom!«

Es ist nicht ganz leicht, ohne Auffallen dem Paar zu folgen. Kufalt hält sich auf der anderen Straßenseite und macht manchmal Bemerkungen, die seinen suchenden Ortssinn beweisen sollen: »Nein, nun gehen wir besser hier um die Ecke. – Jetzt wieder geradeaus – nein, doch besser links.«

»Ihr Ortssinn, Kufalt«, sagt Beerboom.

Hinter einer Bahnunterführung biegt das Paar überraschend nach links ab, und im Augenblick, da Kufalt seine beiden mit Mühe und Not in diese unerwartete Kurve gebracht hat, ist es in irgendeinem Hauseingang verschwunden.

Kufalt bleibt aufatmend stehen. »Nun bin ich doch ganz wirr geworden. Wo sind wir eigentlich? Wie heißt denn die Straße?«

»Sie sind gut«, sagt der Student Petersen. »Jetzt, wo Sie endlich die rechte Richtung gefaßt haben … das ist die Marienthaler Straße, in einer Viertelstunde sind wir im Heim.«

Hans Fallada

OEVELGÖNNE, OTHMARSCHEN, BLANKENESE

Städtebewohner sind Lärm und Schmutz ausgesetzt. Das ist der Tribut an das urbane Leben. Wenn aber die Sirenen des Luxuskreuzers »Freedom of the Sea« bei seiner nächtlichen Fahrt die Elbe hinauf sonor dröhnen und kurz darauf die Lautsprecheransage für die Abfahrt des Nachtzuges nach Paris vom Altonaer Bahnhof vom Westwind über den Stadtteil getragen wird, dann ist das kein Lärm. Dann drängen sich sehnsüchtige Bilder von der großen weiten Welt auf.

In der kleinen Welt Oevelgönnes wohnen Peter Rühmkorf, der Maler Ali Schindehütte, der Journalist Wolfram Runkel und bis vor kurzem die japanische Autorin Yoko Tawada. Peter Rühmkorf schildert sein Oevelgönne als Idylle mit einem »Mangel an Zufahrt und einer fast holländisch wirkenden Schaufensterpassage, die tiefe Einblicke in private Wohnräume gewährt, einem Hinterhofleben und vorn naiver Kleingärtnerei«, kurz, eine »Kulturlagune«, die, das ist der melancholische Dichter sich schuldig, nur gebrochen wahrgenommen werden darf, denn es gab schon auf der gegenüberliegenden Seite den Petroleumhafen, Esso und BP, »wo der Profit ausgekocht« wird. Heute kommt das Airbusareal mit ganzen aufgeschütteten Biotopen verschärfend hinzu.

Parallel zur Elbe verläuft fünfunddreißig Meter höher kilometerlang die Elbchaussee, die Straße, an der die meisten auf einem Raum versammelten reichen Menschen leben. Sie strukturiert diesen Teil Hamburgs für uns. Unten fließt der hier schon über fünfhundert Meter breite Strom der Elbe, unmittelbar am Ufer beobachtet die Spaziergängerin Anna Brenken »Oevelgönne-Gemisch« und findet, nach den 126 Stufen der »Himmelsleiter« den Elbhang hinauf, oben die intakte Elbchaussee-Noblesse vor.

Noch weiter dahinter in der Kulisse und nur knapp fünfzehn Autominuten vom Altonaer Bahnhof entfernt, finden wir das Siegfried Lenz zur zweiten Heimat gewordene Othmarschen. In der unspektakulären Preußerstraße, weiß Lenz, werden niemals Paraden stattfinden und Barrikaden errichtet werden. Seine liebevoll geschilderte knieförmige Wohnstraße gehört nach Lenz nur zur »verlängerten Margarineseite der Elbchaussee«. Die Butterseite liegt am kostbaren »Elbhang, mit freier Aussicht auf den Schiffsverkehr«. Jeder Kenner weiß, dass die ungeraden Hausnummern an der Elbchaussee die »guten« sind.

Auch heute noch haben die Menschen, die in diesem Teil Hamburgs leben, das Gefühl, bestärkt durch die Großzügigkeit des Raums und das viele Grün, außerhalb der Stadt zu wohnen, und sagen, wenn sie ins Zentrum Hamburgs wollen: »Ich fahre in die Stadt.«

Hier, in dieser grünen Idylle, wohnte nicht nur Otto Ernst in einer Straße, die heute nach ihm benannt ist. Der seiner Tochter gewidmete Roman »Appelschnut« traf Geschmack und Mentalität des Publikums und war ein stiller, gewaltiger Verkaufserfolg.

Nein, überraschenderweise lebte hier auch viele Jahre Hubert Fichte, von dem man vielleicht eher erwartet hätte, dass er ein innerstädtisches Milieu einer ruhigen, grünen Wohnlage vorzieht. Tatsächlich lebte er aber von 1963 bis zu seinem Tod 1986 in der Dürerstraße und kannte als passionierter Fußgänger Othmarschen und die Wege an der Elbe ganz genau.

Der grüne Stadtteil im Hamburger Westen lädt geradezu zum Gehen und Wandern ein, auch im Sinn eines urbanen Flanierens, das einen Ort eben nicht erfahren, sondern in verlangsamter Bewegung den intelligenten Fußgänger die Stadtlandschaft ergehen und verstehen lässt.

Solche Varianten der Aneignung einer städtischen Landschaft finden wir bei Brigitte Kronauer und Wolfgang Schömel. Während Kronauers Text uns in einer schönen Bewegung vom Osdorfer Norden zur Elbe hin eine neue Perspektive durch eine andere Achse erschließt und dabei feine Reflexionen über die passierten Straßennamen mit einflicht, sieht und interpretiert Schömels kluger, trauriger Held die Stadtlandschaft mit einem zur Obsession gewordenen erotomanen Blick.

Wenn wir uns aus dem Gebiet des Othmarscher Hinterlandes wieder Richtung Elbe wenden, bekommen wir die ferne und nahe literarische Vergangenheit Hamburgs noch einmal in den Blick.

Caspar Voght, der kultivierte Kaufmann, der von 1752 bis 1839 lebte, kaufte im Tal der Flottbek fünf Bauernhöfe auf. Hier ließ er sein eigenes, vergleichsweise bescheidenes Anwesen bauen, in dem Dichter und Gelehrte verkehrten. Voght ließ auch den Jenischpark anlegen, dessen größter Reiz der landschaftlich illustrierte Blick auf die Elbe ist. In diesem Park ist heute in einem architektonisch nüchternen, sehr schönen Atriumbau das Barlach-Haus zu finden. In ihm finden Kunstausstellungen, Konzerte und Lesungen statt.

Etwas weiter stadtauswärts kommt man kurz vor der Kirche und dem Friedhof von Nienstedten, wo Hans Henny Jahnn und Hubert Fichte begraben sind, am noblen Restaurant Jacob vorbei. Es ist übrigens auf einem Bild von Max Liebermann verewigt und in der Kunsthalle zu sehen.

In das Restaurant Jacob lud einst Verleger Ledig-Rowohlt zusammen mit den beiden Autoren und Lektoren Kurt Marek (ja, das ist der Ceram mit dem Bestseller »Götter, Gräber und Gelehrte«) und Wolfgang Weyrauch den Autor Arno Schmidt mit seiner Frau Alice ein. Die berichtet beeindruckt in ihrem Tagebuch von dem Geprasse, das ihr kleinbürgerliches Vorstellungsvermögen fast übersteigt, von ihr aber trotzdem »Abendbrot« genannt wird: »3! 50 Mark

Scheine und noch anderes Geld« musste der Verleger zur Begleichung der Zeche auf den Tisch des Hauses legen!

Etwas weiter Richtung Blankenese folgt der Hirschpark. Hier baute der dänische Architekt Christian Friedrich Hansen, der auch viele der Häuser in der Palmaille in Altona entworfen hatte, das Herrenhaus für die Hamburger Reederfamilie Godeffroy, in dessen zugehörigem Kavaliershaus Hans Henny Jahnns Domizil war. Der Antrittsbesuch von Peter Rühmkorf bei diesem skurrilen und etwas verquasten Schriftsteller, der auch Orgelbauer war und die Freie Akademie der Künste in Hamburg mitbegründete, wird in diesem Buch dokumentiert.

Noch etwas weiter westlich, in Blankenese, lebten zwei Doppelbegabungen, beide Zeichner, Maler und gewandte Wortsetzer. Wilhelm M. Busch wohnte an der Elbterrasse. Hier illustrierte er zahlreiche Bücher. Fast jeder Leser findet in seinem Bücherschrank ein von Wilhelm M. Busch illustriertes Buch, zum Beispiel mit seinen Zirkusbildern. Ein Milieu, das ihn stark angezogen hat, wie alles, was sich an den Rändern der Gesellschaft befand.

Horst Janssen und Peter Rühmkorf wohnten nur wenige Kilometer auseinander, pflegten ihren Kontakt aber in starkem Maße über den Postweg. Welch Genuss sind die verbalen Volten und Finten, zeitaufwendigen Kapriolen nur zum Zweck, ein Anliegen, eine Bitte, eine kleine Frage dem vielleicht nicht so geneigten Empfänger appetitanregend zu servieren! Lebensart in einer ansonsten von Zwecken diktierten Welt. Ein Jahr lang wechselten fast täglich Postkarten zwischen dem Dichter und dem Zeichner die Elbe entlang. Thomas Garbe hat diese inspirierte Korrespondenz in seinem schön ausgestatteten Band »Mein lieber Freund und Kompanjung« dokumentiert. Rühmkorf musste nicht selten alle rhetorischen Finessen aufbringen, um dem schlampigen Genie eine kleine Arbeit, vielleicht einen Schutzumschlag, abzurin-

gen. Davon zeugen auch heute noch die Gedichte »Haltbar bis Ende 1999«, die trotz des abgelaufenen Verfallsdatums immer noch mit Vergnügen gelesen werden können und für die Janssen, Rühmkorfs pictor optimus, den Umschlag gestaltete, wie auch für die Gedichtsammlung »Wer Lyrik schreibt ist verrückt« und das Märchenbuch »Der Hüter des Misthaufens«. Zum gelungenen Zusammenspiel schreibt Rühmkorf 1979 an Janssen: »Also das tönt als gedoppeltes ›Hammonia-Hammonia‹ schon ziemlich weit in die Runde, und ich sehne den Tag herbei, daß ich Dir Dein Freundschaftswerk mal mit einem richtigen Täterätä vergelten kann.«
Die beiden Herren schlagen um ihr Ansinnen solch feine Volten und verbrämen ihre Nachlässigkeit so kauzig, dass man als Leser mit größtem Vergnügen bereit ist, die Zumutungen, Hindernisse und Widerwärtigkeiten des Lebens durch die Brille dieser beiden besonderen Hamburger Künstler zu sehen.

So sind wir nach einer Reise durch die Stadtteile Hamburgs an den von uns gewählten Ausgangspunkt zurückgekehrt, an die Elbe und den Hafen als den Orten, denen Hamburg seine Vitalität und seine Schönheit verdankt. Auch wenn es Aufgabe der Literatur und der Literaten wäre, Sand ins Getriebe der geölten Maschinerie zu streuen und nicht den schönen Schein zu besingen, aller ironischen Brechung, Kritik und Wehmut zum Trotz ist hoffentlich deutlich geworden, wie schön Hamburg und welch ein Glück es ist, in dieser Stadt zu leben.

Sonnenaufgang

Sonne, purpurgeborene,
Glänzend im Glanz der Rubinenkron'
Und des goldenen Mantels,
Steigest du empor
Aus deinem Palast von Kristall;
Vor dir, wie Blumenmädchen am Festtag,
Tanzen die jungen Morgenlichter,
Und streuen dir Rosenblätter;
Und unter Triumpfportalen,
Gewölbt aus Wolkenmarmor,
Wandelst du siegreich
Ueber die leuchtende Wasserbahn,
Und wohin du gelangst,
Entflieht die Nacht
Mit hastigem Schattenschritt,
Und, lichtgeweckt, erschließen sich freudig
Die bunten Augen der Blumen
Und die lieben Herzen der Menschen,
Und aus den grünen Domen erschallt
Befiederte Jubelmusik.

Aber, O Sonne, purpurgeborene,
Putz' dich heut noch schöner als sonst,
Putz' dich mit all deinem besten Geschmeide,
Denn es ist heut' der Geburtsthag
Der schönen Tante,
Und keinen gringeren Bothen
Als dich selber, O Sonne,

Schick' ich mit meinem Glückswunsch
An die schöne Tante.

Hochgeehret fühlt sich die Sonne,
Die purpurgeborene,
Sie schmückt sich hastig,
Und hastig eilt sie über das Wasser,
Eilt in die Mündung der Elbe,
Stromaufwärts, Blankenes entlang,
Und sputet sich eifrig, und kommt noch zeitig
Nach Onkels Villa zu Ottensen,
Und findet noch, frühstückversammelt,
Alldort die schöne Tante
Und den Oheim, den fürstlichen Mann,
Und die lieben Mädchen,
Und Carl, den göttlichen Jungen,
Dem die Welt gehört,
Und den vornehmherrlichen Herrmann,
Der jüngst aus Italien gekommen,
Und vieles gesehn und erfahren,
Und jetzt erzählt:
Vom alten, blauen Wunderland,
Von Zitronenwäldern und Banditen,
Von Makaroni und Madonnen,
Von geflickten Marmorgöttern,
Und von Musik und Misere. – – –

Unterdessen, die Sonne, die purpurgeborene,
Auftraggehorsam,
Stralet ins Fenster hinein

Meinen heißesten Glückswunsch,
Meine wärmste Gratulazion.

Heinrich Heine

Erster Besuch bei Hans Henny Jahnn

51.) Der erste Besuch bei diesem großen Mann war allerdings fürchterlich. Zwar hatte Jahnn mir einen freundlichen Willkommensgruß mit Tinte auf Butterbrotpapier geschickt; auch einiges Weise und Thesenhafte darin zum besten gegeben, beispielsweise »ein Genie kann nicht weniger geben als es hat« (das war mein Bier, das war genau mein Fall!); als ich dann aber an einem hübsch bereiften Januartag vor Elbchaussee 74 a stand und noch vor der Tür von einem wütigen Teckel verbellt wurde (hatte Hundephobie und führte bei ländlichen Spaziergängen immer ein daumendickes Elektrokabel bei mir), begann ein Verhängnis seinen Lauf zu nehmen, das mich bald in neuerliche Verstörungen stürzen sollte. Das erste Mißverständnis war dabei noch recht allgemein und hing damit zusammen, daß Jahnn (über den ich mir in Eile fabulöse Informationen eingeholt hatte) mir keineswegs als seine eigene Bronzebüste begegnete, nicht mal wie ein Holzschnitt von Barlach, sondern in schlappenden Filzlatschen und mit mausgrauer Strickweste. Gewissermaßen um mir freundlich entgegenzukommen, beging er dann die Taktlosigkeit, mich zu fragen, ob ich mich auch als häßlich empfände. Das war wie ich später erfuhr, s e i n e i g e n e s Lebensproblem, es war allerdings auch das meine, an das mit so groben Fingern gerührt zu sehen, mir allerhöchsten Widerwillen verursachte. Weiter, anstatt meinen scharfsinnigen Selbstauslegungen gebührenden Respekt zu zollen und vor meinen hausgemachten Neologismen in Entzücken zu geraten, nannte er meine frisch erfundene Formulierung »überbelichtetes Bewußtsein« eine Phrase und ging dazu über, mich nach seiner privaten Augentaxe zu vermessen: »Legen Sie bitte mal die Hände auf den Tisch« – »Nein, andersherum« – »Was sind Sie eigentlich für ein Beckentyp?« – »Würden Sie mal aufstehen und sich umdrehen« – mein Unbehagen wuchs proportional zu seinem Wissensdurst, und als er mir dann noch ein Reagenzglas mit urinfarbener Flüssigkeit kredenzt und ich, entgeistert, abgelehnt hatte, war ich froh, als Jahnn schließlich bei seinen eigenen Sorgen Einkehr hielt: bei dem Ärger über seinen Verleger Weismann, dem Kummer über das geringe Echo seiner Werke, dem Jammer über eine weltweite Verschwörung gegen seine Person, ihre Ecken und Kanten und ihre literarischen Hervorbringungen. Hatte allerdings grad im Ostberliner »Ulenspiegel« ein Gedicht gelesen, das den Hergang der laufenden Entfremdung ziemlich wirklichkeitsgetreu vorporträtiert hatte: »Junger Dichter kommt zu altem Dichter / Alter Dichter fragt ein bißchen / Lobt ein bißchen / Alter Dichter geht zu wichtigerem über: / Zu sich selbst.« Meiner drückte mir dann zum Abschied noch ein Exemplar eines spanndicken Buches »Die Niederschrift des Gustav Anias Horn« in die Hand, das mochte wohl Rechtes sein. Schrieb noch am gleichen Abend einen ausführlichen Brief an Döblin, den verheerenden Eindruck schildernd, den sein Hamburger Gewährsmann auf mich gemacht.

Peter Rühmkorf

Kringel für Ringel

Samstag-Sonntag auf Tour,
ich und mein Glas
suchen eigentlich nur
einen An-, einen Sündenerlaß,
anders gesagt, einen Grund.
Daß man ihn sich ertrinken muß,
ist, wie ich glaub, schon ein älterer Schluß
aus Volkes Mund.

Volkes Mund oder wes?
Bellman, Firdusi, Bakchylides,
nimm, wen du willst –
Nimm sie zusammen als Zeichen,
daß du nicht nur allein aus dir selber quillst,
von allen Seiten/Zeiten her sprudelt es
dir zu aus andrer Leuts Schläuchen.

Wo in diesem fluidalen Berufe
ohnehin jeder jeden und jede beerbt
(also alles soweit im Fluß)
wünsche ich mir für die Tage nach Ladenschluß,
nein, keinen Ordensstern, keine Ehrenschleppe,
aber daß ihr vielleicht in die unterste Stufe
der Ringelnatztreppe
meinen Namen einkerbt.

So ihm zu Füßen zu liegen.
Ein Jahrzehnt oder zweie, solange der Wackerstein hält.
Bis er, von ungezählten Damen-/Herrenstiefeln bestiegen,

mehrere Male im Jahr von Flut überwellt,
lautlos zerfällt …
Aber bis dahin lachen wir beide verschwiegen
unwiderleglich über die ganze Wichtigkeitswelt.

Die Weltmaßstäbe:
Kassel – Knokke – und Cannes –
Siehst du mein Glas in der Schwebe?
Hoch sollst du leben,
solang ich selbst eben noch lebe,
großer kleiner,
bis in den letzten Nervenstrich spinnwebfeiner
unübersetzbarer Mann!

Peter Rühmkorf

Keine sonderlich angenehme Lage

Flotbeck, ein Dorf unterhalb Hamburg an der Elbe, worin Kaufmann Voght eine sehr große Besitzung hat. Sein Haus, das er jetzt, da es abgebrannt gewesen, neu baut, hat keine sonderlich angenehme Lage. Eine desto schönere aber der sogenannte Tempel, in dem ein Saal und mehrere Zinnen sind. Dieser steht auf einer Höhe dicht an der Elbe. Sowohl der Fluß, der hier sehr breit ist, als die Ufer auf beiden Seiten und die vorbeikommenden Schiffe geben einen schönen und interessanten Anblick. Vorzüglich lebendig wird das Gemählde auch durch die Ebbe und Fluth, welche immer abwechselnd Schiffe aus dem Hamburger Hafen hinaus, oder von der Mündung hinein führt. – Der Englische Garten ist sehr groß, und mit außerordentlich vielem Geschmack angelegt. Rasenplätze, prächtige und schön contrastirende Aussichten, und mahlerische Baumgruppen wechseln überaus angenehm mit einander ab. Dabei ist der Garten von allen Spielereien und Colifichets gänzlich frei.

Voght, der Besitzer dieses Guts wird für den reichsten Kaufmann in Hamburg gehalten. Er ist nicht verheirathet und macht sehr viel Aufwand. Er betreibt bloß Geschäfte für America, und die meisten Americanischen Handlungsgeschäfte gehen durch seine Handlung. Er selbst beschäftigt sich nicht viel mit derselben, und lebt Winter und Sommer in Flotbeck. Er ist sehr viel gereist, und noch vor kurzem 2 Jahr in England gewesen. Er hat dort mit den merkwürdigsten Gelehrten in Verbindung gestanden, und besonders viel mit Steward gelebt. Auch ist er in mehreren Fächern der Wissenschaften, z. B. Philosophie, Physik, Chemie und Politik recht gut unterrichtet, beschäftigt sich angelegen damit, und ist ein recht sehr guter Kopf. Nur fehlt ihm freilich wohl ein recht reines und ernsthaftes Interesse an allen diesen Dingen und dies macht ihn weniger interessant. Er hat eine große Bibliothek, und einen wenigstens ziemlich vollständigen, und sehr netten Apparat physikalischer Instrumente. Sie sind durchaus alle in England gemacht. Doch ist oft mehr auf Pracht und Zierlichkeit als auf die wissenschaftliche Brauchbarkeit gesehn. So z. E. besitzt er nur eine kleine und gewiß mittelmäßige Elektrisirmaschine. – Sein größtes Verdienst besteht wohl unstreitig in der Einrichtung der bekanntermaaßen außerordentlich guten Armenanstalten in Hamburg, die ihm vorzüglich ihr Daseyn danken. Das physische und moralische Elend der Armen soll ehemals fürchterlich gewesen seyn. Sie haben ein eignes Quartier der Stadt bewohnt, in fast völliger Gemeinschaft, sogar der Weiber gelebt, und die Polizei hat sich kaum unter sie gewagt. Dagegen haben sie jetzt sämmt-

lich Arbeit, die Straßenbettelei hat ganz aufgehört, und ihre Kinder werden in eignen Schulen unterrichtet. Dennoch sollen die Krankheiten, Verkrüppelungen und die Mortalität unter den Kindern noch außerordentlich groß seyn. Voght hat diese Anstalten in einer eignen Schrift englisch beschrieben, die durch Zimmermann in Braunschweig übersetzt wird. Reinhold hat auf Voghts Einladung mehrere Wochen bei ihm zugebracht. – Übrigens liebt Voght sehr die Gesellschaft, und hat darin einen sehr guten Ton. (…)
Kaufmann Sieveking, ein Schwiegersohn des D. Reimarus, dessen Tochter aus der ersten Ehe er zur Frau hat, ist einer der angesehensten Kaufleute in Hamburg, und scheint Verstand, Weltkenntniß und literarische Kultur in nicht geringen Graden mit einander zu verbinden. Dabei ist er still und dem Äußern nach sehr bescheiden. Seine Thätigkeit und seine Zeit werden jetzt ganz und gar durch seine Handlungsgeschäfte erschöpft. Er hat vor kurzem den Sturm, der Hamburg von den Franzosen bedrohte, abgewehrt, und ist deshalb eine Zeitlang in Paris gewesen. Er hat dabei sehr große Schwierigkeiten nicht bloß in Paris, sondern auch in Hamburg selbst zu bekämpfen gehabt, da der Rath ohne die Bürgerschaft nur über 15 Thaler disponiren kann, und die Summe, die Hamburg dadurch an Frankreich bezahlt, daß es Schulden für dasselbe zu tilgen übernommen, sowie die ganze Unterhandlung nicht hat bekannt werden sollen. Er hat dabei einen sehr großen Patriotismus bewiesen, und die ganze Sache eine Zeitlang allein auf seine Verantwortung genommen. Er bringt den Sommer meistentheils auf dem Lande in Neumühlen zu, wo sein Haus das rendezvous der meisten und interessantesten Fremden ist. Seine Frau hat ein anziehendes und viel versprechendes Äußere, und man findet in

ihr das überaus seltne Talent, einer sehr großen Haushaltung im genauesten Verstande treu, und aufmerksam vorzustehen, und sich doch darum ganz und gar nicht der Gesellschaft zu entziehn. Dabei ist sie durchaus anspruchlos und bescheiden. Es ist schlechterdings unmöglich angenehmer, als in ihrem Hause zu seyn, in dem sich aller Überfluß des Reichthums mit der ganzen natürlichen Einfachheit des Mittelstandes verbindet. Sievekings und Puhls bewohnen Neumühlen im Sommer gemeinschaftlich, und führen auch die Wirthschaft auf gemeinschaftliche Kosten, so daß man bald von jenen, bald von diesen bewirthet wird. Dies geschieht aber mit so großer Einigkeit und Anspruchlosigkeit, daß man das Haus schon genau kennen muß, um zu wissen, bei wem man jedesmal ist …
Neumühlen ist ein Landgut dicht unterhalb Altona an der Elbe. Es hat eine überaus schöne Aussicht auf die Elbe, Altona, und den Altonaer Hafen, die in dem sehr geschmackvoll angelegten Garten, der an einem ziemlich hohen Berge liegt, vortreflich benutzt ist.

Wilhelm von Humboldt

Meine Straße

Nein, in diese Gegend wollten wir nicht ziehen. Als wir die alte Wohnung verlassen mußten, suchten wir, nicht zuletzt wegen der Bücher, ein stilles Haus in der Vorstadt. Uns wäre jede Gegend in Hamburg recht gewesen – ausgenommen der Stadtteil, in dem wir heute wohnen. Othmarschen ließen wir bei unserer Suche links liegen. Hierher – und darüber bestand ein stillschweigendes Einverständnis –, hierher wollten wir nicht.

Warum? Wir fürchteten die Zwänge – Zwänge des Verhaltens, die man der hier wohnenden Gesellschaft nachsagte. Wir hatten keine Schiffe laufen. Wir waren weder im Export- noch im Importgeschäft zu Hause. Keine Mitgliedschaft im Golfclub, keine im Reiterverein, nicht mal Anwärter auf Mitgliedschaft in einem Yachtclub. Vor allem konnten wir nicht mitreden – und das ist schon Anlaß ausdauernder Abendunterhaltungen –, wenn man gemeinsam das europäische Hotel ausfindig machte, in dem der garantiert beste Martini serviert wird. Wir beide wurden nicht auf der Überfahrt zwischen Hamburg und London geboren. Wir beide »empfangen« sogenannte Lieferanten an der allgemeinen Tür und trinken einen Schnaps mit ihnen. Und wir waren auch nicht bereit, die mannigfachen Tribute zu entrichten, die man für eine sogenannte »gute Adresse« aufbringen muß – von peinlicher Gartenpflege bis zur diskreten Demonstration eigener Kreditwürdigkeit.
Doch dann fanden wir, gegen unsere Absicht, ein altes, sympathisch verwohntes Haus, das uns zu garantieren schien, was bei den anderen besichtigten Objekten fraglich geblieben war: Stille nämlich. Stille in der Stadt. Und dies Haus lag ausgerechnet hier, in der Nachbarschaft eines sahnefarbenen, prestigefördernden Senatorenbunkers, im Schatten repräsentativer Bäume, die in städtischer Fürsorge stehen, in der weiteren Nachbarschaft von Golf-, Reiter- und Segelclubs, deren Aufnahmestatuten sich wie der delikateste Kommentar zur Chancengleichheit lesen. Doch das Argument der Stille siegte. Huschende Eichhörnchen zerstreuten letzte Bedenken. Auch wilde Kaninchen im Garten, deren Sympathie wir uns mit Teltower Rübchen erkauften. Käuze und seltene Vögel, die wir uns mit Futter gewogen machten. Eine Vier-

telstunde vom Hauptbahnhof entfernt entdeckten wir gediegene Ländlichkeit, überraschendes Tierleben, tägliche und nächtliche Stille. Das gab den Ausschlag, wir wurden Bürger von Othmarschen.

Die Straße, in der ich wohne? Sie ist nicht lang, sie ist weder alleenhaft prächtig noch spektakulär verwendbar. Hier werden, das weiß ich, niemals Paraden stattfinden. Und Barrikaden werden hier nie entstehen. Ein schlichter rechter Winkel, ein steif angewinkeltes Knie, in ganzer Länge mit zwei kraftvollen Steinwürfen zu vermessen: das ist sie schon, eine Nebenstraße, offensichtlich, ein abseitiger Weg. Ich meine, der Mann, der ihr seinen Namen geliehen hat, hätte eine belebtere Straße verdient, eine längere in jedem Fall. Die Tat seines Lebens bestand darin, von einem brennenden dänischen Kriegsschiff verwundete Seesoldaten zu bergen, 1849 vor Eckernförde. Bei der Explosion des Schiffes kam er ums Leben, wurde post mortem aus dem Mannschaftsstand zum Leutnant befördert: er erhielt, soviel ich weiß, den Adelstitel und später dann diese Straße. Sie ist tatsächlich viel bescheidener als die Straßen der Nachbarschaft, denen ein Waldersee, ein Jungmann, ein Reventlow den Namen gaben. Aber die waren Marschälle, hochgestellte Dreinschläger, oder sie hatten Zugang bei Hofe. (…)

Und die Nachbarn? Die Bewohner dieser stillen, trägen und wohl auch selbstgenügsamen Straße? Wir kannten sie lange nicht – ausgenommen die unmittelbaren Nachbarn zur Linken und zur Rechten, beide als Juristen ergraut. Von den anderen wußten wir nichts, lange nichts. Sicher, wir sahen regelmäßig Persianermäntel vorbeigehen, beobachteten die morgendliche Abfahrt zigarrenrauchender Männer vorgerückten Alters, die von Chauffeuren weggekarrt wurden; auch die abendliche Kurzpromenade mit dem schwerfälligen Dakkel, dem Pudel, dem Spaniel bekamen wir zu Gesicht – doch wer unsere Nachbarn wirklich waren, das erfuhren wir lange nicht.

Freilich, etwas erfuhren wir schon über sie. Wir lernten unter anderem ihre Empfindlichkeit kennen, ihr Verlangen nach unbedingter Höflichkeit, ihr Befremden über Arbeit, die Lärm macht. Als wir uns neben dem Haus eine Garage bauten – wobei wir in Übereinstimmung mit der Verkehrsbehörde handelten, die erklärte: je mehr Autos von der Straße verschwinden, desto besser –, als also die unschuldige Garage entstand, erfolgten prompt Nachfragen: *Baugenehmigung?* Die war vorhanden. *Vorschriften?* Allen Vorschriften war entsprochen. Was also? Eine Nachbarin hatte die Garage als anstößig empfunden; sie versperrte zwar nicht, doch beleidigte ihr Blickfeld. Und als wir es wagten, eine Art Auffahrt zur Garage zu bauen –, schließlich schaffe ich es beim besten Willen nicht, mein Auto in die Garage zu tragen –, wurde wieder nachgefragt: ob wir den »geliebten Gehweg« durch eine Auffahrt unterbrechen dürften? Wir durften.

Jeden Morgen um Viertel vor neun verwandelt ein gewisses Auto meine Straße in eine Dorfstraße. Eine Klingel, wie wilhelminische Wachtmeister sie schwangen, bevor sie eine Verordnung verlasen, bimmelt zum Frühstückfassen: Milch, Brötchen, Käse, meinetwegen noch »Frühlingsquark«. Man trifft sich am Auto, man bedient sich selbst, man spricht über den letzten oder über den bevorstehenden Urlaub. Als ich zum erstenmal neben dem Auto auftauchte, musterten mich einige Frauen eindringlich, und ein Silberhaar sprach zum andern Silberhaar: *Wo ist bloß die berühmte Höflichkeit der Ostpreußen geblieben? Früher, da boten sie einem doch ellenlange Grüße an.*

Auffe Flucht verbrannt is de Heflichkeit, sagte ich und trug gelassen meine Milch ins Haus. (…)

Und doch: meine Gegend gehört nur zur verlängerten Margarineseite der Elbchaussee. Die Butterseite liegt am kostbaren Elbhang, mit freier Aussicht auf den Schiffsverkehr – wir begnügen uns mit den Geräuschen: mit den dröhnenden Rufen des Nebelhorns, mit dem erschütternden Brummton der Supertanker, bei Westwind auch mit dem Rattern der Niethämmer auf den Werften. Die Geräusche erinnern allemal an die Nähe des Stroms. Von hinten – aber wer will hier entscheiden, wo hinten und vorn ist, sagen wir also: von der anderen Seite biege ich wieder in meine Straße ein. Kinder begrüßen mich. Sie essen nie auf der Straße, so wie wir es taten. Noch nie habe ich hier den Ruf gehört: *Mami, wirf mir mal 'ne Stulle runter.* Dafür grüßen sie ungewöhnlich korrekt und in einer Sprache, der man den bemühten Wunsch anmerkt, Wohlerzogenheit auszustellen. Hier kann ein achtjähriges Mädchen glatt sagen, und zwar ohne Luft zu holen: *Guten Tag, Herr Lenz, wir hatten die Freude, Sie im Fernsehen zu erleben, bitte, grüßen Sie Ihre Frau.* Als ich einmal einem kleinen Mädchen einen unterhaltsamen Bären aufbinden wollte (ich erzählte ihr, daß Eichhörnchen deshalb so viele Nüsse sammelten, weil sie mit ihnen Wettkämpfe im Murmelspiel austragen), unterbrach die Kleine mich mit der Bemerkung: *Es hört sich ganz possierlich an, aber Sie nehmen es mir hoffentlich nicht übel, wenn ich nicht bereit bin, Ihre Märchen zu glauben.* So können Kinder in meiner Straße sprechen.

Ob sie auch eine heimliche Bevölkerung hat? So, wie alle charaktervollen Straßen von sichtbarem und unsichtbarem Volk bewohnt werden? Sie wirkt so brav, so geschichtslos, so wenig gezeichnet von Mittellosigkeit oder herausfordernder

Verschwendung, daß man zu schnell annehmen möchte, hier habe sich nichts ereignet, was einen fremden Spaziergänger erschauern läßt oder automatisch seine Phantasie weckt oder ihn betroffen lauschen läßt – eben: auf die Stimmen einer heimlichen Bevölkerung.

Meine Straße: sie ist von erklärter Diesseitigkeit. Die Peitschenmasten der Laternen lassen nicht zuviel im Dunkeln. Und um nächtliche unerbetene Besuche fernzuhalten, geht ein Herr vom Hamburger Wachdienst ums Haus. Lautlos segelt er auf seinem Fahrrad durch die nächtliche Straße, nur das Metall der Taschenlampe blitzt argwöhnisch und die Brille. In jedes Haus, das er zu bewachen hat, wirft er einen weißen Kontrollzettel: *Ich war hier, nichts fiel mir auf.* Manchmal liegt ein rotes Kontrollzettelchen daneben; es stammt vom Oberwachmann und soll besagen: der Wachmann seinerseits wurde bewacht oder kontrolliert; er wurde bei Ausübung seiner Pflicht angetroffen. Dennoch wird in größeren Abständen in unserer Straße eingebrochen; aus statistischen Gründen waren wir auch schon dran. Die Beute war gering. Bei uns verschwanden Mokkalöffel, von denen wir nicht einmal wußten, daß wir sie besaßen. Äpfel und Birnen, die Lieblingsbeute meiner Jugend – hier klaut sie niemand mehr. Meine Nachbarn können sorglos schlafen, falls sie schlafen können.

Viele Jahre wohnen wir jetzt hier, und in dieser Zeit haben wir uns aneinander gewöhnt, meine Straße und ich. Ja, es ist sogar mehr als Gewohnheit entstanden, das Gefühl nämlich, zu Hause zu sein. Gelegentlich, wenn Freunde aus der Stadt kommen und von den Vorzügen der City schwärmen, von dem regsamen, geräuschvollen Leben dort, von sozialen Erfahrungsfreuden und sogenannter Weltnähe, dann beginne ich unwillkürlich meine Straße zu verteidigen: die Stille, die Distanz, die geharkte Abseitigkeit hier, die vielleicht das schnelle Gespräch nicht begünstigen, ganz gewiß aber die Arbeit am Schreibtisch. Und nach allen Regeln der Kunst versuche ich zu verdrängen, daß dies die einzige Gegend war, in die wir, auf der Suche nach einer neuen Wohnung, nicht ziehen wollten.

Siegfried Lenz

Zu Fuß von Osdorf nach Teufelsbrück

Als ich die mir im Prinzip logischerweise nicht unbekannte Strecke einmal probeweise (ein Fußmarsch, der weniger als eine Stunde dauerte) von meinem Taubnesselweg, in dem die Häuser leider wie eine Kolonie schlichter Krankenhäuser aussehen, jedenfalls im Winter, immer geradeaus Richtung Elbe gegangen bin, dabei jedoch sacht mit der Straße pendelnd, bis zur Anlegestelle Teufelsbrück, einige Tage nach dem Zusammenstoß, freute, ja erregte mich freudig, daß sich ziemlich genau auf der Hälfte des Weges rechterhand der Botanische Garten befindet, wo jetzt zwischen gefrorenen Teilchen die Namensschilder vor kahlen Beeten standen, Grabes- und Gesetzestafeln, aber auch demutsvolle Notenständer. Daß er so die Mitte der Distanz von meiner Wohnung zur Elbe bildete, gefiel mir. Ein günstiger Wink der Maße und Zahlen? In dieser Anlage stapfte einmal im Miniaturhochgebirge ein erwachsener Mann mit wüsten Bergsteigerschuhen umher, wohl um sie einzulaufen vor dem echten Gipfelsturm.
Am 21. Januar, um halb sechs, entdeckte ich links den Vollmond, sehr tückisch und überraschend, ähnlich darin, fin-

de ich, den alljährlich so ruckhaften Schneeglöckchen, die plötzlich aus dem Boden springen. Im scharf kreisrunden Mond aber steckte eine unbeweisbare Bosheit, etwas Aggressions-, wenn nicht gar Mordlustiges. Dann verschwand er, dann stand er, vor dem endgültigen Wegtauchen, hinter den Wolken, als wäre nichts gewesen, eine Weile wie aus der Pistole geschossen wieder da, eine sanft entfaltete Feuerwerksbutterblume.

An der Elbe wandte ich mich zuerst ein Stück stadteinwärts, an der jetzt kaum sichtbaren Figur des schallend lachenden Teufels vorbei, schwarz wie der schwarze Ritter Ivanhoe, dem Hans-Leip-Ufer zu. Eine dunkle Welt erstreckte sich von da aus, wo ich herkam, über Himmel und Elbe zu den eifrigen Zwergenlichtern des jenseitigen Ufers, Flämmchen nur, aber da hinten so munter, als sollte es die ganze Nacht durchgehen, als hätte man die Schicht, das eigentliche Tagwerk, erst gerade begonnen. Gelegentlich sprangen sie auch, gelb, grün, rot, auf die Schiffe über und turnten übers Wasser. Niemand saß auf den Bänken. Warum nur fiel es mir auf? Dämmerfiguren mit Hunden, Läufer, Radfahrer bewegten sich stumm, leise, schon beinahe betulich auftretend, um das Geräusch des elbabwärts flüsternden Treibeises nicht zu übertönen, in der Schattenwelt.

Manchmal wurden die Schollen von auslaufenden Bugwellen behutsam gehoben und gesenkt. Bloß nichts zerklirren lassen! Größere Stücke trugen kleinere auf dem Rücken. Die Lichter spiegelten sich, von blinden Flecken unterbrochen. Man meinte, sie fielen auf eine Fläche aus reflektierenden und stumpfen Teilen, aus glattem und rauhem Glas, eine rissige Oberfläche mit glanzschluckenden Tiefen, sehr unregelmäßig, nie berechenbar die lichtfressenden Spalten. Ich versuchte, die markanten Orte des anderen Ufers zu erraten. Sachlich, in unterschiedlicher Dichte, die Lampen von Finkenwerder, vom Köhlfleet- und Petroleumhafen, hier massiert und fast grell, dann die Anlage der Dasa, Daimler Chrysler Aerospace Airbus Zungenbrecher AG, die dort, am Mühlenberger Loch, wegen Erweiterungsarbeiten Zu- und Aufschichtungen erwägt. Ich verfluchte kurz die willige Stadt und die fordernde Dasa. Das Mühlenberger Loch: Süßwasserwatt, einzigartiges Überflutungsareal bei Hochwasserfluten, unersetzbarer Rastplatz für Tausende von Zugvögeln. Weiter weg, stadteinwärts, vielleicht noch der Container Terminal Waltershof und elbabwärts die Cranzer Werft? Ich ging zurück zum Hafen von Teufelsbrück, in dem sich, wie zwischen den Brücken der Schiffsanlegestelle, Packeis aufgestapelt hatte. Aus der Nähe war auch das, was aus einiger Entfernung starr wirkte, in schwappender oder sogar zügiger Bewegung. Sah man von der Brücke hinunter, geriet man in einen Schwindel, denn es trieb unter den Füßen raspelnd auf Reisen, auf Reisen davon, nichts blieb an seinem Fleck, zog davon. Die Brücke bebte, sobald man nicht still stand. Aus dem haltenden Bus stiegen wieder dunkle, aber diesmal lebhafte Leute, die erleichtert von der Arbeit kamen, froh auch, welche zu haben. Sie gingen dem Reibekuchengeruch des schwimmenden Restaurants entgegen.

Hinten im Alten Land war ein Schein am Himmel, ein Widerschein. Aber das Treibeis hatte man als Barriere eingesetzt. Ich fuhr mit dem Taxi nach Hause.

Brigitte Kronauer

Die Elbe
Blick von Blankenese

Links liegt Hamburg. Da, wo der viele Dunst liegt. Und der kommt von dem vielen Lärm, von den Menschen und der Arbeit, die da sind, in Hamburg.
Drüben liegt Finkenwerder. Aber Finkenwerder ist klein, denn es liegt da ganz drüben, und dazwischen liegt der Strom. Und drüben, das ist ziemlich weit.
Rechts liegen noch ein paar Häuser und manchmal eine Straße oder ein Graben. Und dann liegt da nachher bald die Nordsee. Und da liegt viel Dunst. Von dem vielen Wasser, das da ist.
So ist das links, drüben und rechts. Hamburg und Finkenwerder und die Nordsee. Und hinten?
Hinten liegen ein paar Wiesen und ein paar Wälder. In den Wiesen und den Wäldern liegen Kühe, Kuhfladen, Nebel, Nächte. Liegen Kaninchen, Sonne, Heidekraut und Pilze. Hin und wieder liegen Strohdächer dazwischen, Misthaufen, Fuchslöcher, Regenpfützen und Knickwege. Aber sonst nicht viel. Und nachher liegt da auch bald Dänemark.
Oben liegt der Himmel und da liegen die Sterne drin.
Darunter liegt die Elbe. Und da liegen auch Sterne drin. Dieselben Sterne, die im Himmel liegen, liegen auch in der Elbe. Vielleicht sind wir gar nicht so weit ab vom Himmel. Wir in Blankenese. Wir in Barmbek, in Bremen, in Bristol, Boston und Brooklyn. Und wir hier in Blankenese. Aber man muß die Sterne natürlich sehen, die hier unten schwimmen, in der Elbe, im Dnjepr, in der Seine, im Hoangho und im Mississippi.
Und die Elbe? Die stinkt. Stinkt, wie eben das Abwaschwasser

einer Großstadt stinkt: nach Kartoffelschale, Seife, Blumenvasenwasser, Steckrüben, Nachttöpfen, Chlor, Bier und nach Fisch und nach Rattendreck. Danach stinkt sie, die Elbe. Wie eben das Spülwasser von ein paar Millionen Menschen nur stinken kann. So stinkt sie aber auch. Und sie läßt keinen Gestank aus, der auf der Welt vorkommt.

Aber die sie lieben, die weit weg sind und sich sehnen, die sagen: Sie riecht. Nach Leben riecht sie. Nach Heimat hier auf der verlorenen Kugel. Nach Deutschland. Ach, und sie riecht nach Hamburg und nach der ganz großen Welt. Und sie sagen: Elbe. Sie sagen das weich und wehmütig und wollüstig, wie man einen Mädchennamen sagt. So: Elbe!

Wolfgang Borchert

Blankenese

Ein Kleingebirg aus bunten Muscheln,
darüber dick die Wolken kuscheln.
Darunter Flaggen hin und her,
des Stromes Überseeverkehr.

Hoch auf der schlanken Promenade
Haus über Haus das Grüngestade.
Ein kleines Nest, ein großes Bild.
Die Architekten lächeln mild.

Ein Dorf, das wie ein Eden liegt
und sanft nach Grog und Flundern riecht.
Von angenehmen Parks verschönt,
von einer Gastwirtsburg gekrönt.

Die stille Zuflucht – im Vertrauen –
zeitmüder Schlemmer, schöner Frauen.
Der Liebesstrand, das Sonntagsbad,
das Tanzlokal der großen Stadt.

Treppauf, treppab die Winkelgänge,
Schlafpuppengärten, Netzgehänge,
Boot, Abendbank und Fliesenkram,
versponnen, blond und tugendsam.

Solide Wäsche bauscht im Wind,
mit fremden Münzen spielt ein Kind,
ein Junge träumt von großer Fahrt,
ein Alter spinnt in seinen Bart.

Hoch über Baum und Schornsteindach
kommt man zu Atem allgemach.
Es brist herauf so meergeschwellt,
tief unten blitzt die weite Welt.

Hans Leip

Weltstadt mit menschlichem Antlitz

Hamburg ist ein Mirakel. Mein Vorgefühl hat mich nicht getäuscht. Hamburg ist eine Weltstadt mit menschlichem Antlitz. Ein Riese mit unschuldigen Augen. Die Leute haben zwar ein loses Maul und sind von eiskalter Schlagfertigkeit, aber dahinter verbirgt sich kindliche Sentimentalität. Und dennoch sind sie ausgesprochen erwachsen. Die Erwachsenheit ist das Geheimnis ihres Erfolgs – ihres Welterfolgs, kann man sagen, denn Hamburg ist ein Begriff wie Genua, Singapur oder New York. Eine Schuhverkäuferin sagte mir, die Hamburger hätten große Füße. Und wie! Mit diesen Füßen stehen sie unerschütterlich auf dem Boden. Im Zentrum des Universums.

Ich besuche Rolf Hädrich in Blankenese. Wir sind alte Freunde aus der Zeit beim Fernsehen. Für meine Begriffe war er einmal der beste Regisseur Deutschlands. Jetzt zieht er sich zurück. In die Villenvorstadt von Hamburg, wo große Leute ihrer großen Tage gedenken. Wir stehen an der Elbe und bestaunen die Hochseeschiffe, die selbstbewußt an uns vorbeigleiten. Sirenen dröhnen zum Himmel, und unsere Gedanken schweifen hinaus in die fünf Erdteile. Eine leise Trauer befällt uns, weil wir zu alt sind, um mitzufahren. Als blinde Passagiere. In ferne Städte und Länder, deren Namen Gänsehaut verschaffen: Curaçao, Brisbane, Rio de Janeiro. »Hamburg«, sagt Hädrich, »ist der Duft der weiten Welt. Eine Stadt im wahrsten Sinn dieses Wortes. Ein Marktplatz der Waren und Ideen. Die Elbe ist eine Hauptarterie. Sie führt zum Ozean – und der Ozean nach irgendwohin. Alle Wege führen nach Rom, doch noch mehr Wege nach Hamburg. In Hamburg gibt es keinen Platz für Diminutive. Hamburg ist ein Gigant. Eine tausendköpfige Hydra – der Zentralcomputer unserer Epoche. Alle Punkte des Erdballs sind angeschlossen. Wir sind die Mitte der Welt.«

Rolf Hädrich ist ein Patriot. Ein Hamburger aus Überzeugung. Darüber hinaus ist er ein Oberlehrer. Er will hören, was ich über seine Stadt weiß. Nicht viel, um die Wahrheit zu sagen. Daß sie von Ludwig dem Frommen als Missionszentrum ausersehen wurde. Daß sie protestantisch bis ins Rückenmark ist, betriebsam, reich und geizig. Ich weiß von der Hamburg-Amerika-Linie, von den Hamburger Zimmerleuten mit ihren

schwarzen Manchesterhosen und dem Schlapphut. Ach ja, und dann Ernst Thälmann. Wenn mein Vater von ihm gesprochen hat, zog er bedeutungsvoll die Augenbrauen hoch: Thälmann habe den Hamburger Aufstand angeführt. 1923, in meinem Geburtsjahr, und um ein Haar wäre die Stadt eine Sowjetrepublik geworden. Thälmann sei ein Hamburger Proletarier gewesen, ein großer Sohn der Arbeiterklasse. 1932 wäre er beinahe Reichspräsident geworden. »Thälmann oder Hitler«, habe es damals geheißen – aber Deutschland hat sich für Hitler entschieden, und Thälmann ist ermordet worden. Im Konzentrationslager Buchenwald.
Hädrich schaut mich mitleidig an: »Warst du schon am Glokkengießerwall? In der Kunsthalle? Da mußt du anfangen, wenn du Hamburg kennenlernen willst. Geh hin und schau dir die Grosz-Ausstellung an!«

André Kaminski

Das Revier

Ich habe alles dabei, wenn ich unterwegs bin: Mundwasser, Zahnbürste, Kondome mit unterschiedlichen Wandstärken, um auf alle Spezialwünsche vorbereitet zu sein. Auf den großen Durchbruch warte ich indes bislang vergeblich, obwohl ich immerhin seit etwa zwei Jahren im Einsatz bin. Das Revier an der Elbchaussee mußte ich schon zwei-, dreimal für einige Wochen meiden, weil es mir so vorkam, als fiele ein gewisses Mißtrauen auf mich. Es könnte sein, daß mich einige der Damen, die mit mir im Wartehäuschen gestanden hatten, in widersprüchliche Buslinien steigen sahen. Man muß ja auch damit rechnen, daß man in den Verdacht gerät, ein Päderast zu sein, denn: wäre man einer, hätte man ja mit mei-

nem Trick und einigen Ferrero-Überraschungseiern die besten Chancen. Ich verlegte mich während dieser Pausen auf verschiedene andere bürgerliche Reviere Hamburgs, aber nirgends hatte ich ähnlich positive Vibrationen wie an der Elbchaussee. Dort schien mir die Erfüllung meines Traumes regelrecht greifbar: Der Einzug in das Haus einer begüterten, gebildeten Dame. Sobald sich meine persönliche Anmutung und mein Selbstwertgefühl den neuen Lebensumständen assimiliert hätten, würde ich ein philosophisches Institut eröffnen, von dem alsbald die ganze Hamburger Gesellschaft spräche. Meine Lehrtätigkeit würde dann das Tor zu einer neuen Epoche ausschweifenden Lebens aufstoßen. Aber das ist immer noch Zukunftsmusik, auch wenn ich in der vergangenen Woche ein erstes erfolgversprechendes Erlebnis in die richtige Richtung hatte.
Es begann übrigens gar nicht an einer Bushaltestelle, sondern im Schnellbus von Blankenese in die Innenstadt. Ich hatte in Blankenese den Markt besucht, weil ich wußte, daß dort interessante Frauen verkehren. Der Bus war bereits gut gefüllt. Die »Financial Times« lag blaßrosa auf meiner grünen Aktentasche, und ich freute mich über die farbliche Harmonie. An der Teufelsbrücke stieg eine vielleicht fünfzigjährige, markant großbrüstige Dame in einer offen stehenden Nerzjacke zu. Ohne zu zögern, setzte sie sich auf den freien Sitz neben mir. In die Aura ihres Parfums gehüllt, betrachtete ich sie von der Seite. Sie war stark geschminkt und offenbar geliftet, was mir ihre etwas zu glatte Wangenhaut sowie die feinen Narben an ihren Ohren verrieten. Aber alles in allem rechnete ich sie zu meiner Zielgruppe. In Altona wurde der Bus sehr voll, und es ergab sich ein Gespräch über die räumlich bedrängte Situation und ihre eigene Komik. Die Dame war plötzlich aus-

gesprochen freundlich und interessiert. Ich schaute ihr einige Male tief und verheißungsvoll in die Augen. Ihre Brüste waren mir sehr nahe. Als der Bus eine Kurve fuhr, berührte ich eine von ihnen leicht mit dem Ellenbogen. Ich spürte, wie eine seit langem vermißte Erregung über mich kam. Als ich mitteilte, daß ich am Gänsemarkt aussteigen würde, »ich habe ein Briefing wegen unserer neuen Kampagne«, fragte sie mich ohne weitere Überleitung, ob ich heute nachmittag »zum Tee« kommen wolle. Mit ihrer Karte in der Hand, die sie als »Innenarchitektin« auswies, lief ich, von Phantasien gepeitscht, nach Hause, duschte noch einmal, wusch alles besonders gründlich, nahm eine Multivitamintablette, trug mein englisches Eau de Toilette auf und zog die edle Unterwäsche von Zimmerli an, die ich seit Jahren für diesen Tag bereit hielt. Exakt um fünf war ich in Nienstedten, stand vor der Tür eines großen, von drei Parteien bewohnten Hauses »auf parkähnlichem Grundstück« und klingelte. Ich hatte Herzklopfen und einen latenten Blutstau im Unterleib, als sie öffnete. Mein Blick fiel sofort auf die zwei großen Tischlampen mit gelben Schirmen links und rechts am großen Fenster zur Straße hin. Wer in Hamburg zum Bürgertum zählen möchte, muß diese beiden Lampen ins Fenster stellen. Die übrige Einrichtung der Räume wurde von englischen Stilmöbeln dominiert. Aber ich hatte nicht viel Zeit für Beobachtungen, weil mich die Dame mit ziemlich herrischer Stimme keineswegs zum Tee, sondern sofort ins Schlafzimmer bat, wo sie alles vorbereitet hatte. Die Läden vor den Fenstern waren geschlossen.

Wolfgang Schömel

Flaschenpost an Horst Janssen

Hamburg, den 1. Mai 1981

Lieber Janssen,
was waren das doch noch für Zeiten vor anderthalb Jahren, als Du über den einen oder den anderen Postweg noch zu erreichen warst und gelegentlich selbst einmal Laut gabst, über Boten oder mit Klingelzeichen – nun werd ich die nächste Nachricht an Dich wohl mit Flaschenpost schicken – einmal Övelgönne–Blankenese bei ablaufender Flut – kann ja sein, daß das Symbol Dich rührt und die Flasche keine Einwegflasche bleibt. Für die Mitwelt freilich noch dies. Seit einiger Zeit zupft man mich an der Jacke oder tritt mir auf die Hakken. Du hättest mir doch so schöne Geburtstagsbilder gemalt, ob ich Dich nicht mal reporträtieren möchte.

Janssen! nur zu und zu gern und beinah jeder Zeit, bloß geht das a) nicht gänzlich ohne Dich und b) auch nicht über den mir vom »Kunsthaus Hamburg« unschuldig-freundlichst avisierten Reflexionsgegenstand (Ernst Jüngers »Nigromontanus«), auf diesem reichlich zickzackförmigen Weg führt jedes Wort von mir über Dich an Dir vorbei. Nochmal in allgemein verständlichem Klartext das ganze. Aufgefordert, über Dich und Jünger gleichzeitig zu schreiben, krieg ich augenblicklich Ärger mit meinem Olympia-Vierundvierzigfüßler, denn meine Vorliebe bist Du und nicht Deine Vorvorlieben, die kann ich nur still aus dem Kulissenwinkel raus zur Kenntnis nehmen.

Damit wir uns recht verstehen. Wie kaum jemand anderer Deiner pinselschwingenden oder griffelführenden Kollegen hast Du Dich immer wieder liebevoll auf die Schwesterkunst eingelassen und sie auf Deinen Leim gelockt und in Dein Liniennetzwerk einbezogen. Ich meine sogar, daß Du hier ein Beispiel sei es der innigen Anteilnahme, sei es der mutwilligen Einverleibung vorgegeben hast, das man den zahlreichen Kunst- und Literaturadepten als güldenen Spiegel vorhalten sollte. Wie sollen wir lesen, wie uns einem schwierigen literarischen Text annähern, bin ich oft von Studenten meines Faches gefragt worden, und ich habe dann gelegentlich – und das nicht nur zum Spaß – geantwortet: wie der Maler und Zeichner Janssen es macht. Genau so, mit dem Finger unter den Wörtern, mit der Feder immer der Zeile nach und hingebungsvoll wie ein Schreibmönch vor seinen Glaubensunterlagen. Nur mit dieser Methode kann man sich überhaupt etwas aneignen und auf sein eigenes Leben beziehen. Nur so etwas erwerben, um es zu besitzen. Das ist wohl einer der verhängnisvollsten Irrtümer unseres xerokopierenden Saeculums, daß die Studierenden der Literatur ihre Beschäftigungsgegenstände durch den Fotomaten jagen und dann meinen, sie hätten bereits intus, was sie nur abgezogen haben. Und da kommst nun, wie gesagt, Du und belehrst sie eines ganz anderen. Mit nicht nur erklärenden Worten, sondern leuchtendem Beispiel. Mit Exempeln, die alles andere als bloße Reflexe sind, nämlich Strahlenbündeln themselves. Und ganz genau an dieser Stelle kriegen wir denn auch den Zipfel eines Himmelsbaldachins zu fassen, der alle Künste und ihre Liebhaber gemeinheitlich überspannt und wo die eine Passion sich in der anderen erkennen kann – Kann! wie gesagt, und wenn Du demnächst vielleicht einmal Carl Michael Bellman widerspiegeln solltest (oder den alstertrunkenen Hagedorn, meinetwegen) wird sich als dein Reflex nicht im mindesten zieren

Dein Dir von Osten nach Westen zugeneigter
Rühmkorf

HARBURG, FINKENWERDER, SÜDERELBE

»Achtung, meine Herren – wir dringen ins Arschloch der Welt ein.« So nennt der Erzähler in Frank Schulz' Roman »Morbus fonticuli« den Elbtunnel, als er mit ein paar Freunden von Hamburg aus nach Süden in Richtung Altes Land fährt. Es gibt natürlich jede Menge freundlichere Metaphern für dieses Verkehrs-Nadelöhr. Aber so sehen die Hamburger die Land- und Ortschaften südlich der Elbe.

Landschaftlich hat das Alte Land viel zu bieten, literarisch hingegen weniger. Außer, dass Frank Schulz in Hagen bei Stade aufgewachsen ist, wäre höchstens zu vermelden, dass Gotthold Ephraim Lessing am 8. Oktober 1776 im Rathaus von Jork, dem sogenannten »Gräfenhaus«, mit Eva Catharina König getraut wurde. An diesen Tag erinnert eine Gedenktafel vor der Altländer Sparkasse, und es finden jährlich die sogenannten »Lessing-Gespräche« – eine Gesprächsrunde zu aktuellen Themen – statt. Im Kirchenbuch von Jork lautet der Eintrag: »1776, 8ten October Herr Gotthold Ephraim Lessing, Herzogl. Br.-lüneb. Hof-Rath und Bibliothecarius, und Frau Eva Catharina König geborene Hahn aus der Pfaltz, weil. Herrn Engelbert König Kaufmanns in Hamburg nachgel. Witwe, im Hause getraut.« Frank Schulz nennt das Alte Land das »Knabenparadies«, in dem sein Held und alter Ego Bodo Morten »ruhiger atmen« kann.

Vom Alten Land fährt man am Elbdeich entlang in das industriell mittlerweile arg gezauste Finkenwerder. Hier ließen sich während des Krieges zwischen Preußen und Dänemark 1864 viele Fischer nieder, denn hier konnten sie unbehelligt ihren Beruf ausüben – daraus entwickelten sich die größeren Finkenwerder Fischereiflotten und Werften. Aus Finkenwerder gibt es aus literarischer Sicht nicht viel zu berichten: Schiffbau und Fischfang in der Vergangenheit, Flugzeugbau in der Gegenwart. Ein Nährboden für Literatur sieht anders aus. Einzig ein Punkt aus der Vergangenheit ragt wie ein Leuchtturm aus dem – literarischen – Sumpf: Gorch Fock, der Dichter der alten Finkenwerder Seefahrer-Romantik, wurde 1880 auf dem Neßdeich 6 geboren. Er beschreibt in seinen Büchern vor allem die Geschichte und den Stolz der Finkenwerder Fischer. In seinem Roman »Seefahrt ist not!« sind die Fischer wahre Helden: Der Seefischer Klaus Mewes ist »Herr und König seines Lebens«, er steht auf dem Ewer »wie ein König«, und auch sein Ewer liegt »wie ein Königsschiff« auf dem Wasser. Das klingt wie ein Ritter- oder ein Wildwestroman mit Fischern. Gorch Fock wertet seine Figuren gerne germanisch-mythisch auf: »Nicht als finsterer fliegender Holländer geht der junge Klaus Mewes einher; viel ähnlicher ist er dem blonden Konradin, der tapfer lachend über die Alpen zog, nur von seinem Schwert begleitet, und sich sein Königreich erobern wollte.«

Wie kommt Gorch Fock zu dieser Nibelungen-Romantik – wo er doch selbst in Hamburg-Hamm in einem Mietshaus gewohnt hat? Man kann das eigentlich nur mit einer mythischen Sehnsucht nach Heldentum erklären. Gorch Fock erlebt Finkenwerder in seiner Kindheit als niedergehenden Fischereistandort, als Nebeneinander von traditionell landwirtschaftlich und gleichzeitig von einem kurzzeitigen industriellen Aufschwung geprägter Umgebung.

Die bisher dominierende Bevölkerungsgruppe der Elb-Seefischer verliert gegen Ende des 19. Jahrhunderts in ungekanntem Ausmaß die Kontrolle über ihre bisher unabhängigen Direktvertriebswege. Es entstehen der Fischhandel und die Vertragsfischerei. In diesen Jahren verlieren die Finkenwerder Elbfischer auch endgültig den Konkurrenzkampf gegen die dampfmaschinengetriebenen Fischereischiffe. Gorch Fock synthetisiert aus diesem Konflikt eine romantische Seefahrtsverklärung mit einem germanisch-mythischen Unterton und versuchte vor allem sich selbst damit eine innere Heimat zu geben. Die Wahl seines Pseudonyms erklärt er seinem Bruder so:

> Georg, das ist der Bauer,
> Und Fock, das ist der Fischermann.
> Gorch Fock liegt auf der Lauer
> Und guckt die beiden an.

Gorch Fock ist ohne Zweifel der bedeutendste Finkenwerder Literat. Und auch für Hamburg ist er mehr als nur ein Heimatdichter. Er wird in den Vorstand der »Literarischen Gesellschaft« aufgenommen. In seinem »Kreis um die Himmelsleiter« sind unter anderem Gustav Falke und Richard Dehmel Ehrengäste. Sein Roman »Seefahrt ist not!« war übrigens auf Anregung durch Alexander Zinn, dem Chefredakteur der *Hamburger Allgemeinen*, entstanden. Gorch Fock, der während des Ersten Weltkriegs 1916 im Skagerrak beim Untergang des Kreuzers »Wiesbaden« ertrank und der so gern vom »Festverwurzelten« schrieb, war selbst auf eine Weise entwurzelt, wie das nur einem Provinzler und Autodidakten widerfahren kann, der sich in der fremden großen Stadt vielen Bildungserlebnissen ausgesetzt hat. Den Verlust der kleinen Heimat in Finkenwerder kompensiert er mit einer romantischen Heimatideologie. So ist denn auch »Seefahrt ist not!« nicht nur ein Buch des literarischen Imperialismus, sondern auch ein rührendes, lebensvolles Dokument einer untergegangenen Kultur.

Aufgrund nationalsozialistischer Literaturpolitik wurden seine Bücher allein seit 1934 in einer Auflage von über 700 000 Exemplaren verkauft, und auch Hans Henny Jahnn charakterisierte sein Werk als verwendbar für »Blutsorgien mit Salzwassereffekt«.

2005 ist das Kinau-Haus, das Elternhaus der drei Dichterbrüder Jakob, Rudolf und Johann Kinau, unter Denkmalschutz gestellt worden. Das Haus erinnert an den »Dichter der Nordsee«, es ist jeden ersten Donnerstag im Monat von 14 bis 18 Uhr geöffnet.

Finkenwerder ist eine Insel und historisch gesehen in zwei Teile geteilt. Der nördliche Teil gehörte zu Hamburg, der südliche bis 1937 zu Harburg. Finkenwerder und Harburg sind zwar benachbart, haben aber ansonsten – aus historischen wie aus gegenwärtigen Gründen – nicht viel miteinander im Sinn. 1265 übernahmen die Herzöge von Braunschweig-Lüneburg die südliche Hälfte Finkenwerders, und Hamburg erwarb 1445 die nördliche Hälfte. Die Grenze markierte ein Graben mit dem Namen »Finkenwerder Landscheideweg«, der bis heute eine regelrechte Kulturgrenze darstellt. So ist im nördlichen Finkenwerder etwa die »Karkmess« alljährlich im Juni der traditionelle Höhepunkt des Jahres, im südlichen Finkenwerder hingegen wie in Harburg das Schützenfest.
Als Hans Christian Andersen im Sommer 1840 von Hamburg nach Süden fuhr, kam er nach Harburg – eine vollkommen andere Stadt in einer gänzlich unterschiedlichen Umgebung zwischen den kleineren Elbinseln.

> Wir hatten die Elbe fast überquert. Das Dampfschiff glitt auf der hannoverschen Seite zwischen niedrigen grünen Inseln dahin, Bauernhäuser und Viehherden waren darauf zu sehen ... Wir waren in Harburg.

Harburg kann im Gegensatz zu Finkenwerder nicht einmal einen einzigen »Stadtteil-Dichter« vorweisen. Harburg ist weniger ein Ort der Literatur als der Industrie. Zum Beispiel eröffnete hier Iwan Budnikowsky 1912 sein erstes Seifen-Spezialgeschäft und legte damit den Grundstein zum heute norddeutschlandweit operierenden gleichnamigen Drogerie-Konzern.

Harburg hat bei Hamburgern keinen guten Leumund. Und die Schriftsteller bestätigen diesen Ruf, bis heute. Der Erfolgsautor Heinz Strunk zum Beispiel lässt in seinem Roman »Fleisch ist mein Gemüse« kein gutes Haar an Harburg. Doch wie kommt es zu dieser Animosität? Abgesehen von natürlicher Rivalität von Städten an Flüssen (man denke nur an Köln / Deutz oder Frankfurt / Sachsenhausen) ist wie so oft die historische Entwicklung ausschlaggebend, die vollkommen unterschiedlich verlief.

Bis 1937 hatte Harburg zur preußischen Provinz Hannover gehört, hatte also eine ganz andere Geschichte als die Hansestadt Hamburg mit ihrer Anbindung an die Nordsee und die holsteinischen Nachbargemeinden. Harburg war vorher welfischer Besitz gewesen und 1705 an das Kurfürstentum Hannover gefallen. Ab 1714 war der Kurfürst auch König von Großbritannien. Im hohen Mittelalter hatte die Harburg zu jenem Burgensystem gehört, mit dem die Bremer Erzbischöfe ihr entstehendes Territorium gleichzeitig schützten und überwachten. Im 13. Jahrhundert ging sie dann in das Lehen der welfischen Herzöge über. Die »Horeburg« (von »hore« für »Sumpf«) stand mitten im heutigen Industriegebiet am Wasser und diente vermutlich vor allem Siedlern aus Holland sowie der einheimischen Bevölkerung als Rückzugsort bei Überfällen und Überflutungen.

Harburg war, ganz anders als Hamburg, vorwiegend landwirtschaftlich geprägt. In einer aufgrund des vielen Wassers schwierigen landschaftlichen Lage entwickelte sich die Wirtschaft dürftig, während auf der anderen Elbseite die Handels- und Hansestadt Hamburg eine frühe Metropole wurde. Die Rivalität der beiden ungleichen Städte stammte auch aus dem 16. Jahrhundert, als die generell am Landzoll interessierten braunschweigischen Herzöge den Schiffsverkehr auf der Elbe zum Erliegen brachten. Natürlich gab es auch Händel um die Grenzen im Moor- und Sumpfgebiet der Elbe. Dabei ging es um die Oberherrschaft in der Süderelbe. Harburg war schon damals im Vergleich zu Hamburg winzig klein. Um 1700 wohnten nur rund 4000 Menschen in Harburg, während in Hamburg circa 75 000 Menschen lebten.

Die Rivalität zwischen Harburg und Hamburg ging weiter. Die Brücke, die während der Franzosenzeit über die Elbe geführt hatte, wurde 1819 sogar wieder beseitigt. 1866 gewann Preußen den Krieg mit Österreich um die Vorherrschaft in Deutschland, und Hannover, das mit Österreich verbündet war, musste Harburg an Preußen abtreten. Unterdessen ging die Industrialisierung Harburgs voran: 1856 errichteten die Hamburger Gebrüder Cohen eine Fabrik zur Herstellung von Gummischuhen. Von einem Ausflug mit seinem Verleger zu einer Lesung in dieser Gummiwarenfabrik Phoenix berichtet Hans Erich Nossack:

> Abends in Krügers Wagen nach Harburg zu den Phönix-Werken, wo Krüger vor Arbeitern einen Vortrag über das Wesen des Verlags hielt und ich zwei Gedichte aufsagte. Ziemlich sinnlose Sache.

Die Eisenbahnbrücke über die Elbe sowie die Bahnverbindung nach Bremen und Cuxhaven in der Gründerzeit sicherten den Verkehrsknotenpunkt Harburg ab. Und immer noch war Harburg wesentlich kleiner als Hamburg, hatte 1910 67 000 Einwohner, während in Hamburg bereits über eine Million Menschen lebten. Auch dem Dichter Helmut Heißenbüttel fällt zu Harburg nicht viel mehr ein als Industrie, wenn er Harburg auf einer Eisenbahnfahrt als »letzte Station« beschreibt – vor was wohl?, natürlich vor der Endstation Hamburg-Hauptbahnhof.

Ganz und gar nicht sinnlos allerdings ist der »Club der lebenden Dichter«, den der Heimfelder Rainer Krusch gegründet hat und der Lesungen und Dichterwettstreite veranstaltet, unter anderem im Harburger Rieckhof oder in der Wilhelmsburger Honigfabrik. Und auch die Harburger Poetry-Slam-Szene hat mit ihrem »Heimfeld ist Reimfeld« einen quirligen Gegenpol zum Hamburger »Hamburg ist Slamburg« gesetzt. So schlecht sieht es also gar nicht aus für die Literatur in Harburg.

Und außerdem gibt es südlich der Elbe schöne, beschreibenswerte Landschaft. Samuel Beckett beschreibt in der Erzählung »Der Ausgestoßene« eine Fahrt in die Heide:

> Als ich noch jünger war, glaubte ich, es sei gut, inmitten einer Ebene zu leben, ich ging in die Lüneburger Heide. Mit einer Ebene im Sinn ging ich in die Heide. Es gab andere Heiden, gar nicht so weit weg, aber eine Stimme sagte mir, Die Lüneburger Heide ist das, was Sie brauchen.

Hans Erich Nossack beobachtet von hier die Bombardierung Hamburgs im Juli 1943 und schafft in der Beschreibung der schönen Heidelandschaft einen besonders starken Hintergrund vor dem Schrecken der Zerstörung Hamburgs.

Also: die Städte grau, die Landschaft schön. Auch für Helmut Heißenbüttel, der 1956 den Lessing-Preis der Stadt Hamburg erhielt und 1993 mit dem Hamburger Alexander-Zinn-Preis ausgezeichnet wurde, ist die Landschaft südlich der Elbe vor allem als Erinnerungsraum definiert – »Geruch und Zeit und Vergangenheit, über mein Gedächtnis hinweg, mein Gedächtnis objektivierend, weiterreichend.« Wie sagte Frank Schulz? »Knabenparadies«.

Das Arschloch der Welt

Ganz großer *Drecksack*, dachte Satschesatsche, obwohl – oder gerade weil – es hart war, ihn da rumoren zu sehn wie Rumpelstilzchen, halb nackt, mit Motorradhelm und Spaten in einem Wald, nachdem er zehn Tage lang verschollen gewesen war: Bodo »Mufti« Morten, sein ältester Kumpel. Ich. »Ganz großer Drecksack«, murmelte Satsche schließlich, denn meinetwegen hatte er – etwa anderthalb Stunden zuvor, im Elbtunnel – einen schlimmen Angstanfall erlitten. Er hatte nur wenige Sekunden gedauert, war ihm aber mit einer derartigen Wucht zugestoßen, daß er noch monatelang innerlich schlotterte, wenn er nur daran dachte.

Seit sieben oder acht Nächten bereits hatte Satsche wegen meines Verschwindens Albträume gehabt, und sieben oder acht Minuten bevor der kleine Konvoi in den A7-Stau geraten war, hatte ihn seine eigene Schweigsamkeit zu ängstigen begonnen. Dennoch sprach er erst, als die scheunentorgroße Einfahrt des Elbtunnels direkt vor ihnen lag. »Achtung, meine Herrn«, sagte er, als er für ein paar Meter wieder Gas geben konnte, »wir dringen ins Arschloch zur Welt ein.« (...)

Der monströse Blechwurm kroch tausendfach zergliedert weiter. Nervös ordnete sich Satsche dem Stop-and-go-Rhythmus unter. An der tiefsten Stelle jenes gekrümmten, gefliesten Schachts unter der Elbe war es, wo er plötzlich in Todesangst geriet. Das Herz hinkte panisch, in den Ohren lärmte das abfließende Blut – doch bevor Schlimmeres passierte, löste sich die Atemsperre wieder. Er rang nach Luft. Einen Augenblick lang sah er alles doppelt, und dann schlug das Herz – nach langem freien Fall – eineinviertelmal auf wie ein Medizinball, und das Blut schwärmte wieder ins Hirn zurück; was blieb, war banger Drang zur Selbstbeobachtung. Ein paar Meter über dem Himmel des Audis floß der megatonnenschwere Elbstrom.

Sie hatten die Siphonkehle hinter sich, und auf der leichten Steigung nahm die Schwerfälligkeit der peristaltischen Bewegungen des Verkehrs zu. Satsche spähte durch die Abgasschwaden, und als das helle Tunnelende nahte, streckte sich der Blechwurm und machte ganz allmählich Tempo. Mit 70 Stundenkilometern ging's wieder ans Tageslicht.

Kai betrachtete die signalfarbenen Containerstapel zur Linken und weit dahinter den käferhaften Verkehr auf dem auf- und abwärts geschwungenen Traversenbogen der Köhlbrand-Brücke, die, verankert an mächtigen Stahltrossen und Verstrebungen, durch titanhafte konvexe Pfeilerrauten hindurch hoch übers Hafengelände hinwegführte, und wandte dann, wegen des Nackenproblems den gesamten Oberkörper mitschwenkend, den Blick zur anderen Seite hinunter, wo Schienenstränge verliefen, Güter- und Güterkühlwaggons darauf, rote und grüne Lokomotiven vor sechsstöckigen Silos mit blinden Fenstern; die Kais säumten kahle Kräne, und auf bereiften Stelzen rollten Kabinen mit Flaschenzügen unterm Bauch zwischen vertäuten Frachtern und Gebäudequadern hin und her.

Auf der langgezogenen Waltershofer Abfahrt Richtung Petroleumhafen und Finkenwerder bemerkte Kai eine Gemeinsamkeit an ihrem Konvoi, die ihm eine Gänsehaut über die Arme trieb – vielleicht war's aber auch die Luft, die durchs wieder geöffnete Fenster flatterte. »Wie 'n Trauerzug«, sagte er.

Frank Schulz

Unser Knabenparadies

In meinem Ford hatte während der Fahrt durchs Alte Land – bald näher am Elbdeich entlang, bald weiter ins Marschland hinein – vorwiegend Conny geredet. Nur einmal, als sie nach Westen abbogen, hinauf auf die Geest, war Anita höhnisches Schnauben entfahren.

Conny schmiegte ihr frauliches Kinn an die Kopfstütze. »Was«, fragte sie.

Anita deutete auf das Radio. Der Moderator eines Lokalsenders hatte gerade eine satirische Bemerkung über die Landfriedensbruchs-Klage gegen eine Skandalfigur der Hamburger Schickeria gemacht, die sich am Pfingstsonntag auf dem Anleger Teufelsbrück dem Geschlechtsverkehr hingegeben hatte. »Nellie Vandenhoek«, sagte Anita, »eine von Muftis Lieblingsfeindinnen. Weißt du? Von der ich dir gestern erzählt hab …«

Erst wieder zu Beginn der etwa tausend Meter langen Geraden, die direkt ins Kaff führt, hauchte Anita einen Satz ähnlicher Länge gegen die Windschutzscheibe. Weicher Seitenwind zauste ihren schwarzen Schopf und wehte Wiesengeruch über ihre bloße Schulter in den Fond, wo André saß.

Er lehnte seinen rechten Arm auf Connys Arztkoffer und den Hinterkopf an das stilgetreue Kissen mit dem aufgestickten Kfz-Kennzeichen, um den Nacken von den Strapazen der Anreise aus Mittelamerika zu entlasten. Das Rauschen der Eichenkronen und das satte Grunzen des Sechszylinders verhinderten, daß Anitas Worte ihn erreichten. Er fragte nicht nach. Auch als Conny sich nach ihm umdrehte, verharrte er in der bequemen Haltung – nur sein Adamsapfel glitt einmal auf und nieder.

»Mitgekriegt?« sagte Conny.
»Nee«, sagte André und versuchte, durchs mit siebzig Stundenkilometern vorbeihuschende Gebüsch einen Blick vom anderen, langsamer passierenden Ende der Weide zu erhaschen, vom Schatten, den die knorrigen Eichen dem Mittellauf des Bachbetts spenden, wo der Beeck über Steine plätschert, unter Böschungen gurgelt, wo damals, in unserem Knabenparadies, die Kühe soffen.
Conny deutete diese elliptische Kopfgeste an, die früher die langen Ponyfransen aus der Stirn geschleudert hätte. »Nita hat gesagt, zuletzt hätte Mufti von euerm Kaff nur noch wie über eine Mutti geredet, die für jeden die Beine breit macht.«
»Sauerei«, brummte André mit einem Grinsen. Welches sich, fand Conny, angenehm von meiner Verbitterung über die zunehmende Besiedelung unseres Kindheitshorts – früher ein Handwerker-, Arbeiter-, Bauern- und Hausfrauendorf – abhob; eine folkloristische Verbitterung, die senilen Eseln anstehen mochte – jedenfalls kaum einem angeblich kritisch aufgeklärten 38jährigen, der ohnehin seit fast zwanzig Jahren in einer Millionenstadt lebte.

Frank Schulz

Kein Wunder

Mein Urgroßvater mütterlicherseits, Hinrich Rabeler, hatte auf der Elbinsel Finkenwerder eine Kaufhandlung. Da konnte ein Seefischer vom Nagel bis zur Positionslampe alles kaufen, was er brauchte. Wenn die Fischer kamen und ihre kaputten Positionslaternen vorzeigten, sagte er: »Mütt ji allens kaputtmoken? Köönt ji nich n'beten beter oppassen?« Die Rabelers wohnten seit 1769 auf Finkenwerder. Und wenn sie auch nicht zu den ältesten und größten Clans der Insel gehörten, so muß mein Urgroßvater doch ein angesehener Mann gewesen sein. Wenn meine Mutter von ihm erzählt, sagt sie: »Der paßte auf'n Kaneel!« Was soviel heißt wie: »Der ließ sich nichts wegnehmen!« Auch sonst mußte er sich durchzusetzen verstanden haben: Als seine Tochter, meine Großmutter, ein Verhältnis angefangen hatte mit dem Schiffsknecht ihres Mannes, der 1895 mit seinem Ewer untergegangen war, veranlaßte er, daß die beiden die Insel verließen; denn das schickte sich nicht auf Finkenwerder, jedenfalls nicht, solange die See einen eindeutigen Beweis für den Tod meines Großvaters nicht herausgerückt hatte. Im übrigen ließ Hinrich Rabeler sich nicht lumpen: er kaufte der von ihm vertriebenen Tochter ein Mietshaus am Fischmarkt, in der Großen Elbstraße; dort ließ eben mein Urgroßonkel Johann Cohrs, beim Diamantensuchen in Südafrika reich geworden, die Altonaer Fischhalle bauen. 1898 weihte der Kaiser sie ein.

Meine Großmutter hat von der Spendierfreude ihres Vaters trotzdem nicht viel gehabt: Ihr Vermögen war zwar so groß, daß sie 1914 allein fünfzigtausend Mark Kriegsanleihe zeichnete, auf den Verdacht eines deutschen Siegs. Aber ihr zweiter Mann verkaufte hinter ihrem Rücken die Grundstücke und hat auch noch die Mitgift für die Kinder mit dem Dienstmädchen durchgebracht.

Meine Mutter, heute, hat eine einfache Erklärung dafür: Kein Wunder, sagt sie. War schließlich nicht aus Finkenwerder, war eben einer aus Hamburg.

»Je geliehrter, je vukiehrter«, sagte man noch bis ins 20. Jahrhundert hinein auf Finkenwerder. Kirchenbücher vergange-

ner Jahrhunderte, Eingaben von Lehrern und Pfarrern an den Hamburger Rat sind voller Klagen über das mangelnde Interesse an Bildung und Religion in Finkenwerder Familien. Man las allenfalls Erbauungsbücher, Postillen. In ihnen war alles, was über die tägliche Arbeit hinaus im Leben zu bedenken war, auf leicht faßbare Sprichworte, Haussegen, moralische Weisungen, Redensarten verkürzt:
»Watt mutt, datt mutt.« »Wuar de Uart an Land un an Buard.« »Veel Kinner, veel Vaterunser.« »Gifft Gott Jungs, gifft he ok Büxen.« »Speenkinner« (das sind Kinder, die sich oft übergeben müssen) »sind Deenkinner« (das heißt, sie gedeihen gut).

Hermann Peter Piwitt

Helft mir, Sonn' und Wind

Herbst ist es, windstarker, wolkengewaltiger Herbst, der die Blätter von den Bäumen gerissen und die kleinen Segelschiffe von der See gefegt hat.
Hinter der Alten Liebe zu Cuxhaven (die nichts mit Liebe zu tun hat, sondern ihren Namen von der »Olive« bekommen hat, einem haverierten und abgeschlachteten Schiff, das zuerst den Anleger bildete) – liegt die Austernflotte und macht sich zum Auslaufen klar. Da liegen die neun Kutter, die Dohrmann, der große Austernhändler, für den Winterfang angenommen hat.
Auf der Besan haben sie seine Charterflagge wehen, die hansischen Farben mit den hamburgischen Türmen, die am Finkenwärder Deich die Todesflagge genannt wird. Denn der Austernfang auf hoher See ist die allergefährlichste Fischerei, weil sie in die stürmischsten Monate fällt, und weil die

Austernbänke so weit draußen liegen, inmitten der Nordsee, meilenweit hinter Helgoland. Da ist keine Reede und kein Hafen zu erreichen, wenn das Wetterglas fällt: alle Stürme müssen draußen ausgeklüst werden.
Nur die neuesten, größten und seetüchtigsten Kutter können sich des Austernkurrens unterfangen. Nur die verwegensten und mutigsten Seefischer, die jungen und starken, können diese Fischerei betreiben: aber auch sie würden sich nicht dazu hergeben, wenn sie nicht verdienen müßten, und wenn die Austern nicht so gut lohnten. Die Zeiten sind schwer geworden, seitdem die Fischdampfer groß geworden sind: Winter und Sommer muß der Fischermann kurren, wenn er noch bestehen will: die Notwendigkeit, die eiserne Not steht hinter ihm und jagt ihn in die Stürme hinein.
Ein furchtbarer Ernst weht um die Masten der Fahrzeuge. Der Tod steht aufgerichtet an den Wanten und ist der heimliche Schiffer.
Der erste der neun Kutter trägt den Steven am höchsten und ist der stärkste von ihnen. Noch flattern Reste des Taufkranzes am Großtopp, bunte Bänder und grüne Blätter – so neu ist er.
Und heißen seine Kameraden Präsident Herwig, Landrat Teßmar, Farewell, Senator von Melle, Süllberg, Fairplay und Providentia, so heißt er Klaus Störtebeker.
In Goldbuchstaben leuchtet es am Heck:

Klaus Störtebeker, Finkenwärder.

Und lassen die andern Dohrmanns Flagge im Winde flattern, so weht ihm eine deutsche Flagge von der Besan, denn der

junge Fischer ist wie sein Vater und zieht keine fremde Flagge auf. Dohrmann muß ihn so fahren lassen.
Der schöne, schmucke Kutter gehört dem jungen Klaus Mewes! Dem jungen Klaus Mewes!
Ja, Seele, dem jungen Klaus Mewes gehört er, dem kleinen Klaus Störtebeker, aus dem sie einen Geestbauern, einen Schuster, einen Zimmermann und was nicht alles machen wollten, und aus dem doch nur eins werden konnte, in dem doch nur eins steckte: ein Seefischer! Allen zum Trotz hat er den Weg nach dem Wasser gefunden und ist ein Fahrensmann geworden wie sein Vater.
Der Störtebeker ist schon sein zweites Schiff. Mit dem ersten Kutter ist er bei Texel auf ein treibendes Wrack gestoßen und hat ihn dabei eingebüßt. Nun liegt er mit seinem neuen Fahrzeug zu Cuxhaven und will Austern fischen.
Bewundernd bleiben sogar die Seelotsen, die doch manches Schiff unter den Füßen gehabt haben, vor dem großen, herrlichen Fischerkutter stehen, betrachten die glänzenden Masten, das blinkende Deck, den ragenden Bug, und loben den Baumeister, der ihn zusammengeklopft hat, und den Schiffer, dem er gehört und der mit ihm nach See gehen kann.

Die Kajüte ist groß und hoch, denn der junge Klaus Mewes fährt zu vieren und ist hochgewachsen.
Drei Sprüche zieren sie.
Unter der Schifferkoje leuchtet der schöne, goldene Spruch aus dem Ewer:

Hilpt mi, Sünn un Wind,
hilpt mi bit Fischen!

Ik heet Klaus Mees
un bün van Finkwarder.

Unter der Knechtenkoje aber steht einfach und bedeutungsvoll: Kap Horn – und die letzte Koje schmückt das trotzige Wort:

Finkwarder blifft Finkwarder
un geiht ne van de See!

Gorch Fock

Hallo, Neugraben

Es klingelt. Mark kommt hoch in mein Zimmer. Deine Mutter ist aber gut gelaunt, sagt er.
Was hast du dir überlegt, frage ich. Wohin fahren wir?
Er breitet den HVV-Streckenplan auf meinem Schreibtisch aus.
Wir fahren nach Francop. Das ist an der Süderelbe. Wir müssen den 183er nach Altona nehmen, von dort fahren wir mit der S3 nach Neugraben und dort nehmen wir den 114er bis Francop. Das ist die Endhaltestelle.
Er zeigt mir den Weg mit dem Finger auf dem Plan. Einmal komplett durch die Stadt und über den Fluss, dann südlich am Fluss entlang. Ich bin noch nie so weit mit Bus und Bahn gefahren. Und schon gar nicht allein, das heißt ohne Erwachsene. Mark kennt das. Bus- und Bahnfahren ist sein Hobby. Nach und nach fährt er alle Endhaltestellen ab. Heute ist Samstag. Wir haben den ganzen Tag Zeit. Es ist das erste Mal, dass er mich mitnimmt.
Ich habe Proviant dabei, sagt er.

Wir fahren mit dem Bus. Am Altonaer Bahnhof steigen wir um. Wir müssen die richtige S-Bahn suchen. Es gibt eine S3, die nach Harburg fährt, und eine, die nach Neugraben fährt. Wir steigen in die richtige S3. Mark kennt sich aus. Wir fahren mit der S-Bahn.
Wir fahren auf einer Brücke über den Fluss.
Wir fahren an Hochhäusern vorbei. In Neugraben steigen wir aus. Wir suchen die Bushaltestelle. Wir stehen in Neugraben und warten auf den Bus. Ich war noch nie in Neugraben. Das ist Neugraben. Hallo, Neugraben. Der Bus kommt. Alles läuft nach Plan. Wir zeigen unsere Fahrscheine vor. Wir fahren mit dem Bus. Wir sind südlich des Flusses. Hinter dem Fenster ist Landschaft mit Apfelbäumen. Wir fahren an einem Deich entlang. Wir sind allein im Bus. »Francop« steht auf einem gelben Schild.
An der Endhaltestelle steigen wir aus. Wir klettern den Deich hoch. Man kann den Fluss nicht sehen. Hinter dem Deich sind einfach kahle Apfelbäume. Francop. Wir sitzen auf dem Deich. Es nieselt kalten Nieselregen. Wir sitzen da in unseren Anoraks. Mark packt den Proviant aus. Seine Mutter hat ihm Butterkekse und eine Tafel Schokolade mitgegeben. Wir packen immer etwas Schokolade zwischen zwei Kekse. Das ist gut, das kenne ich noch nicht. Schokolade schmeckt noch besser zwischen Keksen. Die Kekse werden weich im Nieselregen. Wir essen die Kekse und die Schokolade auf. Dann nehmen wir den Bus zurück in die Stadt.

Michael Weins

Hinter den Hochhäusern

Zum dritten Mal lese ich in Hamburg. Heute in einem Stadtteil, der Neugraben heißt. Das soll einmal ein hübsches Dorf gewesen sein; unglaublich, denn heute ist es ein Polyp. Nicht eigentlich häßlich, im Gegenteil. Es ist sauber und erschrekkend keimfrei ... Das Niederschmetternde an Neugraben ist seine Gesichtslosigkeit. Und seine Geschichtslosigkeit. Es ist zum Verwechseln ähnlich mit tausend Vorstädten Deutschlands und Westeuropas. Die meisten Geschäfte gehören zu einer Kette. Die meisten Banken, Bierstuben, Versicherungsanstalten und Zeitungskioske ebenfalls. Was Hitler nicht gelang, gelingt den Großkonzernen: die totale Gleichschaltung Deutschlands.

Ich kaufe eine Zeitung und erfahre, daß der Reaktor 1 von Tschernobyl wieder in Betrieb genommen worden ist. Als ich meine Aufzeichnungen begann, segelte eine Todeswolke über Europa; in der Ukraine brannte ein Kernkraftwerk, die Hölle war ausgebrochen und viele Menschen verreckten wie die Fliegen. Inzwischen ist ein Sommer vergangen. Die ganze Welt fordert den Ausstieg aus der Kernenergie. Millionen wollen die Rückkehr zur Vernunft, doch ohne Erfolg. Der Reaktor Nummer 1, der um ein Haar die halbe Menschheit vernichtet hätte, ist wieder in Betrieb. Das klingt doch beruhigend. Die Sowjetregierung hat offiziell erklärt, die Katastrophe sei auf menschliches Versagen zurückzuführen. Nun versichert man uns, daß sich das menschliche Versagen nie mehr wiederholen werde – und fängt wieder an. Unser Leben liegt in den Händen des Parteisekretärs von Tschernobyl. Er kann sich nicht irren, denn die Partei ist wie der Papst. Unfehlbar. Wenn er sich aber doch irrt? Dann geht unser Planet in die Luft, aber keine Angst: Der Kommunismus ist – wie es heißt – eine exakte Wissenschaft.

Ich wandere durch Neugraben. Hinter den Hochhäusern dämmert die neue Zeit, eine wissenschaftlich organisierte Welt. Die Welt wird einmal aussehen wie diese Vorstadt von Hamburg. Vollkommen fehlerfrei. Eines Tages wird alles untergehen, und wir können nichts dagegen tun. Was bei meiner Lesung geschehen ist, weiß ich nicht mehr. Es waren viele Leute da, doch waren sie so diszipliniert, daß ich fast einschlief. Sie fanden alles gut, was ich sagte. Widerstandslos konsumierten sie mich wie eine Bockwurst. In Neugraben ist jede Form von Kritik plattgewalzt.

André Kaminski

Hamburg-Waltershof

für Sieglinde und Fritz Mierau

Die Brücken gehn fort,
ich schau ihnen nach und schlucke. Die
Brücken, beschleunigt, ich habe kein Wort.
Wo wir doch plaudern ununterbrechbar
und gehn an dem zollfreien Raum.
So dicht war ich nie ans Wasser gebaut.
Wir plaudern über ein Land, das eben
sich nähert auf diesem Fluß.
Es ist ein Papierboot. Wir haben
es selbst gefaltet, auf Kiel gelegt.
Die Augen, sage ich noch, brack
wie die hiesigen Wasser, darinnen
Gezeiten, vermutlich vom Mond gezerrt,
und eine Brücke läuft fort

und sinkt untern Fluß mit dem Lärm.
Dort oben treibt das Land vorbei,
es winken herab die Bewohner, wir selbst
erörtern die Perspektive.

Uwe Kolbe

Hannoversche Seite

Nun waren wir auf der Elbe, Deutschlands großer Straße! Und Schiffe kamen und gingen, Boote setzten über, auch wir mußten auf die hannoversche Seite, um Passagiere zu holen, und dann zur holsteinischen und wieder zurück zur hannoverschen, und doch bekamen wir nicht einen einzigen Passagier! Ich betrachtete die junge Frau, sie schien mir ebenso ungeduldig wie ich selbst; sie stand immer vorn am Bug, beschirmte die schönen Augen mit der Hand und hielt Ausschau – suchte sie Hamburgs Türme? Sie küßte ein paarmal ihr Kind, lächelte und hatte doch Tränen in den Augen. Zwei Dampfschiffe fuhren an uns vorüber, ein Schiff mit vollen Segeln brachte Auswanderer nach Amerika. (...)
Wir hatten die Elbe fast überquert. Das Dampfschiff glitt auf der hannoverschen Seite zwischen niedrigen grünen Inseln dahin, Bauernhäuser und Viehherden waren darauf zu sehen. Bei den Booten, die halb an Land gezogen waren, spielten fröhliche Kinder, und ich dachte bei ihrem Anblick: ›Wie bald ist doch dieses Spiel vorbei, wie bald schon fliegen sie vielleicht in die Welt hinaus, wachsen heran, und dann werden sie diese kleinen, flachen Inseln in der Erinnerung als hesperische Gärten mit den goldnen Äpfeln und Orangen ihrer Kindheit betrachten.‹
Wir waren in Harburg. Ein jeder sah zu, daß sein Gepäck

einen Träger fand, nur eine große, etwas füllige Dame, deren stolze Haltung mit dem verblichenen Baumwollkleid und dem gewiß mehrfach gewendeten Mantel gar nicht harmonieren wollte, schüttelte bei jedem Träger, der die Hand nach ihrem kleinen Ranzen, den sie selber trug, ausstreckte, den Kopf. Der Ranzen war wahrhaft männlicher Natur, und sie hielt ihn so fest, als enthalte er einen kostbaren Schatz. Langsam folgte sie uns anderen in die stille Stadt …

Hans Christian Andersen

Ein tosendes Chaos

Endlich war der merkwürdige Tag da, an welchem wir das schöne längstersehnte Hamburg sehen sollten. Harburg, welches noch 1 Meile von Hamburg entfernt ist, wird von demselben nur durch mehrere Arme der Elbe u. durch einzelne Seen getrennt, so, daß es bloß zu Schiffe möglich ist, hinüberzukommen. Wir begaben uns daher um 7 Uhr des Morgens in den kleinen dasigen Hafen, von wo aus alle Tage um diese Zeit ein Post-Boot die Reisenden nach Hamburg bringt. Auf dem angenehmen Spaziergange bis zum Hafen hatten wir das Vergnügen französisches Militaer zu sehen, deßen spießbürgerliches Exterieure eben nicht viel Empfehlendes hat. Besonders liebenswürdig praesentirten sich die Schildwachen, die mit runden Hüten, zerrissenen Strümpfen u. Schuhen, kurtz mit allen Reitzen der Mannigfaltigkeit angethan, da standen. Mit vielen anderen Reisenden bestiegen wir das Paketbot, u. glitten nun über die silberne Fläche dahin. Es war einer der schönsten Morgen meines Lebens. Rechts strekten sich liebliche Landschaften mit Dörfern, Pavillons u. holländischen Mühlen hin, links eine Menge kleiner niedlicher

Inseln mit Schwänen, neben uns flogen mehrere Bote mit rothen Seegeltüchern u. taktmäßigem Ruderschlag vorüber. Robinson, Campe u. alle die seeligen Stunden der Kindheit, die wir so oft von Hamburg verträumt hatten, gaukelten jezt vor unserer Seele, und mit klopfenden Herzen sahen wir dem Anblike Hamburgs entgegen. Endlich lag sie vor uns, diese steinerne Welt mit ihren Pallästen u. Thürmen, u. ein Wald von 1000 u. abermals 1000 himmelhohen Masten, gleich einem wilden Windbruche, deuteten uns den Hafen. Je näher wir demselben kamen, desto öfterer überraschten uns Ungeheuer von Schiffsgerippen, die am Ufer ausgebeßert wurden. Endlich langten wir im Hafen an. Welchen Eindruk dieses seltsame in der Welt eintzige Schauspiel auf uns machte ist unbeschreiblich. Mit staunendem Entzüken fuhren wir in das tosende Chaos hinein, wie eine fremde Feenwelt umschlossen uns rings die ungeheueren Seepalläste. Hier wurde gezimmert, dort gerudert, dort klommen Matrosen an den Masten hinan, hier schwebten andere am Thauwerke zwischen Himmel u. Waßer, und ein dumpfes Getöse von 1000 Stimmen in hunderterley Sprachen tönte darein. Nachdem wir bei einer Warte von einem hamburger Stadt-Offitziere ein examen rigorosum überstanden hatten, landeten wir endlich, u. unser Engländer führte uns alsobald in eine gute Auberge, (in den schwartzen Adler neben der preuss. Post) wo wir ein eignes Stübchen bekamen. Hier bot uns das Gewühle von eleganten Equipagen u. Menschen aus allen Nationen ein neues interessantes Schauspiel dar, u. wir waren anfangs von dem Leben u. Treiben dieses ungeheueren Gantzen halb betäubt.

Joseph von Eichendorff

Am falschen Ufer

Es gibt Orte, die sollte man früh verlassen, wenn man noch etwas vorhat im Leben. Der Hamburger Stadtteil Harburg liegt am falschen, dem südlichen Ufer der Elbe. Das schöne, große, eigentliche Hamburg ist auf der anderen Seite. In jeder Stadt gibt es richtige, weniger richtige und falsche Bezirke, und wenn man im falschen wohnt, sollte man damit nicht hausieren gehen.

Das weithin sichtbare Wahrzeichen Harburgs sind die 1856 gegründeten Phoenix-Gummiwerke. Wo andere Städte eine Burg oder einen Dom haben, steht mitten in Harburg dieses riesige Industrieareal. Schon als Kind hat mich die Phoenix fasziniert. Sie war irgendwie unwirklich (...). Der Weg zum Kindergarten führte mich jeden Tag an den geheimnisvollen Gemäuern vorbei, und ich habe mich oft gefragt, was da drinnen wohl vor sich geht.

Harburg ist der langweiligste Ort der Welt, aber das ist ja auch schon wieder Quatsch, denn die Kasseler oder die Ulmer beanspruchen das zu Recht auch für ihre Städte. In den siebziger Jahren eröffnete McDonald's in Harburg eine der ersten Filialen in Deutschland, die sich sofort zum zentralen Treffpunkt sozial auffälliger Jugendlicher entwickelte. Kinder aus normalen Verhältnissen trauten sich schon bald nicht mehr dort hin, denn zum Cheeseburger gab's von den halbstarken Schlägerbanden gleich noch gratis eins auf die Nuss, mindestens. Dann soll angeblich irgendwo das legendäre Harburger Schloss existieren, das aber noch nie ein Mensch zu Gesicht bekommen hat.

»Sag mal, das *Harburger Schloss*, wo ist das denn eigentlich nun genau?«

»Weiß ich auch nicht. Aber irgendwo soll das sein.«

Weltberühmt geworden ist Harburg durch die Terroranschläge des elften September. Wer hätte das für möglich gehalten? In den Häusern, in denen ich jahrelang ein und aus gegangen war, hatten also die Top-Terroristen gewohnt! Mohammed Atta, Marwan al-Shehhi, Ramzi Binalshib und wie sie alle hießen waren in den mir bekannten Straßen einfach so herumgelaufen und hatten bei Schlecker oder Eurospar wie jeder andere auch Seife oder Butter gekauft. Die Technische Universität, Harburger Chaussee Nr. 115, Marienstraße 54 und die Wilhelmstraße 30! Hier hat der Chef Mohammed Atta, ein guter Koch, wie kolportiert wird, für sich und seine Mordbuben orientalische Spezialitäten gebrutzelt. Aber selbst diesen Ruhm musste Harburg abtreten, denn bald hieß es vereinfachend nur noch, die Terroristen hätten ihre Anschläge von Hamburg aus geplant.

Heinz Strunk

Bei klarer Luft

Wir lieben die Heide, wir gehören irgendwie dorthin, vielleicht sind wir vor Zeiten dort geboren. Andere fühlen sich dort krank und werden schwermütig. Sie können nicht ohne Zeit leben; denn die Heide ist ohne Zeit. Sie wollen es nicht wissen, daß wir einem Märchen entstammen und wieder ein Märchen werden. Wir begannen den Krieg zu vergessen.

Ich habe dieses Idyll an der anderen Seite des Abgrundes so genau geschildert, weil sich vielleicht einmal von dort aus ein Weg in die verlorene Vergangenheit zurückfinden läßt.

In der Nacht vom Sonnabend auf Sonntag weckte Misi mich.

Sie rief von oben: »Hörst du es gar nicht? Willst du nicht lieber aufstehen?« Ich hatte den Alarm verschlafen; in der Heide hört man die Sirenen, die irgendwo in fernen Dörfern wie Katzen durcheinanderheulen, nur, wenn die Windrichtung günstig ist. Außerdem hatten wir uns die ganzen Jahre daran gewöhnt, nicht schon bei Alarm das Bett zu verlassen, sondern erst, wenn stärkeres Abwehrfeuer einen tatsächlichen Angriff vermuten ließ; eine Gewohnheit, die vielen das Leben gekostet hat.

Ich wollte auch diesmal eine unwillige Antwort geben und mich auf die andere Seite drehen, da hörte ich es. Ich sprang auf und rannte barfuß ins Freie, in dies Geräusch hinein, das wie eine drückende Last zwischen den klaren Sternbildern und der dunklen Erde schwebte, nicht da und dort, sondern überall im Raume; es gab keine Flucht davor.

Im Nordwesten zeichneten sich die Hügel diesseits und jenseits der Elbe vor der schmalen Dämmerung des vergangenen Tages ab. Lautlos duckte sich die Landschaft an den Boden, um nicht gefunden zu werden. Nicht weit entfernt stand ein Scheinwerfer; man hörte Kommandorufe, die sofort jeden Zusammenhang mit der Erde verloren und im Nichts zerflatterten. Nervös tastete der Scheinwerfer den Himmel ab, manchmal traf er sich mit anderen Zeigern, die gleich ihm in weitem Ausschlag pendelten; dann bildeten sie für einen Augenblick geometrische Figuren und Zeltgerüste, um erschrocken wieder auseinanderzufahren. Es war, als söge dies Geräusch zwischen Himmel und Erde ihr Licht auf und machte sie sinnlos. Aber die Sterne leuchteten wie im Frieden durch das unsichtbare Unheil hindurch.

Man wagte nicht, Luft zu holen, um es nicht einzuatmen. Es war das Geräusch von achtzehnhundert Flugzeugen, die in unvorstellbaren Höhen von Süden her Hamburg anflogen. Wir hatten schon zweihundert oder auch mehr Angriffe erlebt, darunter sehr schwere, aber dies war etwas völlig Neues. Und doch wußte man gleich: es war das, worauf jeder gewartet hatte, das wie ein Schatten seit Monaten über all unserm Tun lag und uns müde machte, es war das Ende. Dies Geräusch sollte anderthalb Stunden anhalten, und dann in drei Nächten der kommenden Woche noch einmal. Gleichmäßig hielt es sich in der Luft. Gleichmäßig hörte man es auch dann, wenn sich das viel lautere Getöse der Abwehr zum Trommelfeuer steigerte. Nur manchmal, wenn einzelne Staffeln zum Tiefangriff ansetzten, schwoll es an und streifte mit seinen Flügeln den Boden. Und doch war dies furchtbare Geräusch wieder so durchlässig, daß auch jeder andere Laut zu hören war: nicht nur die Abschüsse der Flak, das Krepieren der Granaten, das heulende Rauschen der abgeworfenen Bomben, das Singen der Flaksplitter, nein, sogar ein ganz leises Rascheln, nicht lauter als ein dürres Blatt, das von Ast zu Ast fällt, und wofür es im Dunkeln keine Erklärung gab. (…)

War mir, der ich irgendwo im Nichts auf und ab ging, körperlich und ohne Kraft eines Gedankens, war mir dieser Haß nicht bekannt? Habe ich ihn nicht bewacht jahrzehntelang und mich gegen seinen Ausbruch gestemmt? Habe ich nicht gewußt, daß er eines Tages ausbrechen würde, und habe ich nicht auch diesen Tag herbeigesehnt, weil er mich endlich von der Aufgabe des Wächters erlösen würde? Ja, ich habe, wie ich es jetzt weiß, immer gewußt, daß es sich bei dem Schicksal der Stadt um mein Schicksal handeln würde. Und wenn es so ist, daß ich das Schicksal der Stadt herbeigerufen habe, um mein eigenes Schicksal zur Entscheidung zu zwingen, so habe ich auch aufzustehen und mich am Untergang der Stadt schuldig zu bekennen.

Hans Erich Nossack

Dieser Zauber

6. 6. 1951

Fuhr mit M. nach Horst bei Maschen, zum ersten Mal seit Juli 1943. Es hat sich dort kaum etwas verändert, vielleicht hier und da ein paar neue Häuschen. Im ganzen scheint es eher stiller geworden zu sein als in jenen Tagen, weniger übervölkert von Flüchtlingen.

Wir gingen die alten Wege wieder und besuchten einige der damaligen Bekannten. Vor allem waren wir in dem Häuschen, das ich im »Untergang« geschildert habe. Auch dort kaum Veränderungen. Der Besitzer war nicht da, aber seine Mutter, eine wunderbare Greisin über 80. Sie zeigte uns den neuen Brunnen, den sie hatten bohren lassen, und eine neue Gartenbank, auf die wir uns durchaus setzen mußten, um sie auszuprobieren. Als M. der Alten erzählte, daß ihr Häuschen durch mich einige Berühmtheit erhalten hätte, sagte sie: »Ja, ich hab es gelesen, aber es hat mir nicht sehr gefallen. Ich hatte gedacht, es wäre mehr darüber geredet.« Eine prächtige Alte! Sie ging hurtig an zwei Stöcken.

Nachher saßen M. und ich eine Zeitlang in der Heide. Es ist immer dasselbe, dieser Zauber: das beruhigende, dunkle Braungrün des Krautes, der Kieferduft, die Wärme des hohlen Bodens und das leichte Rauschen des Windes.

Als ich die breite Heidestraße, den »Postweg«, hinunterging, geriet ich ein wenig in die Stimmung zurück, die mich vor Jahren beherrschte. Was für seltsame Wochen waren das.

Eine Zeit ganz ohne Vergangenheit und Zukunft, sehr kindlich und sehr gefährdet darum. Ja, etwa wie ein Kind denkt: Vielleicht, wenn ich Glück habe, brauche ich morgen nicht zur Schule zu gehen. Vielleicht vergessen sie es plötzlich, mich hinzuschicken.

Hans Erich Nossack

Hamsterzeiterinnerungen

Kirchwalsede. Omas Wohnung. Erinnerung an Bahndämme voller Ginsterfahnen. Scheßel. Buchholz. Burkart Vernunfts Drachensteigen bei Sprötze im September 78. Harburger Berge. Seeveufer. Veddeler Dreieck. Hamsterzeiterinnerungen. Geruch aus Zeit und Vergangenheit, über mein Gedächtnis hinweg, mein Gedächtnis objektivierend, weiterreichend. Klinkerne Wohnblocks. Kanalschnitte. Spiegelndes Nachmittagswasser. Schatten des Mövenflugs. Straßenperspektiven. Die Stadt, die sich auftut. Das Panorama der Hamburger Kirchen, Petri, Katherinen, Michel, Jakobi, Nicolai, umeinander gedreht. Erwartung, die ihre Erfüllung ungestillt hinter sich hat.

Helmut Heißenbüttel

NACHSPIEL

Wolfgang Borchert

Die Stadt

Ein Nächtlicher ging auf den Schienen. Die lagen im Mond und waren schön blank wie Silber. Nur kalt, dachte der Nächtliche, kalt sind sie. Links weit ab ein vereinsamtes Geglüh, ein Gehöft. Und dabei ein rauhgebellter Hund. Das Geglüh und der Hund machten die Nacht zur Nacht. Dann war der Nächtliche wieder allein. Nur der Wind machte seine langatmigen U-Töne an den Ohren vorbei. Und auf den Schienen tupfige Flecken: Wolken überm Mond.
Da kam der Mann mit der Lampe. Die schaukelte, als sie zwischen die beiden Gesichter gehoben wurde.
Der Mann mit der Lampe sagte: Na, Junge, wohin denn?
Und der Nächtliche zeigte mit dem Arm auf das Helle hinten am Himmel.
Hamburg? fragte der mit der Lampe.
Ja, Hamburg, antwortete der Nächtliche.
Dann polterten unter ihren Schritten leise die Steine. Stießen sich klickernd. Und der Draht an der Lampe quietschte hin und her, hin und her. Vor ihnen lagen die Schienen im Mond. Und die Schienen liefen silbern auf das Helle zu. Und das Helle am Himmel in dieser Nacht, das Helle war Hamburg.
So ist das aber nicht, sagte der mit der Lampe, so ist das nicht mit der Stadt. Das ist hell da, o ja, aber unter den hellen Laternen gehn auch nur welche, die Hunger haben. Das sag ich dir, du.
Hamburg! lachte der Nächtliche, dann ist das andere gleich.

Da muß man doch wieder hin, immer wieder hin, wenn man daher gekommen ist. Man muß wieder hin. Und dann, das sagte er, als ob er sich viel dabei dächte, das ist das Leben! Das einzige Leben!

Die Lampe quietschte hin und her, hin und her. Und der Wind uhte molltönig an den Ohren vorbei. Die Schienen lagen mondgeglänzt und kalt.

Dann sagte der mit der pendelnden Lampe: Das Leben! Mein Gott, was ist das: Sich an Gerüche erinnern, nach Türdrükkern fassen. Man geht an Gesichtern vorbei und fühlt nachts den Regen im Haar. Das ist dann schon viel.

Da weinte hinter ihnen eine Lokomotive wie ein riesiges Kind voll Heimweh auf. Und sie machte die Nacht zur Nacht. Dann polterte ein Güterzug hart an den Männern vorbei. Und er grollte wie Gefahr durch die sternbestickte seidige Nacht. Die Männer atmeten mutig dagegen. Und die runden rotierenden Räder rollten ratternd unter rostroten roten Waggons. Rasten rastlos rumpelnd davon – davon – davon. Und viel ferner noch leise: davon – davon –

Da sagte der Nächtliche: Nein, das Leben ist mehr, als im Regen laufen und nach Türdrückern fassen. Das ist mehr, als an Gesichtern vorbeigehen und Gerüche erinnern. Das Leben ist: Angst haben. Und Freude haben. Angst haben, daß man unter den Zug kommt. Und Freude, daß man nicht unter den Zug gekommen ist. Freude, daß man weitergehen kann.

Dann lag an den Schienen ein schmales Haus. Der Mann machte die Lampe kleiner und gab dem Jungen die Hand: Also, Hamburg!

Ja, Hamburg, sagte der und ging.

Die Schienen lagen schön blank im Mond.

Und hinten am Himmel ein heller Fleck: Die Stadt.

AUTOREN, QUELLEN

Die mit * versehenen Titel stammen von den Herausgebern.

Sven Amtsberg
geboren 1972, Schriftsteller, Verleger, Literaturveranstalter. Chef des Schwamm-Verlags. Unterzeichner des Hamburger Dogmas. Gründungsmitglied des MACHT e.V., Macher der »Schischischo«. Literaturförderpreis der Hansestadt Hamburg 2001.
Letzte Veröffentlichung: »Das Mädchenbuch«.
*Umdiealstergehen**. In: Das Mädchenbuch, S. 17–22. © by Rowohlt Taschenbuch Verlag GmbH, Reinbek bei Hamburg 2003.

Alfred Andersch
geboren 1914 in München, gestorben 1980 im Tessin. Während des Dritten Reichs innere Emigration nach zwei Verhaftungen 1933. Arbeitete in Hamburg bei der Fotopapierfirma Leonar in der Wandsbeker Zollstraße 8 und wohnte im Horner Weg 29 in Hamburg-Hamm. Nach dem Krieg arbeitete Andersch beim NDR und wohnte im Ohlstedter Stieg 15 in Hamburg-Ohlstedt.
Wichtige Werke: »Die Rote«, »Sansibar oder Der letzte Grund«.

Hans Christian Andersen
geboren 1805 in Odense/Dänemark, gestorben 1875 in Kopenhagen. Zwischen 1831 und 1871 war Andersen häufig auf Reisen, auch in Hamburg.
*Hannoversche Seite**. In: Eines Dichters Basar. Gustav Kiepenheuer, Leipzig 1984.

Samuel Beckett
geboren 1906 in Dublin, gestorben 1989 in Paris. Schriftsteller. Von Oktober 1936 bis April 1937 hielt Beckett sich in Deutschland auf. Seine erste Station war Hamburg, wo er in der Pension Hoppe in der Schlüterstraße 44 wohnte. Beckett blieb über zwei Monate in Hamburg.
*Ich zog Ohlsdorf bei weitem vor**. In: Erste Liebe, S. 14–15. Suhrkamp Verlag, Frankfurt am Main 1971.

Wolf Biermann

geboren 1936 in Hamburg. Vater als Widerstandskämpfer im KZ ermordet. Biermann übersiedelte 1953 in die DDR. Musiker und Dichter, Kabarettauftritte. 1976, nach einer Konzertreise in die Bundesrepublik, wird Biermann die Rückreise in die DDR verwehrt. Entzug der DDR-Staatsbürgerschaft, seitdem lebt er wieder in Hamburg.

Veröffentlichungen u. a.: »Die Drahtharfe«, »Mit Marx- und Engelszungen«, »Preußischer Ikarus«, »Heimat«.

*Die Nacht war naß, die Nacht war kalt**. In: Nachlaß 1. © by Verlag Kiepenheuer & Witsch, Köln 1977.

*Ein Busen, vielbefahren**. In: Nachlaß 1. © by Verlag Kiepenheuer & Witsch, Köln 1977.

Mirko Bonné

geboren 1965 im oberbayerischen Tegernsee, lebt in Hamburg; übersetzte John Keats, E. E. Cummings und William Butler Yeats, schrieb eigene Lyrik, zuletzt den Band »Hibiskus Code«. Romane: »Der junge Fordt«, »Ein langsamer Sturz«, »Der eiskalte Himmel«.

Der junge Fordt. In: Der junge Fordt, S. 9. © by DuMont Literatur und Kunst Verlag, Köln 1999.

Wolfgang Borchert

geboren 1921 in Hamburg, gestorben 1947 in Basel. Die besten Jahre seines kurzen Lebens verlor er durch den Zweiten Weltkrieg – verwundet, dazu Gelbsucht und Diphtherie. In Nürnberg wegen Wehrkraftzersetzung zum Tode verurteilt, weil er in Briefen die Wahrheit über den Naziwahn geschrieben hatte, später begnadigt.

Wichtige Werke: »Draußen vor der Tür«, »Die Hundeblume«, »Die traurigen Geranien«, »Schischyphusch«.

In Hamburg. In: Das Gesamtwerk, S. 10. © by Rowohlt Verlag GmbH, Reinbek bei Hamburg 1949.

Die Elbe. In: Das Gesamtwerk, S. 93–97. © by Rowohlt Verlag GmbH, Reinbek bei Hamburg 1949.

Die Stadt. In: Das Gesamtwerk, S. 69–71. © by Rowohlt Verlag GmbH, Reinbek bei Hamburg 1949.

Willi Bredel

geboren 1901 in Hamburg, in der Rosenstraße 20, 3. Stock, gestorben 1964. 1917 verließ er die Schule und lernte Dreher. Auch die Lehrlinge mussten täglich neuneinhalb Stunden im Akkord arbeiten. 1916 trat Bredel der Gewerkschaft bei, nach dem Krieg dem Spartakus-Bund, aus dem die KPD hervorging. 1927 wurde er von der Maschinenfabrik Naegel & Kaemp als Dreher eingestellt, 1930 wegen »literarischem Hoch- und Landesverrat« zu einer zweijährigen Haftstrafe verurteilt. Am 1. März 1933 wurde er erneut verhaftet und im Zuchthaus Fuhlsbüttel inhaftiert. Nach seiner Freilassung emigrierte Bredel nach Prag und später nach Moskau, wo er Gründungsmitglied des Nationalkomitees »Freies Deutschland« wurde, später auch Gründungsmitglied der SED. Ab 1962 Präsident der Ost-Berliner Akademie der Künste.
*Arbeitertrupps**. In: Maschinenfabrik N.&K. Aufbau-Verlag, Berlin 1963.

Barthold Hinrich Brockes

geboren 1680 in Hamburg, gestorben 1747. »Vater der deutschen Naturlyrik«. Er besuchte das Johanneum, war Ratsherr, Amtmann in Ritzebüttel, Kaiserlicher Pfalzgraf, Stadtrichter, Landrichter, Erster Landherr für Hamm und Horn, Erster Landherr auf dem Hamburger Berg, Leiter der Hamburger Schulbehörde und vieles mehr. Nicht zuletzt auch Dichter.
Wichtigstes Werk: »Irdisches Vergnügen in Gott« (1721–1727). Arno Schmidt schreibt in seinem Essay »Nichts ist mir zu klein in seinem Werk: »Wir wollen mit dem Namen ›Brockes‹ stets den ›Ersten Realisten‹ verbinden und die nach der Lektüre zurückbleibenden gemessen-glühenden Bilder: ein einsam heißer Garten zur Mittagsstunde: – der Feinbau einer Birnenblüte; – das Maßwerk einer Wolke um den Mond.«
Sein Leichnam wurde in der Hamburger Nikolai-Kirche beigesetzt.

Rafael Chirbes

geboren 1949 bei Valencia, studierte in Madrid Geschichte und lebt heute als freier Publizist in Denia und in einem Dorf in der Estremadura.

Werke: »Der Schuss des Jägers«, »Der lange Marsch«, »Die schöne Schrift«, »Der Fall von Madrid«.
Hamburg. Der Sieg des Kapitals. In: Der sesshafte Reisende. © by Verlag Antje Kunstmann GmbH, München 2006.

Matthias Claudius
geboren 1740 in Reinfeld in Holstein, besuchte die Gelehrtenschule in Plön, studierte Theologie in Jena, allerdings ohne Abschluss. 1764/1765 bereiste Claudius als Sekretär von Graf Ulrich Adolph von Holstein Kopenhagen und lernte dort Friedrich Gottlieb Klopstock kennen. Im Januar 1771 wurde Claudius Redakteur der von Heinrich Carl von Schimmelmann gegründeten Handelszeitung *Der Wandsbecker Bothe.* Hier veröffentlichte er Gedichte und Aufsätze, unter ihm wurde die Zeitung in ganz Deutschland bekannt. 1772 heiratete Claudius die damals achtzehnjährige Rebekka Behn, eine Tochter eines Barmbeker Zimmermanns. Seine finanzielle Lage war stets prekär, bis er ab 1785 einen Ehrensold des dänischen Kronprinzen Friedrich bekam. Dieser verschaffte ihm auch ein Revisorenamt bei der Schleswig-Holsteinischen Speciesbank in Altona. Seine letzten Lebensmonate verbrachte der inzwischen schwer kranke Matthias Claudius im Hause seines Schwiegersohnes Friedrich Perthes am Hamburger Jungfernstieg, wo er 1815 starb. Sein Grab befindet sich auf dem Friedhof der Wandsbeker Christuskirche.

Joseph von Eichendorff
geboren 1788 in Oberschlesien, gestorben 1857. Eichendorff begab sich 1805, vor der Aufnahme seines Jura-Studiums in Halle, gemeinsam mit seinem Bruder auf eine Studienreise durch Norddeutschland, wo er auch Hamburg besuchte.
*Den merkwürdigsten Ort**. In: Werke und Schriften. Hg. von Gerhart Baumann. In Verbindung mit Siegfried Grosse, Bd. 3, S. 122. Klett-Cotta, Stuttgart 1958.
*Ein Garten voller Landhäuser**. In: Sämtliche Werke, Bd. 1. Winkler, München 1970.
*Ein tosendes Chaos**. In: Sämtliche Werke, Bd. 1. Winkler, München 1970.

Per Olov Enquist

geboren 1934 in einem Dorf im Norden Schwedens, lebt in Stockholm. Literatur- und Theaterkritiker, der zu den bedeutendsten Autoren Schwedens gehört.
Wichtige Werke: »Kapitän Nemos Bibliothek«, »Der fünfte Winter des Magnetiseurs«, »Hamsun«, »Das Buch von Blanche und Marie«.
*Struensee und Graf Rantzau in Altona**. In: Der Besuch des Leibarztes. Aus dem Schwedischen von Wolfgang Butt, S. 106–109. © by Carl Hanser Verlag, München–Wien 2001.

Claudia Erdheim

geboren 1945 als Tochter einer Psychoanalytikerin in Wien. Studium der Philosophie und Logik. Lehraufträge. 1984 erschien ihr Buch »Bist du wahnsinnig geworden?«, das die Geschichte ihrer Kindheit und die Mutter-Tochter-Beziehung zum Inhalt hat. Weitere Romane.
*Keine Ahnung**. In: Herzbrüche. Szenen aus der psychotherapeutischen Praxis, S. 85–86. Löcker Verlag, Wien 1985.

Hans Fallada

geboren 1893 in Greifswald, gestorben 1947 in Berlin. Autor volkstümlicher Romane.
Wichtige Werke: »Bauern, Bonzen und Bomben«, »Kleiner Mann, was nun?«, »Damals bei uns daheim«, »Der Trinker«.
*Selbst ist der Mann**. In: Wer einmal aus dem Blechnapf frisst, S. 206–207. Rowohlt Verlag, Reinbek bei Hamburg 1934.
*Besser, man geht in den Hammer Park**. In: Wer einmal aus dem Blechnapf frißt, S. 105. Rowohlt Verlag, Reinbek bei Hamburg 1990.

Hubert Fichte

geboren 1935 in Perleburg (Brandenburg), gestorben 1986 in Hamburg. Fichte wuchs in Hamburg-Lokstedt auf, wo er Kinderdarsteller in den Kammerspielen war. Erste Bekanntschaft mit Hans Henny Jahnn. Schauspieler, Landwirtschaftslehrling und Schafhirte in der Provence. Seit 1963 lebte Fichte als freier Schriftsteller in Hamburg-Othmarschen.

Wichtige Werke: »Das Waisenhaus«, »Versuch über die Pubertät«, »Detlevs Imitationen ›Grünspan‹«, »Xango«, »Geschichte der Empfindlichkeit«.
*Jäcki geht über den Gänsemarkt**. In: Die Palette, S. 9. © by Rowohlt Verlag GmbH, Reinbek bei Hamburg 1968. Neuausgabe: S. Fischer Verlag GmbH, Frankfurt am Main 1978.

Gorch Fock
eigentlich Johann Kinau, geboren 1880 in Finkenwerder, gestorben 1916 (ertrunken auf See). Kaufmännische Ausbildung, ab 1907 Angestellter der HAPAG, wohnte in Hamburg-Hamm.
Wichtige Werke: »Hein Godenwind«, »Hamburger Janmaten«, »Cili Cohrs« (Drama).
*Helft mir, Sonn' und Wind**. In: Seefahrt ist not!, S. 290–293. M. Glogau jr. Verlag, Hamburg.

Franz Fühmann
geboren 1922 im Riesengebirge, gestorben 1984 in Ost-Berlin. Fühmann hing zunächst der faschistischen Ideologie an, die er in der russischen Kriegsgefangenschaft ablegte. In den fünfziger Jahren einer der wichtigsten Autoren der DDR. Als geistiger Mentor unterstützte er viele junge Autoren, darunter Uwe Kolbe.
Hauptwerke: »Fräulein Veronika Paulmann aus der Pirnaer Vorstadt oder etwas über das Schauerliche bei E. T. A. Hoffmann«, »Die dampfenden Hälse der Pferde im Turm von Babel«, »Den Katzenartigen wollten wir verbrennen«, »Saiäns fiktschen«.
*Hamburg, graue Arbeiterstadt**. In: Franz Fühmann, ... aber die Welt ist unverändert. Ein Almanach. Hg. vom PEN-Zentrum Ost und West, Berlin 1959.

Ralph Giordano
geboren 1923 in Hamburg. Besuch des Hamburger Johanneums, Schulverweis nach den Nürnberger Gesetzen 1935. Verfolgung. Folter. Flucht. Versteck. Befreiung 1945, danach Beginn der journalistischen Arbeit. Ab 1964 Fernsehdokumentationen für den WDR und SFB. Zahlreiche Reportagen, Essays, Erzählungen. »Die zweite Schuld oder Von der Last, Deutscher zu sein«, »Wenn

Hitler den Krieg gewonnen hätte«, »Wie kann diese Generation eigentlich noch atmen?«.
*Grausiges Vergnügen**. In: Die Bertinis, S. 195–196. © by S. Fischer Verlag GmbH, Frankfurt am Main 1982.
*Der Panther aus Stein**. In: Die Bertinis, S. 47–48. © by S. Fischer Verlag GmbH, Frankfurt am Main 1982.
*Verkehrsknoten**. In: Die Bertinis, S. 41–42. © by S. Fischer Verlag GmbH, Frankfurt am Main 1982.
*Die Flucht**. In: Die Bertinis, S. 340–342. © by S. Fischer Verlag GmbH, Frankfurt am Main 1982.

Frank Göhre
geboren 1943 im Ruhrgebiet. Buchhändler, Verlagsmitarbeiter und Werbetexter; fuhr als Jugendlicher regelmäßig an den Wochenenden in den Hamburger »Star Club«. Heute in Hamburg sesshaft; schrieb Drehbücher und eine Thriller-Trilogie über Kiezkriminalität.
Auf der Reeperbahn vor und nach halb eins. In: Kurverwaltung St. Pauli (Hg.), St. Pauli – Streifzüge auf dem Kiez, S. 7. © by Edition Nautilus, Hamburg 2005.

Georges-Arthur Goldschmidt
geboren 1928 in Reinbek bei Hamburg. Seine Eltern schickten ihn 1938 nach Italien, wo er, versteckt von Bergbauern, die Judenverfolgung überlebt. Übersetzte die Bücher von Peter Handke ins Französiche, lebt in Paris. Ausgezeichnet mit dem Breitbach-Preis 2005.
Veröffentlichungen u. a.: »Ein Garten in Deutschland«, »Die Absonderung«, »Über die Flüsse. Autobiographie«.

Norbert Gstrein
geboren 1961 in Tirol, lebt zur Zeit in Hamburg und London.
Hauptwerke: »Das Register«, »O2«, »Der Kommerzialrat«, »Die englischen Jahre«, »Selbstporträt mit einer Toten«. Mit Jorge Semprun: »Was war und was ist«.
*Das Café in Ottensen**. In: Das Handwerk des Tötens, S. 133. Suhrkamp Verlag, Frankfurt am Main 2003.

Karl Gutzkow

geboren 1811 in Berlin, gestorben 1878 in Sachsenhausen, Frankfurt am Main. Noch als Student 1831 Herausgeber der Zeitschrift *Forum der Journal-Literatur*, später der Zeitschrift *Literatur-Blatt*. Außerdem schrieb er für zahlreiche andere Journale und Zeitungen. 1832 erschienen seine politischen »Briefe eines Narren an eine Närrin«, die in Preußen verboten wurden. 1835 gab er in Frankfurt die Zeitschrift *Phönix* heraus und wurde hier zum ersten Förderer des jungen Georg Büchner. Im Sommer 1835 erschien der Roman »Wally die Zweiflerin«. 1836 wurde Gutzkow wegen »Verächtlichmachung der Religion« zu einem Monat Gefängnis verurteilt. Ab 1838 gab er bei Hoffmann und Campe in Hamburg den *Telegraph für Deutschland* heraus, an dem unter anderem Friedrich Engels, Friedrich Hebbel und Georg Herwegh mitarbeiteten.

Friedrich von Hagedorn

geboren 1708 in Hamburg, gestorben 1754 in Hamburg; besuchte das Akademische Gymnasium in Hamburg und studierte ab 1726 in Jena Rechtswissenschaften. 1729 bis 1731 als Privatsekretär des dänischen Gesandten in London. Anschließend Sekretär der Handelsgesellschaft English Court in Hamburg. Verfasser von Fabeln, Erzählungen und anakreontischen Oden und Liedern. Seine Lyrik markiert die Abkehr von der Lebensangst und dem Weltekel des Barock – im Vordergrund stehen Liebeslust, Weingenuss und moralische Grundsätze.

Ulla Hahn

promovierte Germanistin, lehrte an den Universitäten Hamburg, Bremen und Oldenburg. Literaturredakteurin bei Radio Bremen. Lebt in Hamburg.
Wichtige Lyrikbände: »Herz über Kopf«, »Unerhörte Nähe«, »Liebesgedichte«; Romane: »Ein Mann im Haus«, »Das verborgene Wort«.
*Augustinum. Butterseite**. In: Unscharfe Bilder, S. 9–10. © by Deutsche Verlags-Anstalt in der Verlagsgruppe Random House GmbH, München 2003.
*Stolpersteine**. In: Unscharfe Bilder, S. 161–165. © by Deutsche Ver-

lags-Anstalt in der Verlagsgruppe Random House GmbH, München 2003.
Fest auf der Alster. In: Hamburg, Menschen wie Schiffe. Hg. von Charlotte Ueckert und Jürgen Beißer, S. 41. Christians Verlag, Hamburg 1988.

Gerhart Hauptmann
geboren 1862 in Obersalzbrunn, Niederschlesien, gestorben 1946 in Agnetendorf im Riesengebirge. 1878 Beginn einer landwirtschaftlichen Ausbildung auf einem Gut in Lohnig und später in Lederose, mit 18 Jahren Eintritt in die Bildhauerklasse an der Breslauer Königlichen Kunst- und Gewerbeschule. Kurzes Bildhauerstudium, danach erste literarische Versuche. Einfluss des Naturalismus. Literaturnobelpreis 1912. 1924 Ehrenmitglied an der Akademie der Bildenden Künste in Wien. 1933 Rückzug aus dem öffentlichen Leben.
Wichtige Werke: »Bahnwärter Thiel«, »Vor Sonnenaufgang«, »Die Weber«, »Der Biberpelz«, »Rose Bernd«, »Die Ratten«.
*Übermächtige Größe**. In: Das Abenteuer meiner Jugend, S. 509–510. C. Bertelsmann, Gütersloh 1954.

Friedrich Hebbel
geboren 1813 in Dithmarschen, gestorben 1863 in Wien. Als er 22 Jahre alt war, holte ihn die Schriftstellerin Amalie Hoppe nach Hamburg und förderte ihn. Zahlreiche seiner Werke erschienen bei Hoffmann und Campe in Hamburg: »Judith«, »Genoveva«, »Maria Magdalene«, »Agnes Bernauer«.

Heinrich Heine
hieß bis 1825 Harry Heine. Geboren 1797 in Düsseldorf, gestorben 1856 in Paris. Als Sohn eines jüdischen Tuchhändlers wurde er zum Kaufmann ausgebildet, dann studierte er Jura. 1825 Übertritt zum Protestantismus. 1831 ging er als Korrespondent nach Paris. Kritik des Kleinbürgertums und Kampf gegen die politische Restauration.
Hauptwerke: »Reisebilder«, »Buch der Lieder«, »Romanzero«, »Deutschland. Ein Wintermärchen«, »Atta Troll«, »Der Rabbi von Bacherach«, »Über Ludwig Börne«.

*Ein gar lieblicher Frühlingstag**. In: Aus den Memoiren des Herren von Schnabelewopski. Sämtliche Werke, Bd. 5., S. 169–170. Hoffmann und Campe Verlag, Hamburg 1983.
Neuer Frühling. In: Sämtliche Werke, Bd. 2, S. 30. Hoffmann und Campe Verlag, Hamburg 1983.
*Ich aber stand beym heiligen Ort**. In: Sämtliche Werke, Bd. 1.1, S. 519. Hoffmann und Campe Verlag, Hamburg 1983.
*Eine gute Stadt**. In: Aus den Memoiren des Herren von Schnabelewopski. Sämtliche Werke, Bd. 5, 1994, S. 153. Hoffmann und Campe Verlag, Hamburg 1983.
*Zwei lustige Kaffeehäuslein**. In: Aus den Memoiren des Herren von Schnabelewopski. Sämtliche Werke, Bd. 5, S. 157–159. Hoffmann und Campe Verlag, Hamburg 1983.
Sonnenaufgang. In: Sämtliche Werke, Bd. 1.1, S. 527–529. Hoffmann und Campe Verlag, Hamburg 1983.

Helmut Heißenbüttel
geboren 1921 in Wilhelmshaven, gestorben 1996 in Glückstadt. Verlagslektor in Hamburg, Leiter der Redaktion Radio-Essay beim Süddeutschen Rundfunk. Mitglied des PEN-Club und verschiedener Akademien.
Wichtige Werke: »Textbuch I–XI«, »Wenn Adolf Hitler den Krieg nicht gewonnen hätte«, »Die goldene Kuppel des Comes Arbogast oder Lichtenberg in Hamburg. Fast eine einfache Geschichte«.
*Kennenlernen**. In: D'Alemberts Ende. Projekt 1, S. 99–100. © by Klett-Cotta, Stuttgart 1988.
*Kann ja nicht angehn**. In: D'Alemberts Ende. Projekt 1, S. 73–74. © by Klett-Cotta, Stuttgart 1988.
*Erst eine Bootsfahrt**. In: D'Alemberts Ende. Projekt 1, S. 101. © by Klett-Cotta, Stuttgart 1988.
*Hamsterzeiterinnerungen**. In: Die goldene Kuppel des Comes Arbogast oder Lichtenberg in Hamburg. Fast eine einfache Geschichte, S. 88. © by Klett-Cotta, Stuttgart 1980.

Wilhelm von Humboldt
geboren 1767, gestorben 1835. Gelehrter und Politiker, Bruder des Naturforschers Alexander von Humboldt. 1809 zum Leiter des

Kultus- und Unterrichtswesens in das preußische Innenministerium berufen; vertrat als Staatsminister Preußen auf dem Wiener Kongress. 1796 unternahm er eine Reise nach Norddeutschland. In Hamburg besuchte er Flottbek, den Jenisch-Park des Baron Voght, Neumühlen, das Deutsche Theater, und er traf Klopstock.
*Das Äußere ist sehr hübsch**. In: Tagebuch Wilhelm von Humboldts von seiner Reise nach Norddeutschland im Jahre 1796. Erschienen in Weimar 1984.
*Keine sonderlich angenehme Lage**. In: Tagebuch Wilhelm von Humboldts von seiner Reise nach Norddeutschland im Jahre 1796. Erschienen in Weimar 1984.

Hans Henny Jahnn

geboren 1894 in Stellingen, gestorben 1959 in Hamburg. (»Ich bin in Stellingen aufgewachsen; wir waren Hamburger Bürger.«) Gymnasium am Kaiser-Friedrich-Ufer in Hamburg-Eimsbüttel, 1914 Abitur, 1915 Emigration nach Norwegen. 1918 Rückkehr nach Hamburg, Übersiedlung aufs Land, nach Klecken in der Nordheide. Gründung der Glaubens- und Künstlergemeinschaft »Ugrino«. Für das Drama »Pastor Ephraim Magnus« erhielt er 1920 den Kleist-Preis.
Wichtigste Werke: »Perrudja«, »Fluß ohne Ufer«.

André Kaminski

geboren 1923 in Genf, gestorben 1991 in Zürich. Sohn eines polnisch-jüdischen Psychiaters und einer österreichischen Jüdin. Produzent und Dramaturg für Rundfunk, Fernsehen und Theater in der Schweiz, später in Marokko und Algerien, wo er das Fernsehen mit Hilfe auf dem Markt angeworbener Märchenerzähler und Prostituierter als Darsteller aufbaute. Für den Roman »Nächstes Jahr in Jerusalem« erhielt er den Mara-Cassens-Preis.
*Hamburg, ein Traum**. In: Schalom allerseits, S. 70–71. © by Insel Verlag, Frankfurt am Main 1987.
*Diese verdammten Hamburger!** In: Schalom allerseits, S. 85. © by Insel Verlag, Frankfurt am Main 1987.
*Weltstadt mit menschlichem Antlitz**. In: Schalom allerseits, S. 79–81. © by Insel Verlag, Frankfurt am Main 1987.

Hinter den Hochhäusern. In: Schalom allerseits, S. 150–151. Insel Verlag, Frankfurt am Main 1987.

Friedrich Gottlieb Klopstock

geboren 1724 in Quedlinburg, gestorben 1803 in Hamburg. Ab 1745 Studium der Theologie in Jena, Beginn der Arbeit am »Messias«, den er 1773 beendete. Hamburg wurde für ihn die Stadt, in der er die größte gesellschaftliche Anerkennung erhielt, zu seinem Freundeskreis gehörten die gebildetsten Hamburger Bürgerfamilien der Aufklärung, z. B. Büsch, Reimarus, Sieveking, Ebeling, Voght, Claudius, Bohn. Klopstock wohnte viele Jahre in der Königsstraße (heute Poststraße, Nr. 36), wo sich auch eine Büste befindet.

Uwe Kolbe

geboren 1957 in Ost-Berlin, lebt als freier Schriftsteller und Dichter in Berlin. Uwe Kolbe hat eine Schwäche für das Wasser – seine Eltern waren Binnenschiffer auf der Elbe. Er studierte am Literatur-Institut Johannes R. Becher, Franz Fühmann war sein Mentor und Förderer. Zwischen 1982 und 1985 hatte er Publikationsverbot in der DDR. 1987 Umzug in die Bundesrepublik, von 1988 bis 1993 lebte er in Hamburg.
Lyrikbände: »Hineingeboren«, »Abschiede und andere Liebesgedichte«, »Bornholm II«, »Nicht wirklich platonisch«. Prosa: »Der Tod von Belintasch«, »Thrakische Spiele«. Zusammenarbeit mit dem Maler und Bildhauer Hans Scheib und dem Musiker Johannes Bauer. Zahlreiche Preise, darunter der Förderpreis zum Friedrich-Hölderlin-Preis 1987, der Friedrich-Hölderlin-Preis 1993 und der Preis der Literaturhäuser 2006.
*Dichterlesung, hamburgische**. In: Renegatengermine, S. 14. Suhrkamp Verlag, Frankfurt am Main 1998.
Hamburg-Waltershof. In: Vaterlandkanal. Ein Fahrtenbuch, S. 35. Suhrkamp Verlag, Frankfurt am Main 1990.

Brigitte Kronauer

geboren 1940 in Essen, lebt als freie Schriftstellerin in Hamburg. Ausgezeichnet mit vielen Preisen, u. a. dem Hubert-Fichte-Preis und dem Büchner-Preis.

Wichtige Werke: »Frau Mühlenbeck im Gehäus«, »Berittener Bogenschütze«, »Schnurrer«.
*Zu Fuß von Osdorf nach Teufelsbrück**. In: Teufelsbrück, S. 18–21. © by Klett-Cotta, Stuttgart 2000.

Dirk Kurbjuweit
geboren 1962. Bis 1999 Redakteur bei der *Zeit*, heute Reporter beim *Spiegel*. Mehrmaliger Egon-Erwin-Kisch-Preisträger; lebt in Berlin.
Veröffentlichte Bücher: »Die Einsamkeit der Krokodile«, »Zweier ohne, Nachbeben«, »Unser effizientes Leben«.
Mein Hamburg. In: Gunhild Kübler (Hg.), Daheim und daneben, S. 116–120. dtv, München 2001.

Friedo Lampe
geboren 1899 in Bremen; arbeitete als Volksbibliothekar in den Hamburger Bücherhallen auf der Mönckebergstraße. 1936 bis 1939 Lektor im Rowohlt Verlag, Berlin. Dort wurde er am 2. Mai 1945 während einer Straßenkontrolle von einem Soldaten der Roten Armee erschossen, der ihn für einen SS-Mann gehalten hatte.
Wichtige Werke: »Am Rande der Nacht«, »Septembergewitter«, »Das Gesamtwerk« (1955).

Günther Lange
geboren 1923 in Schwerin. Studium der Bildhauerei, danach Theologiestudium. Zwölf Jahre Pfarrer in Berlin und anschließend 28 Jahre in Hamburg.
Veröffentlichungen: »Grenzgänger wie Hiob«, »Fundevogel, das bin ich selbst«.
*Mit dem Ozean verheiratet**. In: Hamburger Nächte. Zwölf Vigilien, S. 116–117. Arche Verlag, Zürich–Hamburg 1996.
*Die Alster, das langweilige Provinzmädchen**. In: Hamburger Nächte. Zwölf Vigilien, S. 112–113. Arche Verlag, Zürich–Hamburg 1996.

Hans Leip
geboren 1893 in Hamburg, gestorben 1983. Sohn eines Hafenarbeiters. Lehrer. Teilnahme am Ersten Weltkrieg. Seine Erzählun-

gen und Romane handeln größtenteils vom Meer und vom Leben der Seeleute und der Küstenbewohner. Schrieb Romane, Theaterstücke und Lyrik, teils mit derbem Humor und Sentimentalität. Wichtige Werke: »Godekes Knecht«, »Der Nigger auf Scharhörn«, »Jan Himp und die kleine Brise«, »Wie einst Lili Marleen«.
*Meine stille Bude**. In: Der Widerschein. Eine Rückschau 1893–1943. Ernst Kabel Verlag; Hamburg, Verlag Die Hanse 1983.
Blankenese. In: Die Hafenorgel, S. 70. Christian Wegner Verlag, Hamburg 1948; Verlag Die Hanse.

Siegfried Lenz
geboren 1926 in Lyck, Ostpreußen. Nach englischer Kriegsgefangenschaft kam er 1945 nach Hamburg, wo er Redakteur bei der *Welt* wurde. 1951 erste Buchpublikation. 1970 begleitete er zusammen mit Günter Grass den Kanzler Willy Brandt nach Polen zur Unterzeichnung des Warschauer Vertrags.
Hauptwerke: »So zärtlich war Suleyken«, »Brot und Spiele«, »Lehmanns Erzählungen oder So schön war mein Markt«, »Deutschstunde«, »Einstein überquert die Elbe bei Hamburg«, »Exerzierplatz«.
*Ausgang zur Stadt**. In: Fundbüro, S. 48–51. Hoffmann und Campe Verlag, Hamburg 2003.
Meine Straße. In: Die Erzählungen, S. 1024–1033. Hoffmann und Campe Verlag, Hamburg 2006.

Gotthold Ephraim Lessing
geboren 1729 in Kamenz/Oberlausitz, gestorben 1781 in Braunschweig. Studium der Medizin und der Theologie, danach freier Schriftsteller. Lessing kam 1767 als Dramaturg nach Hamburg, wo er drei Jahre blieb. In dieser Zeit gründete er auch einen eigenen Verlag, der allerdings nicht reüssierte. Anschließend wurde er Bibliothekar in Wolfenbüttel.

Georg Christoph Lichtenberg
geboren 1742 in Ober-Ramstadt bei Darmstadt, gestorben 1799 in Göttingen. Schriftsteller und bedeutender Experimentalphysiker, berühmt für seine ironisch-geistvollen Aphorismen.
*Hamburger Hafen**. In: Briefe. Prestel, Hamburg 1962.

Heinz Liepmann
geboren 1905 in Osnabrück, gestorben 1966 im Tessin. Hamburger Schriftsteller. Im Exil lernte Liepmann seine Frau Ruth Lilienstein kennen, mit der er nach dem Zweiten Weltkrieg in Hamburg eine Literaturagentur gründete, die, heute in Zürich ansässig, zu den wichtigsten Literaturagenturen im deutschsprachigen Raum zählt.
Wichtige Werke: »Das Vaterland«, »Der Ausweg. Die Bekenntnisse des Morphinisten Martin M.«

Edgar Maass
geboren 1897 in Hamburg, gestorben 1964. Bruder von Joachim Maass. Sein für Hamburg wichtigstes Werk ist der historische Roman »Das große Feuer«, den er im holländischen Exil schrieb.
*Lessings Haus**. In: Das große Feuer, S. 127–129. Propyläen Verlag, Berlin 1939.
*Der große Brand**. In: Das große Feuer, S. 116–118, 236–237. Propyläen Verlag, Berlin 1939.

Joachim Maass
geboren 1901 in Hamburg, gestorben 1972 in New York. Maass war zunächst Redakteur bei der *Vossischen Zeitung* und lebte dann als freier Schriftsteller in Altona. Im Dritten Reich musste er in die USA emigrieren. Er wurde Lektor, später Professor für deutsche Literatur. Mitherausgeber der *Neuen Rundschau.*
Wichtige Werke: »Des Nachts und am Tage« (Lyrik) sowie die Romane »Bohème ohne Mimi«, »Das magische Jahr«, »Der Fall Gouffé«.
*Aruwimigummi**. In: Die unwiederbringliche Zeit, S. 96–99. Suhrkamp Verlag, Frankfurt am Main 1985.
*Die Hoffnungslosigkeit dieser Welt**. In: Die unwiederbringliche Zeit, S. 257–258. Suhrkamp Verlag, Frankfurt am Main 1985.

Thomas Mann
Geboren 1875 in Lübeck, gestorben 1955 in Zürich. Schriftsteller, Verfasser bedeutender Romane wie »Die Buddenbrooks«, »Der Zauberberg«, Joseph-Romane, »Dr. Faustus«, »Felix Krull«.

1929 Literaturnobelpreis, 1933 Exil. 1952 Übersiedelung in die Schweiz.
*Das Haus an der Esplanade**. In: Der Zauberberg, S. 9. © by S. Fischer Verlag GmbH, Berlin 1924.

Hans J. Massaquoi
geboren 1926 in Hamburg, ging 1948 zunächst nach Liberia und 1950 in die USA. Nach einem Studium der Zeitungswissenschaft arbeitete er als Leitender Redakteur bei *Ebony*, der größten afroamerikanischen Zeitschrift der USA. Er lebt in New Orleans.
*Unser geliebtes Viertel**. In: Neger, Neger, Schornsteinfeger!, S. 240–241. © by Scherz Verlag, Bern. Alle Rechte vorbehalten S. Fischer Verlag GmbH, Frankfurt am Main.

Fanny Müller
lebt als freie Autorin im Hamburger Schanzenviertel.
Buchveröffentlichungen u. a.: »Mein Keks gehört mir«, »Das fehlte noch. Mit Röhm und Hitler auf La Palma«, »Für Katastrophen ist man nie zu alt«, »Keks, Frau K. und Katastrophen«.
Eine Nacht mit Fanny M. In: Alte und neue Geschichten von Frau K., S. 43–44. Edition Tiamat, Berlin 2003.

Hans Erich Nossack
geboren 1901 in Hamburg, gestorben 1977 in Hamburg. Studium Philologie und Jura, Fabrikarbeiter und Angestellter, arbeitete schließlich in der väterlichen Firma. Verfasser von Theaterstücken und anderen Manuskripten, die beim großen Bombenangriff auf Hamburg 1943 vernichtet wurden. 1949 Gründungsmitglied der Akademie der Wissenschaften und der Literatur in Mainz. 1956 Verkauf der väterlichen Firma, seitdem freier Schriftsteller.
Nachtgespräch auf der Lombardsbrücke. In: Die Erzählungen. Suhrkamp Verlag, Frankfurt am Main 1987.
*Bei klarer Luft**. In: Erzählungen, Suhrkamp Verlag, Frankfurt am Main 1963.
*Dieser Zauber**. In: Die Tagebücher 1943–1977, Bd. 1, S. 198–199. Suhrkamp Verlag, Frankfurt am Main 1997.

Carl von Ossietzky
geboren 1889 in Hamburg, gestorben 1938. Zwischen 1907 und 1914 Hilfsschreiber beim Hamburger Amtsgericht. Im Ersten Weltkrieg Infanterist an der Westfront. Nach der Teilnahme an der Schlacht von Verdun schreibt er Artikel gegen die Fortsetzung des Krieges. Ab 1927 Chefredakteur der *Weltbühne*. Nach einem Artikel über die geheime Rüstung der Reichswehr wird er 1931 in einem Aufsehen erregenden Prozess wegen Verrats militärischer Geheimnisse zu 18 Monaten Haft verurteilt. 1933 wird Ossietzky noch in der Nacht des Reichstagsbrands von der Gestapo festgenommen und gefoltert, im April in das KZ Sonnenburg eingeliefert. 1936 erhält er den Friedensnobelpreis, den er nicht persönlich entgegennehmen darf. 1938 stirbt er in Berlin an den Folgen schwerer Misshandlungen und Tuberkulose.
*Eine Fahrt auf der Alster**. In: Sämtliche Schriften. Hg. von Werner Boldt. © by Rowohlt Verlag GmbH, Reinbek bei Hamburg 1994.

Hermann Peter Piwitt
geboren 1935 in Volksdorf bei Hamburg, wuchs in Frankfurt am Main auf. Studium der Soziologie, Philosophie und Literaturwissenschaft in Frankfurt, München und Berlin. 1967/1968 Lektor im Rowohlt Verlag, anschließend bei *konkret*. Seit 1969 freier Schriftsteller in Hamburg. Piwitt erhielt 1968 den Förderungspreis Literatur zum Kunstpreis Berlin und 1971/1972 ein Villa-Massimo-Stipendium.
Wichtige Werke: »Herdenreiche Landschaften«, »Das Bein des Bergmanns Wu«, »Der Granatapfel«, »Ein unversöhnlich sanftes Ende«.
*Kein Wunder**. In: Deutschland. Versuch einer Heimkehr, S. 94–95. Hoffmann und Campe Verlag, Hamburg 1981.

Matthias Politycki
geboren 1955 in Karlsruhe, lebt in Hamburg und München.
Wichtige Werke: »Weiberroman«, »Ein Mann von vierzig Jahren«, »Ratschlag zum Verzehr einer Seidenraupe«.
*Ein vorletztes Mal**. In: Herr der Hörner, S. 9. Hoffmann und Campe Verlag, Hamburg 2005.

Klaus Richter

geboren 1943 in Hamburg; hat zu zahlreichen Krimis und Komödien die Drehbücher geschrieben.
Dieter und Uwe Seeler. In: Dschungel mit Kunstrasen, S. 92–94. Eichborn Verlag, Frankfurt am Main 1992.

Joachim Ringelnatz

eigentlich Hans Bötticher, geboren 1883, gestorben 1934 in Berlin. Schriftsteller und Maler. Schiffsjunge, danach in vielen verschiedenen Berufen tätig. Skurrile Lyrik und Nonsensverse, Kritik und Satire durch Erschließung des Trivialen.
Hamburg. In: Das Gesamtwerk in sieben Bänden, Bd. 1, S. 218. Diogenes Verlag, Zürich 1994.
Die Ameisen. In: Das Gesamtwerk in sieben Bänden, Bd. 1, S. 66. Diogenes Verlag, Zürich 1994.
Dünne und dicke Frauen. In: Betrachtungen über dünne und dicke Frauen. Privatdruck, Imprimatur Pavianum, Pavia 1941.

Viola Roggenkamp

geboren 1948 in Hamburg, stammt aus einer jüdisch-deutschen Familie. Sie reiste und lebte mehrere Jahre in Ländern Asiens und Israel. Publizistin, u. a. *Die Zeit.*
Letzte Veröffentlichung: »Tu mir eine Liebe. Meine Mamme. Jüdische Frauen und Männer sprechen über ihre Mutter«.
Wir haben ein Recht darauf.* In: Familienleben. © by Arche Verlag AG, Zürich–Hamburg 2004.

Harry Rowohlt

geboren 1945 in Hamburg; lebt als Übersetzer von weit über 100 Publikationen (u. a. Philip Ardagh, Anthony Burgess, Jim Dodge, Frank McCourt, A. A. Milne, Flann O'Brien, Shel Silverstein, Kurt Vonnegut), Kolumnist und Vorleser in Hamburg-Eppendorf zusammen mit seiner Frau Ulla. Den Beruf des Übersetzers definierte er neu, indem er den zu übersetzenden Text als Rohmaterial auffasst und nach seinen Maßstäben auf sein sprachliches Niveau bringt.
»Der Spiegel wollte einmal, dass ich etwas über Harry Potter

schreibe. Da habe ich geantwortet: Nachdem ich nun schon jahrzehntelang unter meinem Nachnamen zu leiden hatte, muß ich jetzt auch noch unter meinem Vornamen leiden?«
Ich und Schmidt-Bargfeld. In: Pooh's Corner complett. Sämtliche Kolumnen, Rezensionen, Berichte, Buch- und Filmkritiken, S. 76–79. Zweitausendeins, Frankfurt am Main 2005.
Herr Lehmann. In: Pooh's Corner complett. Sämtliche Kolumnen, Rezensionen, Berichte, Buch- und Filmkritiken, S. 314. Zweitausendeins, Frankfurt am Main 2005.

Peter Rühmkorf
geboren 1929 in Dortmund. Studium der Germanistik und Psychologie in Hamburg. 1951 gründete er mit Werner Riegel die nur kurze Zeit existierende Zeitschrift *Zwischen den Kriegen.* Ab 1953 schrieb er unter Pseudonym für den *studentenkurier* (später *konkret*) die Kolumne »Lyrikschlachthof«. 1958 bis 1963 Verlagslektor, seitdem freier Schriftsteller. 1979 Erich-Kästner-Preis und Hamburger Alexander-Zinn-Preis, 1980 Bremer Literaturpreis, 1986 Arno-Schmidt-Preis, 1987 documenta-Schreiber Kassel. Heinrich-Heine-Preis (DDR) 1988 und Ehrendoktor der Universität Gießen 1989. Büchner-Preis 1993.
Lyrik auf dem Markt.* In: Tabu I. Tagebücher 1969–1971, S. 432–433. © by Rowohlt Verlag GmbH, Reinbek bei Hamburg 1995.
Harvestehuder Passanten.* In: Tabu II. Tagebücher 1971–1972, S. 21–22. © by Rowohlt Verlag GmbH, Reinbek bei Hamburg 2004.
*Wie kommt man da bloß hin?** In: Tabu II. Tagebücher 1971–1972, S. 48. © by Rowohlt Verlag GmbH, Reinbek bei Hamburg 2004.
Erster Besuch bei Hans Henny Jahnn.* In: Die Jahre die ihr kennt, S. 38–39. © by Rowohlt Taschenbuch Verlag GmbH, Reinbek bei Hamburg; Rowohlt Verlag GmbH, Reinbek bei Hamburg 1999.
Kringel für Ringel. In: wenn – aber dann. Vorletzte Gedichte, S. 20. © by Rowohlt Verlag GmbH, Reinbek bei Hamburg 1999.
Flaschenpost an Horst Janssen. In: Peter Rühmkorf, Horst Janssen, Mein lieber Freund und Kompanjung, S. 32–33. Verlag Felix Jud & Co., Hamburg 1999.

Marie-Luise Scherer

geboren 1938 in Saarbrücken, lebt im Wendland. Über zwanzig Jahre Autorin beim *Spiegel*. 1988 erschien ihr lange Zeit einziges Buch »Ungeheurer Alltag«. Geschichten und Reportagen. 2004 folgte »Der Akkordeonspieler. Wahre Geschichten aus vier Jahrzehnten.«

*Der Zustand, eine hilflose Person zu sein**. In: Ungeheurer Alltag, S. 178–188. Rowohlt Verlag, Reinbek bei Hamburg 1988.

Arno Schmidt

geboren 1914 im Rumpffsweg 27 in Hamburg-Hamm; lebte in Bargfeld in der Lüneburger Heide. Gestorben 1979 in Celle.

*Vorm Hauptbahnhof**. In: Aus dem Leben eines Fauns. In: Nobodaddy's Kinder, S. 65, 70–71. Arno Schmidt Stiftung, Bargfeld und Suhrkamp Verlag, Frankfurt am Main 1989/2005.

Wolfgang Schömel

geboren 1952, studierte Literatur und Philosophie. Seit 1989 Hamburger Literaturreferent. Mitherausgeber des literarischen Jahrbuchs »Hamburger Ziegel«. Arbeiten über den heroischen Pessimismus und Nietzsche.

Literarische Veröffentlichungen: »Die Schnecke«, »Ohne Maria«.

Das Revier. In: Die Schnecke. Überwiegend neurotische Geschichten, S. 93–101. © by Klett-Cotta, Stuttgart 2002.

Frank Schulz

geboren 1957 in Hagen bei Stade. In Hamburg, wo er lebt, arbeitete er zuerst als kaufmännischer Angestellter und studierte, wie er sagt, »diverses Geisteswissenschaftliches«. Schulz erhielt 1989 den Hamburger Literaturförderpreis, im Jahr 1999 den Literaturpreis der Stadt Kassel, im Jahr 2001 den Literaturpreis des Landes Niedersachsen, 2005 den Hubert-Fichte-Preis der Hansestadt Hamburg.

*Es regnet**. In: Kolks blonde Bräute, S. 144. Eichborn, Frankfurt am Main 1991.

*Laue Hamburger Nächte**. In: Morbus fonticuli oder Die Sehnsucht des Laien, S. 55–56. © by Eichborn AG, Frankfurt am Main 2002.

*Big Blue City**. In: Morbus fonticuli oder Die Sehnsucht des Laien, S. 684–685. © by Eichborn AG, Frankfurt am Main 2002.
*Kontemplative Stimmung**. In: Morbus fonticuli oder Die Sehnsucht des Laien, S. 487–488. © by Eichborn AG, Frankfurt am Main 2002.
*Das Arschloch zur Welt**. In: Morbus fonticuli oder Die Sehnsucht des Laien, S. 11. © by Eichborn AG, Frankfurt am Main 2002.
*Unser Knabenparadies**. In: Morbus fonticuli oder Die Sehnsucht des Laien, S. 21–23. © by Eichborn AG, Frankfurt am Main 2002.

Farhad Showghi
geboren 1961 in Prag, verbrachte seine Jugend in der Tschechoslowakei, in Deutschland und im Iran. 1978 ging er nach Deutschland zurück, wo er Medizin studierte; heute lebt er als Lyriker, Übersetzer und Arzt in Hamburg.
Veröffentlichungen: »Die Walnußmaske durch die ich mich träumend aß«, »Ende des Stadtplans«.

Wolfgang Sieg
geboren 1936 in Hamburg. Studium der Theologie, Literaturwissenschaft und Geschichte. Seit 1961 Lehrer. Hörspiele und satirische Beiträge für verschiedene Rundfunkanstalten. Drehbücher, u. a. für Detlef Buck.
Buchveröffentlichungen: »Blutfleck auffe Häkeldecke«, »Schön leise sein beim Hilfeschrein«, »Struwwelpeters Haarausfall«, »Ohlsdorf lebt«.
Speicher-Stadt I. In: Engel inne U-Bahn, S. 38–39. Verlag am Galgenberg, Hamburg 1992.

Heinz Strunk
eigentlich Mathias Halfpape, alias Jürgen Dose, geboren 1962 in Hamburg, vielseitiger Künstler mit Kunst aller Art.
*Am falschen Ufer**. In: Fleisch ist mein Gemüse, S. 12–13. © by Rowohlt Verlag GmbH, Reinbek bei Hamburg 2004.

Uwe Timm
geboren 1940 in Hamburg. Er studierte Philosophie und Germanistik in München und Paris; lebt seit 1971 als freier Schriftsteller in München.

Hauptwerke: »Heißer Sommer«, »Morenga«, »Der Mann auf dem Hochrad«, »Rennschwein Rudi Rüssel«, »Johannisnacht«, »Rot«, »Am Beispiel meines Bruders«, »Der Freund und der Fremde«.
Die Entdeckung der Currywurst. In: Die Entdeckung der Currywurst, S. 7–8, S. 180–183. © by Verlag Kiepenheuer & Witsch, Köln 1993, 1995, 2000.

Regula Venske
geboren 1955, lebt nach Lehrtätigkeiten an verschiedenen Universitäten und Ausflügen ins Angestelltendasein (*Brigitte,* Verlagsleiterin bei Rotbuch) als freie Autorin in Hamburg.
Veröffentlichungen u. a.: »Das Verschwinden des Mannes in der weiblichen Schreibmaschine«, Krimi-Trilogie »Schief gewickelt«, »Kommt ein Mann die Treppe rauf«, »Rent a Russian«.
Singen und Steppen an der Alster. In: Die alphabetische Autorin, S. 36. Droschl, Graz–Wien 1997.

Michael Weins
geboren 1971 in Köln; lebt in Hamburg und ist dort MACHT-Macher der ersten Stunde, ferner Mitbegründer des Literaturclubs Laola, der Liv-Ullmann-Show und der Schischischow
Hallo, Neugraben.* In: Goldener Reiter, S. 15–16. © by Rowohlt Taschenbuch Verlag GmbH, Reinbek bei Hamburg 2002.

Willi Winkler
geboren 1957 im ländlichen Bayern (so alt wie »Sweet Little Sixteen«), Studium in München und St. Louis, Übersetzungen von John Updike, Anthony Burgess und Saul Bellow. Redakteur bei der *Zeit* und beim *Spiegel.* Heute schreibt er für die *Süddeutsche Zeitung.*
Buchpublikationen: »Alle meine Deutschen. Ein Bestiarium«, »Die Geschichte der RAF«, »Bob Dylan. Ein Leben«.
Der Fürst von Eppendorf. In: Der Große Bär und seine Gestirne. Freunde und Weggefährten grüßen, dichten und malen zum 60. Geburtstag von Harry Rowohlt. Gesammelt und zusammengetragen von Anna Mikula und Peter Haag, S. 264–266. © by Kein & Aber AG, Zürich 2005.

Arnold Zweig
geboren 1887 in Glogau/Schlesien, gestorben 1968. Ab 1907 Studium der Germanistik, Philosophie, Psychologie, Kunstgeschichte und Nationalökonomie in Breslau, studierte später auch in München, Berlin, Göttingen, Rostock und Tübingen. 1915 wurde er mit dem Kleist-Preis ausgezeichnet, im gleichen Jahr noch musste er in den Krieg. Ab 1918 freier Schriftsteller. 1923 Umzug nach Berlin, wo er Redakteur der *Jüdischen Rundschau* wurde. Im Dritten Reich Emigration zunächst in die Tschechoslowakei, dann in die Schweiz und schließlich nach Frankreich. Seine zionistische Einstellung führte ihn von dort weiter ins Exil nach Palästina. 1948 Rückkehr nach Ost-Berlin, von 1949 bis 1967 Abgeordneter der Volkskammer der DDR, 1950 Nationalpreis der DDR. 1950 bis 1953 Präsident der Deutschen Akademie der Künste der DDR, danach ihr Ehrenpräsident.
Wichtige Werke: »Der Streit um den Sergeanten Grischa«, »Erziehung vor Verdun«, »Die Zeit ist reif«.
*Die Welt der Dächer**. In: Berliner Ausgabe. Hg. von der Humboldt-Universität zu Berlin und der Akademie der Künste, Berlin. Romane/8. Das Beil von Wandsbek, S. 41–43. © by Aufbau-Verlag GmbH, Berlin 1996.

LITERATURTIPPS

Rolf Appel: Lessing am Gänsemarkt. Die Geschichte eines Denkmals. Herausgegeben von der Lessing-Gesellschaft e.V., Sitz Hamburg. Hamburg 2004.

Jan-Frederik Bandel / Lasse Ole Hempel / Theo Janßen: Palette revisited. Eine Kneipe und ein Roman. Edition Nautilus, Hamburg 2005.

Henning Berkefeld: Hamburg in alten und neuen Reisebeschreibungen. Droste Verlag, Düsseldorf 1990.

Stefan Beuse: Gebrauchsanweisung für Hamburg. Piper Verlag, München 2001.

Dietmar Bittrich: Die freie Liebesgeschichte der Hansestadt Hamburg. Hoffman und Campe Verlag, Hamburg 2004.

Anna Brenken / Egbert Kossack: Hamburg. Spaziergänge. Ellert & Richter Verlag, Hamburg 1989.

Emanuel Eckardt: Hamburg. Das Insider-Lexikon. Verlag C.H. Beck, München 1996.

Hamburg. Geschichte der Stadt und ihrer Bewohner. Herausgegeben von *Werner Jochmann* und *Hans-Dieter Loose.* 2 Bde. Hoffmann und Campe Verlag, Hamburg 1982/1986.

Hamburg von Altona bis Zollenspieker. Das Haspa-Handbuch für alle Stadtteile der Hansestadt. Hoffmann und Campe Verlag, Hamburg 2002.

Hamburger Ziegel. Jahrbuch für Literatur. I/1992 bis IX/2004/2005. Herausgegeben von *Jürgen Abel / Robert Galitz / Wolfgang Schömel.* Dölling und Galitz Verlag, Hamburg.

Erika Hirsch / Thomas Sparr (Hrsg.): Jüdisches Städtebild. Hamburg. Jüdischer Verlag, Frankfurt am Main 1999.

Norbert Jacques: Mit Lust gelebt. Roman meines Lebens. Hoffmann und Campe Verlag, Hamburg 1950.

Kiek mol. Neue und bewährte Stadtteilrundgänge. Erarbeitet und aufgeschrieben von Hamburger Geschichtswerkstätten. Hrsg. von der Kulturbehörde der Freien und Hansestadt Hamburg. Dölling und Galitz Verlag, Hamburg 1998.

Michael Koglin: Spaziergänge durch das jüdische Hamburg. Europäische Verlagsanstalt, Hamburg 1998.

Michael Koglin (Hrsg.): Hamburg total verliebt. Rotbuch, Hamburg 1996.

Franklin Kopitzsch / Daniel Tilgner (Hrsg.): Hamburg Lexikon. Ellert & Richter Verlag, Hamburg 1998.

Siegfried Lenz: Leute von Hamburg. Hoffmann und Campe Verlag, Hamburg 1968.

Karen Nölle-Fischer: Die Elbe. Ein literarischer Reisebegleiter von der Mündung bis zum Riesengebirge. Klett-Cotta, Stuttgart 1999.

Roswitha Quadflieg: Beckett was here. Hamburg im Tagebuch Samuel Becketts von 1936. Hoffmann und Campe Verlag, Hamburg 2006.

Paul Raabe: Eva König. Hamburger Köpfe. Herausgegeben von der ZEIT-Stiftung Ebelin und Gerd Bucerius. Ellert & Richter Verlag, Hamburg 2005.

Peter Rühmkorf / Michael Naura / Wolfgang Schlüter: Phönix voran. Mit Toncassette. Rowohlt Verlag, Reinbek bei Hamburg 1987.

Helmut Schoenefeld: Der Friedhof Ohlsdorf. Gräber, Geschichte, Gedenkstätten. Christians Verlag, Hamburg 2000.

Kai-Uwe Scholz: Literarisches Hamburg. 99 Autoren. Wohnorte, Wirken und Werke. Verlag Jena 1800, Berlin 2002.

Dirk Schümer: Shooting Star Hamburg. In: Merian, 51. Jg., 1998, Heft 9, S. 18–34.

Theo Sommer: Hamburg. Hoffmann und Campe Verlag, Hamburg 2004.

Inge Stephan / Hans-Gerd Winter (Hrsg.): »Liebe, die im Abgrund Anker wirft«. Autoren und literarisches Feld im Hamburg des 20. Jahrhunderts. Argument, Hamburg 1989.

Annemarie Stoltenberg / Michael Seufert: Elbe, Alster, Jungfernstieg. Hamburger Landgänge. Picus Verlag, Wien 2002.

Renate Stücking / Ekkehard Launer: Tuten und Blasen. Hamburger Hafenrundfahrten durch acht Jahrhunderte. Verlag am Galgenberg, Hamburg 1989.

Dieter Thiele / Reinhard Saloch: Auf den Spuren der Bertinis. Ein literarischer Spaziergang durch Hamburg-Barmbek. VSA-Verlag, Hamburg 2005.

Daniel Tilgner: Kleines Lexikon Hamburger Begriffe. Ellert & Richter Verlag, Hamburg 1999/2003.

Matthias Wegner: Ja, in Hamburg bin ich gewesen. Dichter in Hamburg. Christians, Hamburg 2000.

REGISTER

DIE HERAUSGEBER

Olaf Irlenkäuser, geboren 1966, studierte nach einer Buchhandelslehre Slawistik, Germanistik und Osteuropäische Geschichte in Trier, Moskau und Köln und arbeitete als Lektor in verschiedenen Verlagen. Seit 2005 ist er freier Publizist – Autor, Übersetzer und Lektor. Er wohnt in der Nordheide und arbeitet in Hamburg.

Stephan Samtleben, geboren 1953, studierte Germanistik, Romanistik und Philosophie in Köln, Kiel und Brest/Frankreich. Danach machte er eine Buchhandelslehre und arbeitete in München, Eutin und Schleswig. 1989 gründete er seine eigene Buchhandlung im Literaturhaus Hamburg. Er ist Mitglied diverser Jurys in Hamburg und des Kuratoriums des Italo-Svevo-Preises sowie Jurymitglied des Deutschen Buchpreises.